| 真实进步指标（GPI）译丛 |

富轹万古：
澳大利亚维多利亚州真实进步指标报告

［澳大利亚］菲利普·劳
［澳大利亚］马修·克拉克　著

关成华　译

北京师范大学出版集团
北京师范大学出版社

"真实进步指标(GPI)译丛"总序

我开始关注可持续和环境污染问题,可追溯至2004年。那时我在参加为期一年的培训,其间精读了莱斯特·R.布朗的著作《B模式:拯救地球 延续文明》。该书提出了两种截然不同的经济运行模式:一种是A模式——依靠过度消耗自然资本使产出人为膨胀的泡沫经济。这种模式在今天已经不再行得通了,取而代之的是B模式——全球动员起来,稳定人口和气候,使A模式存在的问题不至于发展到失控的地步。

2013年,我在美国访学时接触到了真实进步指标(Genuine Progress Indicator,GPI),并对这套理论体系产生了浓厚兴趣。研习过程适逢我国创新发展、绿色发展等理念的提出,遂颇有共鸣。2015年,我回国后在北京师范大学继续从事研究工作,自此开始组建团队,启动中国GPI研究项目。在组织编写中国真实进步指标测算报告的同时,我遴选了六部关于可持续和GPI的著作编译出版,形成"真实进步指标(GPI)译丛",冀能借此让更多人理解可持续的内涵,助力中国GPI理论研究与推广应用,为我国实现可持续驱动的发展转型和治理创新提供有益镜鉴。

该译丛由六部著作组成,聚焦于可持续以及GPI理论与应用问题,它们分别是:《改弦易张:气候变化和能源短缺带来的挑战与应对》《踵事增华:可持续的理论解释与案例举要》《日新为道:通过可持续发展目标促进治理创新》《千帆竞发:基于真实进步指标的亚太可持续福祉》《富轹万古:澳大利亚维多利亚州真实进步指标报告》《百尺竿头:中国香港特别行政区与新加坡的真实进步比较与展望》。

时值译丛出版之际，为帮助读者理顺六部著作的内在联系，我想谈谈对于可持续、可持续发展、目标治理以及GPI的一些看法，并尝试阐明其间的逻辑关系。

****

丛书的核心是GPI。从根本上说，GPI是为了弥补国内生产总值（Gross Domestic Product，GDP）对于福利水平测度的不足而诞生的。GDP主要衡量的是当前的生产能力，故而其既不体现公民享受的福利水平，也不反映社会继续保持或提高这一水平的能力。因此，GDP的数据在满足人类追求福利的现实需求，以及为政府提供科学的决策依据等方面存在一定的缺陷。而GPI的目标，就是要衡量"可持续经济福利"。在全面、系统地了解GPI之前，我们首先要从本质上理解可持续的概念。

牛津大学的乔格·弗里德里希（Jörg Friedrichs）教授为我们描述了现代工业社会所面临的气候变化和能源短缺问题及其所衍生的社会政治影响，同时从知识储备、不作为道德经济等方面解释了为什么人类难以解决这些难题。随着人类不断地开发和利用资源、排放污染物，地球系统已面临不可持续的危机。但是，当前政策往往只强调降低工业文明给环境带来的损害，而非直面人类困境。归根结底，我们必须放弃不可持续的发展方式，通过地方、国家、区域和全球层面的治理措施，确保生态系统的可持续。那么，究竟什么是可持续？可持续等同于可持续发展吗？它能否驱动人类社会发展转型和治理创新？

事实上，对于社会各界而言，可持续仍是一个模糊不清的概念。因此，我们有必要建立一套科学的表达方式来阐明可持续的内涵。

罗切斯特大学的瑞达尔·卡伦（Randall Curren）教授和圣何塞州立大学的艾伦·米茨格（Ellen Metzger）教授集中讨论了基于生态概念的可持续与其规范本质，并区分了其他一些带有价值偏向的可持续概念。他们认为，可持续指的是一种"人类和非人类福祉长期依赖于自然界"的事实，而不可持续指的是"人类的集体生活方式使未来享受美好生活的机会减少"的事实。因此，与不可持续相对的，就是要"永续保留享受美好生活的机会",这便是可持续思想的规范本质。书中没有使用可持续发展的概念来定义可持续,这将是一个跨期、通用、规范性更强的概念。

从现有资料来看,可持续的含义在很大程度上已和环境保护(Environmental Conservation)的概念相混淆。长期以来,环境保护的概念都与环境保存(Environmental Preservation)相互对立。环境保护强调的是负责且有效地利用自然资源,而环境保存则禁止一切开发荒野地区、栖息地以及对物种造成破坏的人类行为。可持续更注重的是人类福祉,这与自然资源应得到有效管理的保护主义思想相反。可持续更强调人类在利用自然资源的同时,要用明智的管理策略来保存自然资源。因此,想要清晰界定可持续,就需要重新定义人类对自然的依赖。诸如自然资本(Natural Capital)和生态足迹分析(Ecological Footprint Analysis,EFA)等概念已被广泛用于描述这种依赖形式,并以依赖的程度或阈值来定义可持续。

以自然资本概念为例,人类社会的可持续在物质上主要依靠两类资本:人造资本(Man-made Capital)和自然资本(Natural Capital)。前者如工厂、机器、道路等,后者如森林、河流、土地等。由此就产生了两种对可持续的理解,即弱可持续(Weak Sustainability)和强可持续(Strong Sustainability)。弱可持续理论认为,人造资本与自然资本两类资本存在较强的互补性,自然资本损耗可由人造资本代替,只要两类资本保持总量平衡,即可实现可持续。而强可持续理论则认为,大多数自然资本是不可替代的,人造与自然资本必须分别保持平衡或增长,才能实现可持续。

另一种对可持续进行概念化的重要定义是地球边界(Planetary Boundaries,PB)。PB框架设计了一套度量模式,其不仅关注气候变化阈值,还包含生物多样性损失速度、从大气中除氮的速度、流入海洋的磷量、平流层臭氧消耗、海洋酸化程度、淡水消耗量、土地改为农田的比率、大气气溶胶承载量和化学污染程度等。与EFA不同的是,PB框架是对生态系统可持续的直接概念化与衡量。

从本质上来讲,可持续应该是一个对世界未来状态至关重要的

"规范化"概念。然而,学者们倾向于将可持续的概念归结到一个特定的伦理问题上去,其所涉及的内容已远远超出了可持续要表达的范围。例如,用可持续发展的概念去定义可持续:"既满足当代人需求,又不损害后代人满足自身需求能力的发展。"但问题是,以这种方式定义的可持续概念,还需要一个全球公平的标准,使世界各国的发展规划都基于此来执行和调整。然而,可持续(一种性质或属性)并不等同于可持续发展(具备可持续性质或属性的发展)。可持续只涉及"永续保留享受美好生活的机会"这样的本质问题。以这种方式来理解,可持续应该是一个不能再被简化的概念,类似于"禁止对完整生态系统造成严重或不可逆的伤害"。人类将以一种符合理想未来的方式而生活,在这种理想未来中,人类活动不会破坏生态系统的完整性,也不会损害未来人类享受美好生活的机会(历时性)。尽管关注公平有利于国家内部或世界各地的人们享有平等的机会(共时性),但可持续更应该强调的是历时性,而不是共时性。

****

再谈可持续和可持续发展的关系。"可持续发展"一词的起源可以追溯到1972年的联合国人类环境会议。这次会议奠定了被称为可持续发展的"环境与发展"理论:各国一致认为,发展与环境保护相辅相成。然而,这个观点仍值得推敲。因为随着经济活动的扩张,其对环境的破坏也将普遍增加。虽然可以通过推行"绿色发展"来减少对环境的破坏,包括引入更清洁的技术、促进环境管理、为妇女提供教育和就业机会以降低出生率等,但经济产出仍是衡量和预测经济发展对环境造成损害的重要指标。随着生活水平的提高,人类对环境保护更加重视,但为了维持或提高现有生活水平而消耗的大量自然资源依然对环境造成了严重破坏。事实上,可持续与发展之间的根本性矛盾并未得到解决。

要实现现有语境下的"可持续发展",需要多代人的共同努力。然而,当前政策存在滞后性且涉及多方利益,因此难以保护后代人的福利。要想让制度有效地保障后代人的利益,就必须有坚实的基本规范。"基本规范",通常被理解为解释和验证其他法律的规则,独立于法律制度而存在。基本规范是"政治意识形态"问题，而不是"法律意识形态"问题。目前，整个国际社会以及各个国家都缺乏这样一种保障后代权利的基本规范，或者说缺乏对可持续内涵——"永续保留享受美好生活的机会"的广泛认可。具体而言，就是要"禁止对生态系统的完整性造成严重或不可逆转的伤害"。

在全球治理的背景下，将"可持续"视为"可持续发展"的基本规范，国际社会及各国均以此为标准，就能使各个国家的有关安排趋于一致。这与保护人权或促进贸易自由等基本规范很相似，它们都在其他领域充当着国家行为合法性的衡量标准。如果可持续发展概念缺乏类似的基本规范，那么可持续发展构想便缺失了核心依据，保护后代利益的基础便不稳固。

认可和实施可持续发展的基本规范，需要对现有和新兴的国际治理体系进行改革。在全球层面上，国际社会需要一种新的、类似于国家宪法级别的协议，来重新界定人类与自然系统、其他生命体间的关系。比如，《环境与发展国际盟约(草案)》的核心部分就提出，要将尊重"自然整体和所有生命形式"以及"地球生态系统的完整性"作为一项根本原则，这就体现了可持续概念的相关内容。

我在给北京师范大学本科生开设的通识核心课程"绿色发展经济学"的课堂上，曾向学生们介绍自己亲历的一件事：有一次在国外和朋友聊天时，突然谈到气候变化问题。朋友问我是否相信气候变化，当时我对此还有些犹豫，他就立刻板起面孔，似有不悦地说："你怎么可以不相信呢？这不仅是共识，也是一种信仰。"可见，积极减缓和应对气候变化，就快成为一种具有全球共识性的基本规范了。将可持续的内涵视为可持续发展的基本规范，对人类各代成员间的资源分配很有意义。更重要的是，这为发展界定了一个具有共识性的准则，其关键在于：始终强调谋求人类福祉这一前提。

****

联合国可持续发展目标(Sustainable Development Goals, SDGs)或将有助于实现可持续这一基本规范的落地，推动可持续驱动的发展转型和治理创新。

2015年9月，联合国可持续发展峰会在纽约总部召开，193个成员国在峰会上正式通过了17个可持续发展目标。SDGs旨在从2015年到2030年间以综合方式彻底解决社会、经济和环境三个维度的发展问题，转向可持续发展道路。SDGs肯定了人类社会与生态系统间的相互依赖关系。联合国一直致力于促进经济发展、社会发展与可持续的统一，而SDGs将三者纳入同一"可持续发展议程"中，标志着联合国在可持续驱动发展方面的历史性转折。

SDGs的出现带来了全球治理的新挑战，即通过目标进行全球治理。SDGs的特点在于，它首先设定了各个目标及其子目标，而没有强调其在全球层面上的实现机制。这种方法与传统意义上的"规则治理"形成了鲜明对比：规则的制定往往一开始并不关注我们需要实现什么样的治理目标或状态，即可持续发展的基本规范——可持续。"规则治理"尽管重要，但我们更应认识到，仅凭这种方法并不能实现可持续的发展转型。我们在应对贫困与饥饿问题的同时，还应解决气候变化、生物多样性问题。也就是说，意识到我们应实现什么样的目标，与思考我们该如何采取行动，是同等重要的。那么，怎样才能保证SDGs成为一项以可持续为基本规范，从而改变人类行为的手段呢？

我们可以将SDGs分为两个阶段：目标设定和目标实现。就目标设定阶段而言，主要挑战在于制定目标的方式——既要考虑人类行为对地球系统可能造成的根本性影响，也要强调人类继续为"永续保留享受美好生活的机会"共同努力的重要性。以消除贫困、消除饥饿、确保优质教育、实现性别平等、确保食品和水资源安全、改善人类健康、遏制生物多样性损失等为切入点，转变发展模式，将SDGs作为一个非常重要的创新政策来对待，同时保证生态和生产的可持续。

而在目标实现阶段，关键挑战则在于：坚持可持续发展目标所要求的方向，对人类活动进行有效引导。这就需要各方认同可持续发展的基本规范，对可持续思想的规范本质达成共识，以及配备相应的自我治理与政府行为。因此，可持续发展的艺术就在于它的基本规范，换句话说，就是一门治理的艺术——国际社会共同阐明并遵守公认的合作条款，创造有利于人们"永续保留享受美好生活的机会"的治理体系。那么，以 SDGs 为例，通过目标实现全球治理，是一个怎样的形式，又具有什么特点呢？

庆应义塾大学的蟹江宪史（Norichika Kanie）教授和乌得勒支大学的弗兰克·比尔曼（Frank Biermann）教授是全球可持续发展治理领域的专家。他们的著作，对以上问题进行了探索。

第一，目标治理与国际法律体系是脱离的。SDGs 没有法律约束力。因此，各国政府没有法律义务将 SDGs 正式纳入国家法律体系。然而，这并不妨碍某些可持续发展目标有可能成为正式法律制度的一部分。例如，在 SDGs 中，关注气候变化的"目标 13"基本上参照了具有法律约束力的《联合国气候变化框架公约》以及《巴黎协定》。目标治理的核心其实是可衡量性，而不是法律制度。通过使用指标进行量化测度，各国间可以相互进行比较。让各国自由实现可持续发展的目标及其子目标，同时量化和比较各国进展，是目标治理的一大特色。

第二，目标治理将通过特定的机构发挥作用。在全球层面，监督可持续发展目标实施的机构并不清晰，现由可持续发展高级别政治论坛履行相应职责。而该论坛是新设立的，其有效性仍有待证明。不过，这并不意味着可持续发展目标难以执行。因为目标的实施必须征得各国政府的同意，而各国的制度存在较大的差异，因此具有法律约束力的全球多边协议未必能够产生正面的效果。

第三，目标设定具有包容性与全面性。SDGs 既涉及工业化国家，又包含发展中国家。就其界定的范围而言，北美、欧洲、东亚和大洋洲的很多国家都成了"发展中国家"。这些国家必须提出计划，使其社会向更可持续的道路转变。SDGs 涵盖了整个可持续领域，既包括消除贫穷和消除饥饿，也强调社会治理和环境保护。并且，这不是由联合国官员制定的目标清单，而是一个具有更广泛共识的目标治理体系。

第四，目标治理为各国的选择和偏好提供了较大的灵活性。尽管为落实 17 项可持续发展目标，SDGs 在全球层面设定了不少于 169 项的子目标，但其中多数目标都是定性的，这为各国政府实现目标提供了最大的自由。即使是定量且被明确界定的子目标，各国政府在解释和执行目标时也拥有最大程度的自由。

当然，SDGs 仍存在很多问题，例如体制监督薄弱、国家执行灵活程度高、全球愿景不具约束力等，但这并不意味着我们以消极、悲观的态度看待它。相反，我们确实看到了通过目标实现全球治理战略的发展潜力，正如 SDGs 所呈现的那样，通过公共政策和个人努力以实现可持续驱动的发展转型和治理创新。

****

量化测度和分析评估是目标治理的重要手段。任何由目标与子目标构成的治理系统，其基础都应该是量化工作。

可持续经济福利（也有学者称之为可持续发展福利）的量化测度，本质上属于社会治理范畴，即帮助人们定量地表达和记录复杂的社会生态系统各层面的发展情况。在可持续大背景下看待量化，不仅要认识到它在议程制定、政策实施和自我评估等方面的作用，也要从政治和政策的角度进行理解。可持续经济福利的量化工作可以将治理的重心转移到目标实现的组合上。当各参与主体在一系列子目标上达成一致，并同意将量化体系作为实施工作的一部分时，可持续的总体意图和愿景便可通过社会治理落实到具体的实践中去。

过去 50 年，全球经济活动持续增加，GDP 增速更是惊人。不言而喻，经济的发展已经极大地改善了全球数亿人口的物质生活水平，有助于提升家庭收入，促进基础设施建设，以及提高政治和社会自由。因此，在标准 GDP 开始核算之前，经济活动就已被用于近似地测度人类福利了。

从历史角度来看，GPI 是在 GDP 的基础上，为弥补 GDP 对于福利水平测度的不足而诞生的。现代福利经济学创始人庇古将国民收入与福利等价，但由于历史原因，缺乏成熟的宏观经济测度体系，导致可持续经济福利的量化工作推迟了近半个世纪。《21 世纪议程》强调了可持续经济福利的量化，尤其是指标的重要性。自 20 世纪 80

年代后期，人类逐步认识到这一点，并将其发展成为全球性运动。2012年联合国发展大会会议报告也强调，"指标是后续工作的捷径和要素"。不仅政府和公众对可持续经济福利的量化问题表示关注，私人部门也通过民间组织和联合报告等途径跟踪、发布相关的指标。

其中一个重要的指标就是GPI，这是近年提出的旨在重点探究可持续经济福利的一种指标体系。GPI通常由大约20个独立的成本和收益项目组成，把GDP增长所带来的广泛影响统合成单一的货币化指标。这样一来，GPI就会尽可能囊括经济、社会、环境三大领域的成本和收益。GPI和可持续经济福利指标（The Index of Sustainable Economic Welfare，ISEW）在衡量可持续方面有一定的一致性，而GPI在一些指标设置上有所改进，比如增加了犯罪、家庭破裂、就业不足等，并且减少了复杂性，更容易为大众所接受。

GPI要反映的是以消费为基础的福利，因此在指标设置上，比GDP包含了更多的消费方向的影响因素。在测算方法上，GPI与其他衡量可持续经济福利的指标相比，也更加突出个人消费支出对福利的影响。此外，GPI更倾向于遵循强可持续原则，在指标设置和测算方法中，将人造资本和自然资本进行了明确区分。实际上，GPI既支持、延用了GDP计算过程中的某些统计方法，也估算了大量未被市场统计的成本和收益项目。

GPI诞生之后，400位著名经济学家、商界领袖及其他相关领域的专家联合发表了一个声明："由于GDP仅衡量市场活动的数量，而不计算其中社会和生态的成本，因此将之用来衡量真正的繁荣，既不合理，又容易产生误导。政策制定者、经济学家、媒体和国际机构应停止使用GDP作为进步的指标，并公开承认其缺陷。我们的社会，迫切需要新的进步指标来引导，GPI是朝这个方向迈出的重要一步。"

GPI或类似账户的诞生，在当今时代已不可避免，且地位日趋重要。GDP如果不能得到改良，就必将退回到宏观经济的领域中去，其衡量经济社会进步的功能将被新的指标取代。而在这些新指标中，GPI无疑是目前最具竞争力的一个。GPI通过重新测算以往被忽视的社会和环境因素,将有助于测度可持续经济福利。而其之所以被选为测度可持续经济福利的综合性指标,是因为其采用了科学的方法。这些方法能够被更多的国家和地区采用,并且随着时间的推移更便于比较。比如,弗林德斯大学的菲利普·劳(Philip Lawn)教授和迪肯大学的马修·克拉克(Matthew Clarke)教授所著的两本书中曾分别测度、比较亚太地区各国和澳大利亚各地区的GPI;香港浸会大学的戴高德(Claudio O. Delang)教授和余一航(Yihang Yu)研究员所著的书中曾测度、比较中国香港特别行政区和新加坡的GPI。

总体来看,GPI虽然还存在一些不足,但其理论基础不断加强,接受范围越来越广,应用程度越来越深,是目前为止衡量可持续经济福利的最好指标。同时,关于GPI的新探索不断开展,相关学科快速进步,也使其有条件建立更加有效的指标体系,获得更加优质的数据资源,找到更加合理的测算方法。可以预见,随着经济水平的提升,人类对福利状况的关注必将不断增加,对社会与环境因素必将愈发重视,GPI的重要性必将日益显著。

****

重新回到我们一直强调的可持续概念上来,即"永续保留享受美好生活的机会"。要兑现这个承诺,就需要建构以可持续为基本规范的发展逻辑,将SDGs作为可持续驱动发展转型的载体,通过目标进行治理创新,利用以GPI为代表的量化工具推动治理目标的实现。

对于我国而言,实现可持续,需要与国情相结合。一是要坚持走绿色发展道路,以可持续规范本质为准则,协调发展与自然系统间的关系;二是要通过创新实现可持续驱动的发展转型,从资源集约型发展方式转变为依靠人力资本和知识资本的高质量发展。从长远来看,SDGs是推动治理领域接纳更为规范的可持续共同准则的重要载体。在SDGs的基础上,政府可以通过制定相应政策,根据现实需要改革体制机制,推动社会治理创新,以及测算可持续经济福利指标——GPI等方式,沿着可持续驱动的发展与治理之路前行。

"真实进步指标(GPI)译丛"包含的六部著作从可持续理论、可持续发展目标、GPI 的理论与应用等维度出发，全面、系统地对可持续及其驱动的发展转型与治理创新问题展开了严肃论述，向广大读者展现了国际上在可持续与 GPI 研究领域的专业经验。希望丛书的出版能够让更多的中国读者了解新兴、前沿的可持续理论，以及基于此的经济福利测度、社会发展与治理逻辑。最后，书稿成功付梓，要感谢诸位作者的信任，也要感谢北京师范大学同事们的鼎力支持。由衷希望丛书的内容能够对大家有所启发，并推动中国 GPI 理论研究与实践的更好开展。

关成华

2020 年 2 月于北京师范大学

中文版序

测度国民经济活动，已经有好几百年历史了。事实上，此类对国民经济产出的计算，其正式形成可见于17世纪威廉·配第（William Petty，《政治算术》）和18世纪亚当·斯密（Adam Smith，《国富论》）。主要由西蒙·库兹涅茨（Simon Kuznets）以这些早期工作为基础并做了大量贡献，现行的国民核算体系于20世纪中期才得以产生，后经联合国进一步系统化、标准化并进行推广，所有国家目前都使用这些标准的国民核算体系去测度它们年度经济活动或说国内生产总值（Gross Domestic Product，GDP）。

过去50年，全球经济活动（用GDP增长衡量）持续增加，特别是像中国这样的国家，GDP增速更是惊人。不言而喻，这些经济活动增加已经大大改善了全球数亿人口的物质生活。经济活动增加有助于提升家庭收入、促进基础设施投资，以及提高政治和社会自由。因而，实际上甚至从标准GDP核算产生以前，经济活动就一直用于近似测度人类福利。英国著名经济学家阿瑟·庇古（A. C. Pigou）1920年强调指出，有种"未经核实的可能性"，即经济福利是"总福利指标"的晴雨表，其基本前提是：经济财富增加代表人类福利上升。

从全球范围来看，虽然经济增长的确带来了各种益处和改善，但鉴于越来越多的证据，人类必须要重新反思这个已经统治了接近100年的基本前提。该前提在计算GDP过程中的内在缺陷必须受到挑战，它也必须就当前经济活动得以实现的条件而受到挑战。本书对后者最感兴趣。经济活动不可能在真空中实现，然而任何一种核算都把经济活动的成本排除在外。如此一来，对经济活动（用于近似衡量人类福利)的核算就无法考虑其成本,进而高估了其收益。

现在要比以往任何时候都更为重要的是,整个国际社会考虑经济增长的后果并且追问这个基本问题,即经济增长是令人满意的吗?

当然,自我们拥有标准国民核算体系以来的过去几十年中,一直有很多伟大的学者在追问这个问题。20世纪60年代和70年代,经济学家诸如阿诺德·萨默茨(Arnold Sametz)、威廉·诺德豪斯(William Nordhaus)和詹姆斯·托宾(James Tobin)属于这种"唱反调"类的先驱,呼吁更为整体性的国民核算体系,以全面考虑如何计算国民经济活动的成本和收益。赫曼·戴利(Herman Daly)和约翰·科布(John Cobb)延续这项开创性的工作,形成了一套新的可持续经济福利指标,既包括经济增长的正面影响,也包括其负面影响。随着他们工作的进一步演化、拓展并且应用到许多国家(以及国家以下层面的各个地区),非常相似——但并非完全意外——的结论开始成形:经济活动的成本正在慢慢超过其带来的收益。不同国家,不同时期,临界点正在被超越,这表明持续增加的经济活动实际上正在慢慢削减人类福利。持续追求经济增长,既未让生活变得更好,也未能改善我们的生存,却正在使我们的福利恶化。

因此,这也是现在我们自己探询的领域。我们使用相似的方法对富裕及相对贫困国家开展了多项研究,现在已经有足够的证据可以回答经济增长是否令人满意的这个问题了,并且证据相当清晰——答案是"不"。然而,尽管有此证据,全球各国政府继续把实现经济增长列为所有其他经济政策的优先事项,继续坚称改善人类福利的唯一途径就是让经济活动更上一个台阶。他们对这些证据视而不见,寻求一些正让我们生活变得比过去更糟的结果。

这并不是说经济增长不能改善人类福利,而是说要想改善人类福利就需要不同的途径和方法。所以,让更多人充分认识到当前经济政策的这种失误非常重要。每年只要我们继续实施当前政策,那么我们的福利就会进一步降低。

现在距离本书最初发行已近10年了,自那以后,全球经济已经大幅增长。但是就在同一时期并且直接由于这种经济增长,人类福利已经持续下降，所以迫切需要改变经济与社会政策。

鉴于中国对全球经济的贡献，将此书翻译为中文出版，就有机会让更多人理解现行经济政策的影响，进而挑战这种方法的基本前提。

本书提出的问题及提供的证据都非常严肃，对全球都有重要影响。因而，进一步拓宽读者范围以了解这种信息就很关键。本书目前发行中文版，这对我们来说是个莫大的荣誉，所以，非常感谢北京师范大学关成华教授、林永生副教授在本书翻译过程中给予的关注和支持，没有他们的辛勤付出、专业技能和知识，本书中文版不可能顺利发行。

本书提出的问题影响我们所有人，所以，问题的解决取决于我们每个人要获知更多、更好的信息并且挑战当前的传统思维，确保经济增长有助于增进人类福利，而不是相反。

马修·克拉克（Matthew Clarke）
菲利普·劳（Philip Lawn）
2017年8月于澳大利亚

免责声明

本书是在作者为维多利亚州州长和内阁事务厅准备的一份报告基础上修订而成的,书中观点并不必然反映维多利亚州州长和内阁事务厅的政策。

前　言

本书旨在让读者了解真实进步指标(GPI)的编制过程。书中揭示了用收入测度可持续福利时存在的缺陷，提出另一种测度可持续福利的指标GPI，解释如何构建与计算GPI，展示并分析研究结果，给出政策结论，回应关于GPI的一些批评(当然，在回应过程中会替GPI做适度辩护)，最后进行简要概括与总结。

若要深刻理解本书和研究主题，读者可参阅第3章至第6章。第3章详细解释了GPI及其构成。第4章主要是对维多利亚州(Victoria) GPI进行绩效评估。第5章对比分析维多利亚州和澳大利亚其他地区的GPI。第6章综合第4章和第5章的研究结果，给出有关政策含义，特别是我们认为会大幅提高维多利亚州可持续福利水平的各种措施，当然，如果这些措施能够在全国范围内得以实施，也会提高澳大利亚整体可持续福利水平。

读者若想了解启动本项研究的背景、缘由，以及为何国内生产总值(Gross Domestic Product，GDP)和州生产总值(Gross State Product，GSP)不足以测度可持续福利，可参阅本书第1章和第2章。

第7章主要介绍GPI测算方法。GPI是一个相对较新的可持续福利指标，对此一定会有不少批评，因而，在第7章，我们对主要的批评意见和建议做了归纳梳理，并适度予以回应。尽管GPI仍有不足，但我们深信，无论在理论上还是在实践中，GPI都是有效的。

显然，GPI包括大量测算，为直观、形象地呈现这些测算结果，图表是必不可少的。所以，为增强可读性，我们在第9章既介绍数据来源，又详细解释每个具体项目(包括表格)是如何估算的。从这个意义上来看，第 9 章更像附录。

无论如何，希望读者更加关注我们的研究结果及相应的政策建议。

菲利普·劳，于阿德莱德
马修·克拉克，于墨尔本
2006 年 4 月

目　录

第1章　简　介 / 1
　1.1　研究目的 / 1
　1.2　本书结构 / 7
第2章　为何 GDP 和 GSP 不是理想的可持续福利指标 / 8
　2.1　什么是 GDP 和 GSP / 8
　2.2　用 GDP 和 GSP 测度可持续福利时存在的缺陷 / 11
　2.3　总　结 / 16
第3章　什么是真实进步指标，如何计算 / 18
　3.1　什么是真实进步指标 / 18
　3.2　GPI 与可持续经济福利指数的关系 / 19
　3.3　可持续净收益指数 / 19
　3.4　GPI 的构成项目 / 20
　3.5　附加项目 / 35
第4章　维多利亚州 GPI 绩效评估 / 39
　4.1　维多利亚州 GPI(1986—2003) / 39
　4.2　维多利亚州 GPI 的构成 / 40
　4.3　维多利亚州的 GPI 与 GSP / 63
　4.4　维多利亚州的 GPI 与其经济增长 / 65
　4.5　总　结 / 67
第5章　维多利亚州与澳大利亚其他地区的绩效比较 / 70
　5.1　维多利亚州与澳大利亚其他地区的 GPI 比较 / 70

5.2 维多利亚州和澳大利亚其他地区 GPI 构成项目的比较 / 78

5.3 总　结 / 88

第 6 章　GPI 结果的政策含义 / 90

6.1 简　介 / 90

6.2 评论维多利亚州政府近期的经济声明(2004) / 91

6.3 政策建议 / 98

第 7 章　GPI 的缺陷 / 112

7.1 GPI 的缺陷及其纠正方法 / 112

7.2 需要信息量更大的指标和数据收集框架 / 122

第 8 章　概要与结论 / 124

第 9 章　GPI 的计算与数据来源 / 129

9.1 简　介 / 129

9.2 GPI 项目的计算 / 129

第 10 章　结　语 / 252

致　谢 / 256

参考文献 / 257

图 目

图1.1 美国、德国、英国、奥地利、荷兰、瑞典的GPI与GDP对比(Jackson and Stymne,1996) / 6

图4.1 1986—2003年维多利亚州人均真实进步指标(2002—2003年不变价) / 40

图4.2 1986—2003年维多利亚州与消费相关的福利和加权后的CON(1)、CON(2)和CON(3)(2002—2003年不变价) / 47

图4.3 1986—2003年维多利亚州人均GPI(3)和人均加权后CON(3)(2002—2003年不变价) / 48

图4.4 1986—2003年维多利亚州人均GPI(3)指数值和人均加权后CON(3)的指数值(1986=100.0) / 49

图4.5 1986—2003年耐用消费品支出(ECD)、耐用消费品服务(SCD)和公共服务资本提供的福利(WPPSC)(2002—2003年不变价) / 50

图4.6 1986—2003年维多利亚州公共服务资本提供的福利(WPPSC)占GPI(3)的比率 / 51

图4.7 1986—2003年维多利亚州分配指数(DI)(1986=100.0) / 52

图4.8 1986—2003年维多利亚州人均未加权的CON(3)和人均加权后的CON(3) / 52

图4.9 1986—2003年维多利亚州无偿家务劳动与志愿者劳动的价值(2002—2003年不变价) / 53

图4.10 1986—2003年维多利亚州失业(CU8)、犯罪和家庭破裂的成本(2002—2003年不变价) / 54

图 4.11　1986—2003 年维多利亚州 GPI(3)指数值和失业成本指数值(1986＝100.0) / 55

图 4.12　1986—2003 年外债变化总量中维多利亚州份额(2002—2003 年不变价) / 56

图 4.13　1986—2003 年维多利亚州人均 GPI(3)的指数值与人均外债份额的指数值(1986＝100.0) / 57

图 4.14　1986—2003 年维多利亚州不可再生资源损耗成本、农地流失成本与灌溉用水成本 / 58

图 4.15　1986—2003 年维多利亚州空气污染成本与废水污染成本(2002—2003 年不变价) / 59

图 4.16　1986—2003 年维多利亚州长期环境损害成本(2002—2003 年不变价) / 60

图 4.17　1986—2003 年维多利亚州生态健康指数(EHI)(1986＝100.0) / 61

图 4.18　1986—2003 年维多利亚州自然资本服务损失的成本－加权后(2002—2003 年不变价) / 62

图 4.19　1986—2003 年维多利亚州人均 GPI(3)指数值与人均自然资本服务损失(加权后)成本的指数值(1986＝100.0) / 62

图 4.20　1986—2003 年维多利亚州人均真实进步指标(GPI)(1)(2)和(3)与人均州生产总值(GSP)(2002—2003 年不变价) / 63

图 4.21　1986—2003 年维多利亚州人均 GPI(3)指数值与人均 GSP 指数值(1986＝100.0) / 64

图 4.22　1986—2003 年维多利亚州投资(INV*)，所有人造资本折旧(DEP*)，以及净资本投资(NCI)(2002—2003 年不变价) / 65

图 4.23　1986—2003 年维多利亚州人均 GPI(3)和净资本投资与所有人造资本折旧的比率(2002—2003 年不变价) / 66

图 5.1　1986—2003 年人均 GPI(3)：维多利亚州 vs 澳大利亚其他地区(2002—2003 年不变价) / 77

图 目　5

图 5.2　1986—2003 年人均 GPI(3)指数值：维多利亚州 vs 澳大利亚其他地区(1986＝100.0) / 78

图 5.3　1986—2003 年人均加权后的 CON(3)：维多利亚州 vs 澳大利亚其他地区(2002—2003 年不变价) / 79

图 5.4　1986—2003 年分配指数(DI)：维多利亚州 vs 澳大利亚其他地区(1986＝100.0) / 80

图 5.5　1986—2003 年人均失业、就业不足和劳动力未被充分利用(CU8)的成本：维多利亚州 vs 澳大利亚其他地区(2002—2003 年不变价) / 80

图 5.6　1986—2003 年人均不可再生资源损耗成本：维多利亚州 vs 澳大利亚其他地区(2002—2003 年不变价) / 81

图 5.7　1986—2003 年人均农地流失成本：维多利亚州 vs 澳大利亚其他地区(2002—2003 年不变价) / 82

图 5.8　1986—2003 年人均过度灌溉用水成本：维多利亚州 vs 澳大利亚其他地区(2002—2003 年不变价) / 84

图 5.9　1986—2003 年人均长期环境损害成本：维多利亚州 vs 澳大利亚其他地区(2002—2003 年不变价) / 85

图 5.10　1986—2003 年生态健康指数(EHI)：维多利亚州 vs 澳大利亚其他地区(1986＝100.0) / 86

图 5.11　1986—2003 年人均自然资本服务损失(LNCS)成本－加权后：维多利亚州 vs 澳大利亚其他地区(2002—2003 年不变价) / 86

图 5.12　1986—2003 年人均 GPI(3)和净资本投资(NCI)与人造资本折旧(DEP*)的比率：维多利亚州 vs 澳大利亚其他地区(2002—2003 年不变价) / 88

图 9.1　1986—2003 年维多利亚州犯罪成本(2002—2003 年价格) / 212

图 10.1　1986—2003 年维多利亚州人均 GPI(3)和澳大利亚其他地区人均 GPI(3)(2002—2003 年价格) / 253

图 10.2　1986—2003 年人均真实进步指标(GPI)(1)(2)(3)和人均州产值(GSP)：维多利亚州(2002—2003 年价格) / 254

表　目

表 3.1　GPI 构成项目及其估算方法 / *20*

表 3.2　CON(1)、CON(2) 和 CON(3) 及其估值过程中的调整 / *24*

表 4.1　1986—2003 年维多利亚州 GPI 与实际 GSP / *41*

表 5.1　1986—2003 年澳大利亚其他地区的真实进步指标(GPI)和实际生产总值 / *71*

表 9.1　1986—2003 年澳大利亚真实进步指标(GPI)和实际生产总值 / *131*

表 9.2　1986—2003 年项目 a、b、c、d、rr 和 tt：消费支出、耐用消费品支出(ECD)、生产资料投资(INV)和生产资料折旧(DEP)－澳大利亚 / *137*

表 9.3　1986—2003 年项目 a、b、c、d、rr 和 tt：消费支出、耐用消费品支出(ECD)、生产资料投资(INV)和生产资料折旧(DEP)－维多利亚州 / *148*

表 9.4　1986—2003 年项目 a、b、c、d、rr 和 tt：消费支出、耐用消费品支出(ECD)、生产资料投资(INV)和生产资料折旧(DEP)－澳大利亚其他地区 / *161*

表 9.5　1986—2003 年项目 e 和 f：耐用消费品提供的服务(SCD)－澳大利亚、维多利亚州和澳大利亚其他地区 / *174*

表 9.6　1986—2003 年项目 j：分配指数(DI)－澳大利亚 / *178*

表 9.7　1986—2003 年项目 j：分配指数(DI)－维多利亚州 / *179*

表 9.8　1986—2003 年项目 j：分配指数(DI)－澳大利亚其他地区 / *181*

表　目　7

表 9.9　1986—2003 年项目 n：公共服务资本提供的福利（WPPSC）－澳大利亚、维多利亚州与澳大利亚其他地区 / *185*

表 9.10　1986—2003 年项目 o：无偿家务劳动的价值－澳大利亚、维多利亚州与澳大利亚其他地区 / *188*

表 9.11　1986—2003 年项目 p：志愿劳动的价值－澳大利亚、维多利亚州与澳大利亚其他地区 / *190*

表 9.12　1986—2003 年项目 q：失业、就业不足和劳动力未被充分利用的成本－澳大利亚 / *192*

表 9.13　1986—2003 年项目 q：失业、就业不足和劳动力未被充分利用的成本－维多利亚和澳大利亚其他地区 / *194*

表 9.14　1986—2003 年项目 r：犯罪成本－澳大利亚 / *198*

表 9.15　1986—2003 年项目 r：犯罪成本－维多利亚和澳大利亚其他地区 / *203*

表 9.16　1986—2003 年项目 s：家庭破裂的成本－澳大利亚 / *208*

表 9.17　1986—2003 年项目 s：家庭破裂的成本－维多利亚和澳大利亚其他地区 / *210*

表 9.18　1986—2003 年项目 t：海外债务余额变化－澳大利亚、维多利亚州和澳大利亚其他地区 / *213*

表 9.19　1986—2003 年项目 u：不可再生资源损耗的成本－澳大利亚、维多利亚州和澳大利亚其他地区 / *217*

表 9.20　1986—2003 年项目 v：农地流失成本－澳大利亚、维多利亚州和澳大利亚其他地区 / *219*

表 9.21　1986—2003 年项目 w：灌溉用水成本－维多利亚州、澳大利亚和澳大利亚其他地区 / *222*

表 9.22　1986—2003 年项目 x：木材损耗成本－澳大利亚 / *229*

表 9.23　1986—2003 年项目 x：木材损耗成本－维多利亚州和澳大利亚其他地区 / *232*

表 9.24　1986—2003 年项目 y：空气污染的成本－澳大利亚、维多利亚州和澳大利亚其他地区 / *236*

表 9.25　1986—2003 年项目 z：城市废水污染的成本－维多利亚州、澳大利亚和澳大利亚其他地区 / 239

表 9.26　1986—2003 年项目 aa：长期环境损害的成本－澳大利亚、维多利亚州和澳大利亚其他地区 / 243

表 9.27　1986—2003 年项目 cc：生态健康指数（EHI）－澳大利亚和维多利亚州 / 246

表 9.28　1986—2003 年项目 cc：生态健康指数（EHI）－澳大利亚其他地区 / 248

第1章 简 介

1.1 研究目的

20多年前维多利亚州政府就认识到，可持续福利并不仅仅依赖于经济增长，维多利亚州人民要想过更繁荣、平等和富足的生活，非经济类产品和服务也将扮演重要角色，表述如下：

"维多利亚州政府首要目的就是建设一个既有物质财富，又有高质量生活的社会。财富，不应当仅取决于获得各种商品，还要包括积极参与社会内部富有活力和智慧的文化生活。政府要努力让社会中的所有人都平等地拥有这些财富和优质生活，进而，维多利亚州的每个人都能同时实现经济安全和个人满足。"（预算与管理部，1948，p.1）

20世纪90年代的绝大部分时间里，可持续福利中的社会与环境内容或多或少被忽略了。近年来，它们又重新受到应有的关注。实际上，正是由于重新关注非经济类产品和服务，我们才会在本书中专门测算维多利亚州及澳大利亚其他地区的GPI。

对于本项研究结果：首先，我们希望能够揭示考察期内(1986—2003年)[1]维多利亚州人均可持续福利究竟提高多少。其次，我们想知道维多利亚州较之于澳大利亚其他地区到底表现如何。最后，我们综合分析维多利亚州GPI（包括维多利亚州GPI与其经济增速之间

---

[1] 因本项研究是基于财政年度，而非公历年度，故特定年份中所有变量值的测算时间为当年6月底（如2003年数值实际上是指2003年6月底的数值）。

的关系)的趋势变化及其影响因素。我们相信，有很多政策措施可以提高维多利亚州居民的可持续福利，当然，这些措施对澳大利亚其他地区和其他发达国家同样适用。

我们之所以组织开展此项研究主要基于四方面考虑：一是担心传统宏观经济指标，比如 GDP(Gross Domestic Product，国内生产总值)、GSP(Gross State Product，州生产总值)，不能揭示经济增长对一般居民福利的全部影响。二是担心 GDP 和 GSP 无法揭示经济增长对自然环境的破坏，进而对未来可持续经济福利的潜在冲击。三是认为单纯依赖传统宏观经济指标，去设计当前与未来政策的做法是危险的，如果缺乏统筹考虑经济增长对可持续福利全部影响的合适指标，那么，未来的政策措施很有可能导致国家或地区走下坡路，届时再想补救不但非常困难，而且代价很高。四是关于澳大利亚居民经济、社会、环境的福利信息非常泛滥且彼此矛盾，例如很多评论家认为，20 世纪 60 年代以来，澳大利亚宏观经济基本面很好，可用下列一组统计数据描述：

• 过去 8 年，澳大利亚实际 GDP 年均增速为 3.7%(ABS，Catalogue No.5204.0)。

• 1998 年 12 月至 2003 年 12 月，可变住房贷款(Variable Home Loan)利率为 6.95%，是过去 30 多年来最低水平(www.inforchoice.com.au/banking/news/ratewatch/historical.asp)，1980 年 6 月至 1995 年 6 月，平均可变住房贷款利率高达 12.58%(Foster，1996，表 3.21b)。

• 除商品与服务税首次开征的那个财政年度外，自 1996 年以来，年通货膨胀率不超过 3.1%(ABS，Catalogue No.6401.0)。截至 2004 年 9 月，消费者价格指数(Consumer Price Index，CPI)仅上升 2.3%(PBA，Quarterly Statistical Release，2004)。

• 2004 年 12 月，官方失业率为 5.2%，一些观察家认为，以当今的劳动力市场环境，这个失业率已经非常接近充分就业水平了(ABS，Catalogue No.6202.0)。

这些数据固然重要，但也必须认可约翰·安德森(John Anderson)的相关评论。他注意到，并非所有澳大利亚人都能从所谓"经济繁荣时期"获益，他指出，经济增长的社会、道德两个维度通常被忽略了。与此同时，澳大利亚州长可持续圆桌论坛也认识到，经济增长会带来潜在的环境成本，强调经济活动必须在自然环境允许的范围以内(Premier's Round Table on Sustainability，2004)。

既然经济增长存在社会、道德两个维度，就有必要留意下面一组似乎与上文宏观经济利好消息相矛盾的统计数据：

• 保守估计，有100万～200万澳大利亚人(即澳大利亚全部人口的5%～10%)处于"长期贫困"状态(Senate Community Affairs Reference Committee，2004)。

• 2003年2月，估计有24.37万澳大利亚人已经失业达52周以上。1996年10月至2003年2月，尽管官方失业率从8.3%下降至6.3%，但在这些年，长期失业的人数却增加1.64万人(ABS，Catalogue No. 6203.0)。此外，1997年12月至2003年2月，尽管寻找全职工作居民的平均失业时间下降了9.5周，但仍高达51.2周(ABS，Catalogue No. 6203.0)。

• 2003年9月，56.74万澳大利亚人就业不足、已就业工人希望能工作更长时间。在52.77万处于就业不足状态的兼职工人中，有72%的工人希望每周再工作10小时以上(ABS，Catalogue No. 6265.0)。

• 大约25%的澳大利亚成年人认为，他们已经超负荷工作了，如果可行的话，他们希望少工作几小时，哪怕收入降低一点也没关系(Breakspear and Hamilton，2004)。

• 用2002—2003年不变价计算，澳大利亚外债从1994年的2 061亿美元增加到2003年的3 572亿美元。若用人均计算，则同期每个澳大利亚居民背负的外债从11 541美元增加到17 974美元(ABS，Catalogue No. 5302.0)。

• 2004年6月，澳大利亚居民家庭债务总额为7 965亿美元，或者说人均债务大约为 39 600 美元。这意味着自 1999 年 6 月以来，澳大利亚家庭实际债务上升 67.8%，相当于家庭可支配收入的 155%。

• 共同财富银行(The Commonwealth Bank)的家庭购买力指数(Household Affordability Index，HAI)从 2000 年 9 月的 165 降至 2004 年 9 月的 105.7(注：HAI 下降表示家庭购买力下降)。2004 年 9 月，墨尔本和维多利亚州其余地区的 HAI 分别是 98.8 和 139.1，墨尔本的 HAI 较之其 2000 年 9 月的 145 同比下降超过 45 点(CBA，2004)。

• 澳大利亚离婚率约为 40%，且有超过一半的离婚家庭中育有未满 18 周岁的孩子(ABS，Catalogue No. 3307.0.55.001；Report of the House of Representatives Standing Committee on Legal and Constitutional Affairs, 1998)。这不仅给当事人自身带来巨大的精神和心理压力，也给相关人员乃至整个社会造成很大经济负担。

• 近 60% 的澳大利亚成人超重或过于肥胖(Cameron et al.，2003)。若所有居民保持目前平均的体重增速，2010 年，澳大利亚将有 70% 人口超出健康的体重范围(ASSO，2004)。

• 1996 年，约有 18% 的澳大利亚成年人患有不同程度精神方面的疾病(ABS，Catalogue No. 4326.0)。在过去 7 年多时间里，假定造成精神疾病的主要原因没有变化或略有增加，则当前有 200 万～300 万澳大利亚成年人受到精神方面疾病的折磨。

• 政府气候变化委员会(Intergovernmental Panel on Climate Change，IPCC)报告显示，过去 200 多年来，地球大气系统中二氧化碳排放量增加 31%，甲烷浓度增加 151%，导致全球平均气温上升 0.4～0.8℃(IPCC，2001a)。IPCC 预计，若世界能源消费以当前速度持续增长，2100 年全球气温将上升 1.4～5.8℃，这很可能会使全球生物多样性损失 15%～35%，进而大大降低自然环境提供的生命支持服务功能(IPCC，2001b)。以澳大利亚为例，气候变化将使国内干旱发生的频率和破坏程度显著增加，这对本已面临水供应短缺的澳大利亚来说，无疑是雪上加霜。

• 1993 年至 2003 年，澳大利亚年均流失土壤 40 万公顷。同期，维多利亚州年均流失土壤仅为 2 450 公顷（Graetz et al.，1995；Biodiversity Unit，1995；ABS，Catalogue No. 1370.0；ABS，Catalogue No. 4163.0）。土壤流失会极大降低现存生态系统的完整性，助长温室气体排放（如本地植被中已经捕获储存的碳，会重新被释放出来），加剧澳大利亚旱地盐碱化。

• 澳大利亚人均能源消费（空气污染和温室气体排放的主要"贡献者"）从 1993 年的 231.1 吨标准煤（Petajoules，PJ）增加到 2004 年的 270 吨标准煤（ABS，Catalogue No. 4604.0 and 1301.0），增幅为 16.8%。在维多利亚州，同期人均能源消费从 247.1 吨标准煤增加到 295.4 吨标准煤，增幅为 19.6%。

看到后面这样的一组统计数据，我们认为有理由探究澳大利亚和维多利亚州的人均可持续福利是否一直上升。如果确有上升的话，那么近年来，究竟提高多少？由此，必须进一步提出并充分解答下面这两个问题：

• GDP 和 GSP 能够在多大程度上反映澳大利亚和维多利亚州的可持续进步？

• 为什么在国家官方统计口径中包括 GDP、GSP、通货膨胀率、利率、官方失业率，却没有核算经济增长对社会、环境方面的影响呢？

这些问题在过去被关注过，各界努力探索并尝试回答这些问题，例如世界上有很多关于 GPI 的研究。不过，几乎所有相关研究都只计算国家层面的 GPI[①]，包括美国、加拿大、英国、欧洲和斯堪的纳维亚（Scandinavian）的绝大部分国家、日本、泰国和智利。图 1.1 给出了 6 个国家的 GPI 和 GDP 状况。如图所示，存在这样一种趋势：一开始，GPI 紧随 GDP 同步上升，然而一旦 GDP 达到某个阈值，

---

① 据我们所知，只有两例计算州或省层面的 GPI——美国佛蒙特州（Vermont）（Costanza et al.，2004）和加拿大阿尔伯塔省（Alberta）（Anielski，2001）。

GPI 就不再上升,有时甚至开始下降。20 世纪 70 年代或 80 年代早期,几乎所有发达国家都出现了这种反向运动的趋势。①

澳大利亚的 GPI 已被测算过(例如,Hamilton,1999)。由于国家层面上的很多数据与州的数据并不一致,且不具可比性,故本书在测算 GPI 时,使用的方法会有所不同,这也必然要求我们改进一些计算方法。

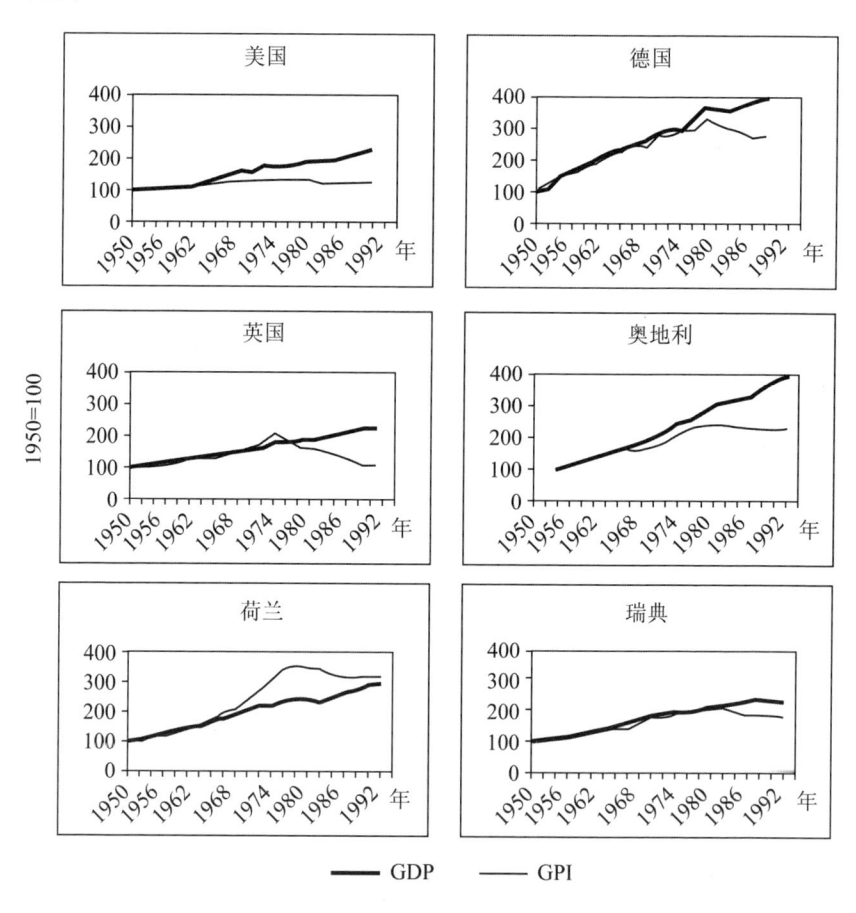

图 1.1 美国、德国、英国、奥地利、荷兰、瑞典的 GPI 与 GDP 对比(Jackson and Stymne,1996)

---

① 可参阅 Clark 和 Islam(即将发行)对发展中国家 GPI 的研究,即泰国。

图 1.1 传达的信号非常清晰：不加区分的经济增长或者说经济增长超过一定程度可能会损及可持续福利。那么，无论澳大利亚，还是维多利亚州，其 GPI 是否存在类似的变化趋势？如果真的存在，则维多利亚州及更广泛意义上的澳大利亚经济体，都应转向追求降低经济增速。此外，提高 GPI，还要求政府政策更加关注经济质量（包括更高的资源利用效率）、分配公平和自然资本的维护。

1.2 本书结构

为实现预期目标，本书结构安排如下：第 2 章，我们将解释为何被广泛使用的 GDP、GSP 经济统计指标并不足以衡量可持续福利。紧接着在第 3 章，我们解释为何 GPI 是一种更好的可持续福利测度指标，概述 GPI 构建原理和计算方法。

第 4 章和第 5 章会分别给出并分析维多利亚州、澳大利亚其他地区的 GPI 测度结果。通过分析揭示为何维多利亚州人均 GPI 既不同于维多利亚州人均 GSP，又不同于澳大利亚其他地区的人均 GPI。我们会在第 6 章给出一些有助于提高维多利亚州人均可持续福利的政策建议，这些政策建议一旦付诸实施，我们相信维多利亚州和澳大利亚其他地区之间的人均可持续福利差距会进一步扩大。

当然，如果某项研究过分倚重单一指标，就需要特别谨慎。基于此，我们在第 7 章指出了 GPI 存在的一些不足。但必须强调，即便是 GDP 和 GSP 的计算，自身方法与估值方面也有局限性。既然 GPI 主要缺陷在于缺乏大量数据资源，我们就据此提出了一些建议，以便于构建一套更科学、信息量更大的 GPI 指标框架体系，相信这样一套指标框架体系将会大大提高未来 GPI 研究的可信度。

第 8 章概述我们的计算结果、结论和政策建议。第 9 章介绍 GPI 19 个构成项目的具体估算方法和数据来源。本章也会使用大量表格展示每个具体项目最终结果的计算过程。从这个意义上讲，本书还像是一本"工具手册"，便于指导、协助其他研究人员计算州/省或国家层面的 GPI。

第 2 章 为何 GDP 和 GSP 不是理想的可持续福利指标

2.1 什么是 GDP 和 GSP

GDP 是指每年使用国内生产要素(比如位于某一特定国家内部的自然或人造资本)生产出来的商品和服务的货币价值总和。自然资本,主要指森林、地下资产、渔业、水资源和重要的生态系统。人造资本则主要包括那些能够用于生产消费品或替代其他制成品的产品存量(如厂房、机器、设备)。

GDP 分为名义值和实际值。名义 GDP 是用生产当期的现价计算。实际 GDP 通常把所有商品和服务的现价以某一特定基期价格进行折算。

为弄清 GDP 名义值和实际值的区别,可参照如下 2001—2002 年名义 GDP 的计算公式,

$$名义 GDP_{2001-2002} = P_{2001-2002} \times Q_{2001-2002} \qquad (2.1)$$

其中,P 为 2002 年 6 月商品和服务的价格指数,Q 为 2001—2002 财政年度生产的所有商品和服务数量。

如式(2.1)所示,2001—2002 年名义 GDP 是用当年生产所有商品和服务数量,乘生产当期的价格水平。现在假定以 2003—2004 财政年度为基期,计算任一特定年度的实际 GDP,那么,2001—2002 年实际 GDP 则需将 2001—2002 年生产的所有商品和服务价格转换为 2004 年 6 月的基期价格:

$$\text{实际 GDP}_{2001-2002} = P_{2003-2004} \times Q_{2001-2002} \tag{2.2}$$

其中，P 为 2004 年 6 月商品和服务的价格指数，Q 为 2001—2002 财政年度生产的所有商品和服务数量。

假如现在要比较 2001—2002 年至 2003—2004 年连续 3 年的实际 GDP，则每年实际 GDP 计算公式如下：

$$\text{实际 GDP}_{2001-2002} = P_{2003-2004} \times Q_{2001-2002} \tag{2.3}$$

$$\text{实际 GDP}_{2002-2003} = P_{2003-2004} \times Q_{2002-2003} \tag{2.4}$$

$$\text{实际 GDP}_{2003-2004} = P_{2003-2004} \times Q_{2003-2004} \tag{2.5}$$

注意，在以上每种情况下，唯一的变量就是当年生产的商品和服务数量(Q)，商品和服务的价格保持不变，即 $P_{2003-2004}$。把所有价格固定在基期，则实际 GDP 变化，就能够反映出不同年份所生产的商品和服务数量的变化，因此，在讨论国民福利时，实际 GDP 指标优于名义 GDP 指标。需要指出的是，如果是恰好测度基期年份 GDP，则无论名义值还是实际值，都是使用当年的商品与服务现价。

为何要区分名义值和实际值呢？简单而言，设想一下如果 2003—2004 财政年度的价格指数为 10(即 $P_{2003-2004}=10$ 美元)，当年生产的商品和服务的数量为 1 000 万美元(即 $Q_{2003-2004}=1\,000$ 万美元)则 2003—2004 财政年度的名义 GDP 为：

$$\text{名义 GDP}_{2003-2004} = P_{2003-2004} \times Q_{2003-2004} \tag{2.6}$$

$$\text{名义 GDP}_{2003-2004} = 10 \times 1\,000 \text{ 万美元} \tag{2.7}$$

$$\text{名义 GDP}_{2003-2004} = 1 \text{ 亿美元} \tag{2.8}$$

假设下一个财政年度，2004—2005 年生产的商品与服务数量为 1 100 万美元。同时，通货膨胀率为 5%，即 2004—2005 年度价格指数为 10.50 美元(即 $P_{2004-2005}=10.50$ 美元)，进一步假设 5% 的通货膨胀率完全取决于澳大利亚央行(Reserve Bank of Australia)的货币政策，与本国 2004—2005 年度生产的商品与服务性质无关，则 2004—2005 年的名义 GDP 为：

$$\text{名义 GDP}_{2004-2005} = P_{2004-2005} \times Q_{2004-2005} \tag{2.9}$$

$$\text{名义 GDP}_{2004-2005} = 10.50 \times 1\,100 \text{ 万美元} \tag{2.10}$$

$$\text{名义 GDP}_{2004-2005} = 1.155 \text{ 亿美元} \tag{2.11}$$

对比式(2.8)和式(2.11)可以发现,从2003—2004年至2004—2005年,名义GDP上升15.5%,如果碰巧使用GDP这个指标去测度国民福利,难道我们会接着宣布,2004—2005年年底,这个国家的公民福利改善15.5%?不,当然不能,因为在名义GDP增长过程中有个重要推动因素,即价格水平上涨了5%,而通货膨胀本身是不产生任何福利的。如果以2003—2004年价格为基期,计算和比较2004—2005年的实际GDP,则有:

$$\text{实际 GDP}_{2004-2005} = P_{2003-2004} \times Q_{2004-2005} \quad (2.12)$$

$$\text{实际 GDP}_{2004-2005} = 10 \times 1\,100 \text{ 万美元} \quad (2.13)$$

$$\text{实际 GDP}_{2004-2005} = 1.10 \text{ 亿美元} \quad (2.14)$$

对比式(2.8)和式(2.14)可以发现,从2003—2004年度至2004—2005年度,实际GDP增长了10%,与商品和服务数量的增幅相同(注意,以2003—2004年为基期,则2003—2004年名义GDP和实际GDP相等)。因而,如果有人坚持说,实际GDP是一个国家可持续福利的理想指标,那是因为它能够反映国家不同年份所生产的商品和服务数量的变化。

那么,什么是GSP?GSP的概念与GDP基本相同,唯一的区别在于,GSP是指每年使用位于特定州内而非国家内部的生产要素所生产出来的商品和服务。因而,不做特殊说明的话,本书中的GSP一般只与维多利亚州有关,而GDP则与澳大利亚和澳大利亚其他地区有关。

此外,本书主要使用实际GDP和GSP,而非名义GDP和GSP。用于计算所有实际值的基期选定为2002—2003财政年度,也就是说,在计算可持续福利的成本—收益项目时,实际值都是以2003年6月相应项目的市场价格为准。

最后需要说明的是,很多读者也见到过国民生产总值(Gross National Product,GNP)这个概念。GNP与GDP也基本相同,区别在于GNP是指每年使用一国拥有而非一定要位于国内的要素(比如一国公民所拥有的自然资本或人造资本)所生产出来的商品和服务数量。由于人们在测度国民福利时,通常使用GDP,而不是GNP,因此,本书也不使用GNP概念。

2.2 用 GDP 和 GSP 测度可持续福利时存在的缺陷

评估 GDP 和 GSP，最好先看其是否能够足以测度国家和州的收入。不过，收入是一个比较模糊的概念。目前，大多数学者认同约翰·希克斯(John Hicks)对收入的定义，即某个特定时期生产和消费的最大数量，同时还要确保未来能够生产和消费相同数量(Hicks，1946)。这个定义关键在于，必须保持能够创造收入的资本(或说收入创造类资本)的完整性，如果做不到这一点，必然意味着：首先，能够维持跨期相同产出水平的能力已经受损；其次，当前产出水平夸大了"真实"收入。实际上，被夸大的收入正好等于相同数量的收入创造类资本被透支，用于扩大当前产出。

为更好地理解希克斯定义的收入概念，我们可以木材农场为例，若该农场拥有 1 000 立方米木材，每年木材的再生速度为 5%，只要每年木材的采伐量不超过 50 立方米，农场就能够稳定可持续地供应木材。然而，如果每年采伐 100 立方米呢？

第一年：
第一年开始时拥有木材量　　　　　　　　　1 000 立方米
第一年期间木材变化量
　　再生木材(1 000 立方米×0.05)　　　　　＋50 立方米
　　采伐木材　　　　　　　　　　　　　　－100 立方米
第一年年底剩余木材量
　　　　　　　　　　　　　　　　　　　　950 立方米

第二年：
第二年开始时拥有木材量　　　　　　　　　950 立方米
第二年期间木材变化量
　　再生木材(950 立方米×0.05)　　　　　 ＋47.5 立方米
　　采伐木材　　　　　　　　　　　　　　－100 立方米
第二年年底剩余木材量
　　　　　　　　　　　　　　　　　　　　897.5 立方米

不难发现，一旦采取这种采伐方式，该农场最终就会消失了。依据希克斯所定义的收入概念，每年采伐 100 立方米木材都算作收入，合理吗？显然不对。假定所有采伐的木材都被当期消费，不用于建造替代性或再生性的资产，那么只有第一年采伐的 50 立方米木材应该被算作收入，另外 50 立方米木材应属于收入创造类资本，即农场自身的损耗或透支。第二年采伐的 100 立方米木材中，只有 47.5 立方米的木材应该被算作收入，另外 52.5 立方米木材应算作资本损耗。

这对 GDP 和 GSP 意味着什么？若想得到国民收入或州收入的近似值，有必要先弄清楚 GDP 和 GSP 中有多大比例应该算作收入创造性资本的损耗，不仅包括自然资本，还包括人造资本，因为 GDP 和 GSP 都需预留一定比例，用于替代或折旧制成品，如厂房、机器、设备。国家或州中旨在维持收入创造类资本完整的一部分产出不应该用于当前消费，因而，这部分不能被算作真实收入。

除此以外，国家或州的年产出中还有一部分需要服务于防御性或恢复性用途，进而有助于保持跨期产量的稳定和可持续。例如事故车辆维修，为使人类及其生产工具大致恢复到此前最佳状态而发生的医疗或修理过程，因而，无论在哪种情况下，当期产出并不直接用于当期消费，仅仅是为了维护人类作为劳动力的生产率以及人造资本存量水平。

产出作为防御性用途的例子有很多，比如防洪防涝、犯罪预防等。这些事例中用到的产出，都是为了防止未来经济活动对自然资本或人造资本存量可能造成的严重负面影响（旨在使未来修复性支出最小化）。

与自然资本或人造资本的折旧不同，所有服务于防御性或恢复性用途的产出，必须全部直接消费才能维持未来的生产能力，因此，这些产出也不应该被算作真实收入。

总之，要想更好地测度国民收入，既需要从 GDP 中减去防御性和恢复性支出，又要减去人造资本折旧和自然资本损耗。因此，希

克斯国民收入可用如下公式(Daly,1996)①计算:

$$\text{希克斯国民收入} = GDP - DEP - DNC - DRE \quad (2.15)$$

其中,
- GDP=国内生产总值
- DEP=人造资本折旧(生产资料)
- DNC=自然资本损耗
- DRE=防御性和恢复性支出

计算希克斯州国民收入,沿用公式(2.15)直接将 GDP 换成 GSP,其余相同。当然,各种减项需要在州的层面上,估计相应的数值。

假定我们已经依据公式(2.15)调整 GDP 和 GSP,对于测度国民收入和州收入,现在已经有了更好的指标,但是否足以测度可持续福利了呢? 越来越多的学者并不如此认为。为什么? 希克斯国民收入测度能够长期保持稳定生产、消费水平的商品与服务数量,但它并未囊括国民或州经济增长对人类福利的全部影响。因此,希克斯国民收入也忽略了如下内容:

- 非市场类生产活动,如无偿的家务劳动和志愿者劳动。
- 经济活动的社会成本,如失业成本(显性和隐性失业)、就业不足、劳动力未被充分利用、犯罪、家庭破裂的成本。
- 外债增长的负面影响。
- 收入分配变化对社会福利的影响。

最后一点内容比较有意思。设想一下,若从某财政年度到下一财政年度,希克斯国民收入保持不变,并且最富有家庭的希克斯国民收入每周增加100美元,同时最贫穷家庭的希克斯国民收入每周恰好减少100美元,假设希克斯国民收入带给其他公民的福利不变,那么,最富有家庭和最贫穷家庭的福利会有何变化? 对于最富裕家庭而言,在其他因素不变的情况下,每周额外增加100美元对其支出习惯的影响微乎其微,进而福利变化不大。然而,如果一个国家

---

① 类似方法可参阅 Berkley and Seckler (1972)。

最贫穷家庭的收入每周减少100美元,则会对其福利产生灾难性的影响。总之,在这种情况下,一个国家的总福利会下降,但数量不变的希克斯国民收入无法反映出这一变化。因而,就有很多评论家呼吁对此进行调整,即能反映收入分配跨期变化对社会福利的影响。

希克斯国民收入所忽略的这些内容大部分都是显而易见的,但还有三方面内容较为隐晦:第一个被忽略的因素是,生产与消费的产品的性质。如果希克斯国民收入上升,意味着能够被可持续生产和消费的产品数量增长。但是,被生产与消费的产品的性质一定关乎人类福利吗?毕竟,存在这样一种可能,生产和消费产品数量很多,但对人类福利贡献却微乎其微;还有一种可能,生产相同数量但质量更优的产品和服务却极大改善了人类福利。希克斯国民收入过于强调生产和消费的数量,不太关注质量。

但愿我们能够重视这个同样也会困扰GPI的质量难题,已有一些尝试性的研究把质量因素纳入GPI计算过程。克拉克和伊思勒姆(Clark and Islam,2004)把正规的社会选择理论用于他们对泰国的一项研究,并对可持续福利进行不同文化层面的解读。后面这种方法很可能会对GPI某些具体项目做优化调整,即考虑质量或定性的因素。本书并不打算使用这些方法,然而,我们将对GPI的基础——消费(如烟、酒、饮料等)做一些假定,第3章和第9章会进一步讨论相关内容。

第二个被忽略的因素是与福利相关的消费时间问题。有相当比例的消费支出是用于购买耐用消费品的,如汽车、电视、冰箱等。例如,某人刚花2.5美元购买并消费了一块新鲜美味的三明治,他(她)会立刻得到2.5美元的益处。但若其刚花2000美元买了一台电视机,其福利会立刻增加2000美元吗?显然不会。如果买电视的时候某人认为,它会使用10年——提供10年的信号传递服务,则电视在其使用周期内,每年为消费者提供200美元的益处(2000美元除以10年)。把初始2000美元的电视购买经费都算作当期财政年度的消费收益,显然是不正确的。希克斯国民收入却仍像GDP和GSP一样,把这种初始购买支出全部算作当期消费收益,更糟糕的是,它们都忽略了未来数年中电视所提供的消费收益。

所以我们建议,用于购买耐用消费品的支出金额应从其购买当年的福利中扣除,同时要加上已有耐用消费品当年提供的服务,后者可以通过追踪耐用消费品的存量价值获得:假定存量以特定速度(比如耐用消费品存量每年消耗10%,即可以使用10年)折旧或被消费,用存量价值乘折旧率或消费率,即可计算得到每年从现存耐用消费品中获得的服务价值。

第三个被忽略的因素就是投资性支出——如厂房、机器、设备等生产资料的积累。前文已经指出,为计算希克斯国民收入或州收入,需要从GDP和GSP中减去用于维持人造资本完整性的产出价值。和大多数自然资本领域的投资不同,人造资本领域中的投资总是超过维持其稳定产出所必需的水平。也就是说,净资本投资(Net Capital Investment,NCI)——人造资本领域的总投资减去折旧——通常是正的。

既然希克斯国民收入是指跨期可持续生产的生产资料和消费品数量,则在国民收入或州收入中考虑净资本投资是完全合理的,但这并不适用于可持续福利,因为我们所期望的是一套能够反映某个特定财政年度中所产生的福利的指标。

若对投资做进一步分析,我们可以发现,投资应理解为牺牲当前部分消费,以产生特定水平的未来消费。进而,在一定意义上,当前消费与当前净资本投资互为对立面。前者能够产生当前福利,后者相当于审慎设计当前的策略性行动,以产生未来福利,因此,把当前净资本投资算作当期的福利上升在逻辑上是错误的。

这是否意味着测度可持续福利可以完全忽略净资本投资?不可以。因为在很大程度上,净资本投资的好处会在未来数年得以显现,带来更多消费福利。只要用于测度特定年份可持续福利的指标,包括当年用于购买耐用消费品的支出,则以往的净资本投资,即过去牺牲的消费一定会被该指标计算在内。这样理解更好:只要净资本投资引致与消费有关的福利,它就会被考虑在内。

当然,并非所有投资性支出都是用于替代或积累生产资料的,也不一定都会反映在未来数年的消费支出中。例如，大部分公共投资支出包括建造道路、桥梁、高速公路、学校、医院、博物馆、艺术馆、图书馆等。这类支出的收益会流向一般公众，如同耐用消费品持有者提供的服务流（公共服务资本）通过被使用而逐渐折旧，其提供的益处并非在当期财政年度发生。故再次强调，希克斯国民收入既把这种形式的投资性支出完全算作了收入，也忽略了公共服务资本未来数年提供的福利收益。

2.3 总 结

GDP 和 GSP 的实际值通常优于名义值，但都不是测度可持续福利的理想指标。首先，我们使用它们测度国民收入或州收入并不理想，即便经过调整和修正，可以大致测度能被跨期可持续生产和消费的产品数量，但这两个指标都不能囊括国民收入或州收入增长对可持续福利的全部影响。GDP 和 GSP 不仅忽略了非市场类生产活动，也忽略了很多社会成本，比如失业和家庭破裂的成本，也没有考虑收入分配变化对社会总体福利的影响。

GDP 和 GSP 的缺陷（包括希克斯国民收入）还在于它们仅仅反映生产和消费的数量，而不是质量。此外，在 GDP 和 GSP 计算过程中，我们假定当期消费被用于提高当期福利，事实却相反，如果当期消费被用于购买耐用消费品，则可在未来数年都提高福利收益。因此，所有花费于购买耐用消费品的支出应该被分散在其整个使用周期内。类似错误假设同样适应于公共服务资本，后者应和耐用消费品的处理方式相同。

最后，GDP、GSP 和希克斯国民收入的计算不像耐用消费品支出，都是基于这样一种错误假设，即净资本投资构成当期福利收益。但实际上，净资本投资的益处却是以未来消费的形式得以呈现的。因而，就可持续福利而言，GDP、GSP 和希克斯国民收入的计算包括净资本投资是一种典型的重复计算，它应该被剔除出去。

不过，需要说明的是，GDP 和 GSP 自诞生之日就不是作为可持续福利的测度指标，只是被错误使用了而已。这样做的后果可想而知，政策制定者使用了错误的经济罗盘去驾驭国家和州的经济运行。政策制定者若想提高社会福利就需要使用更为理想的经济罗盘，比如真实进步指标(GPI)。

第 3 章 什么是真实进步指标，如何计算

3.1 什么是真实进步指标

真实进步指标(GPI)是近年提出、旨在重点探究经济增长对可持续福利影响的一种指标体系。GPI 由很多单个成本和收益项目组成(本书使用的 GPI 由 19 个项目组成)，它把经济增长产生的多种影响统合成单一的货币化指标，这样一来，GPI 就会尽可能囊括经济、社会、环境三大领域的成本和收益。然而，GPI 同样支持并会沿用 GDP 和 GSP 计算过程中的某些统计方法，也会估算大量未被市场统计的成本和收益项目。

如果仔细分析过去 10 多年来的各种 GPI 研究，就会发现，无论是构成项目还是估算方法，都随时间变化而有所区别（如 Diefenbacher, 1994; Moffatt and Wilson, 1994; Rosenberg and Oegema, 1995; Jackson and Stymne, 1996; Jackson et al., 1997; Stockhammer et al., 1997; Guenno and Tiezzi, 1998; Castaneda, 1999; Hamilton, 1999; Lawn and Sanders, 1999; Lawn, 2000a; and Clark and Islam, 2004）。之所以会有这些区别，主要是由于数据可得性及研究者对特定评估方法的偏好不同。因此，缺乏统一方法就成为 GPI 的主要缺陷之一，GPI 反对者自然会揪住这点不放，提出很多批评，相关内容会在第 9 章中继续讨论。

3.2 GPI 与可持续经济福利指数的关系

有些读者可能会知道另外一个与 GPI 较为相似的指标，叫作可持续经济福利指数（The Index of Sustainable Economic Welfare，ISEW）。这两个指标并无本质区别，只是名字不同而已。ISEW 构成项目及其使用的估算方法也多有变化。

这个指标最初之所以叫 ISEW，是因为其设计者认为，它能更好地反映与经济活动相关的经济福利，同时也包括资源消耗和污染成本，如同希克斯国民收入统筹考虑了可持续性因素（Daly and Cobb，1989）。因此，选择以"ISEW"为名是用其性能命名去描述统计目标。

近年来，关于 ISEW 最新的研究越来越倾向于以 GPI 为名。名称的变化与这两种指标背后的基本原理或理论基础无关，实际上二者在这些方面完全相同（Lawn，2003）。研究者更偏好 GPI，主要还是想改善该指标形象，以 GDP 和 GSP 替代者的角色增强大众认知度和吸引力。

3.3 可持续净收益指数

另外一种公众不太熟知，但与 GPI、ISEW 较为接近的指标就是可持续净收益指数（The Sustainable Net Benefit Index，SNBI），SNBI 的计算方法与 GPI、ISEW 几乎没有差异，只是在指标原理解释及其构成项目上有所区别（Lawn and Sanders，1999；Lawn，2000a and 2003）。SNBI 并不是把所有项目都呈现在一张表中（如表 3.1），而是单独分列成本、收益两个账户进行核算评估。

用总收益账户减去总成本账户，即可得到 SNBI，这种方法较之 GPI 和 ISEW 的突出优点在于，能够直接对比经济增长的成本和收益，进而强化 SNBI 及 GPI、ISEW 的理论内涵。

3.4 GPI 的构成项目

既然 GPI 的目的在于更好地测度可持续福利，因此它的构成项目就需要克服第 2 章讨论过的 GDP、GSP 和希克斯国民收入的缺陷。表 3.1 列出了 GPI 构成项目，同时也揭示了每个项目的估算方法及其对可持续福利的贡献是正(＋)、还是负(－)。接下来，将会解释 GPI 每个项目的选择理由和对应估算方法的合理性。每个项目估算方法的详细解释及具体计算过程会在第 9 章予以介绍。

表 3.1　GPI 构成项目及其估算方法

项目	福利影响	估算方法
消费支出(CON) • CON(1) • CON(2) • CON(3)	＋	CON＝私人＋公共部门的消费支出 不调整 CON 调整 CON，依据表 3.2 调整 CON，CON(2)＋其他表 3.2 补充内容
耐用消费品支出(ECD)	－	ECD 等于私人部门用于服装、鞋、家居装饰、家用设备以及购买车辆的支出总和
耐用消费品服务(SCD)	＋	服务等于现在耐用消费品存量的折旧值(存量折旧率假定为每年 10%) • SCD＝0.1×耐用消费品价值
调整后的消费 • 调整后的 CON(1) • 调整后的 CON(2) • 调整后的 CON(3)		消费收益的跨期调整 • CON(1)－ECD＋SCD • CON(2)－ECD＋SCD • CON(3)－ECD＋SCD
分配指数(DI)	＋/－	基于考察期内收入分配变化的 DI (1986＝100.0)

续表

项目	福利影响	估算方法
调整后的消费（加权后）(**) • 调整后的CON(1)（加权后） • 调整后的CON(2)（加权后） • 调整后的CON(3)（加权后）		用DI加权调整后的CON(1)、CON(2)以及CON(3) • 调整后的CON(1)×100/DI • 调整后的CON(2)×100/DI • 调整后的CON(3)×100/DI
公共服务资本产生的福利(**)	+	该福利假定为公共部门固定资本消费的75%
无偿家务劳动的价值(**)	+	无偿家务劳动的价值是用净机会成本法估算
志愿者劳动的价值(**)	+	志愿者劳动的价值是用净机会成本法估算
失业、就业不足和劳动力未被充分利用的成本(**)	−	用未被充分利用劳动力的CU8数量乘每位失业人口的成本估计值
犯罪成本(**)	−	用各类犯罪指数乘以每类犯罪的成本估计值
家庭破裂成本(**)	−	用功能失调家庭的大致数量（基于离婚数量）乘每个家庭破裂的成本估计值
外债变化(**)	+/−	年度成本等于从一个财政年度到下一个年度的净债权变化量
不可再生资源损耗的成本(*)	−	用伊·塞拉菲(1989)的"使用者成本"方程决定需从资源开采收益中留存多少比例，以保障稳定可持续的收入流
农地流失的成本(*)	−	要反映因过去和当前农业活动累计影响而对公民的补偿金额
灌溉用水的成本(*)	−	要反映因过度灌溉用水累计影响而对公民的补偿金额
木材损耗的成本(*)	−	用伊·塞拉菲(1989)的"使用者成本"方程决定木材采用率超过其自然再生与重新种植率时的成本

续表

项目	福利影响	估算方法
空气污染的成本(＊)	—	用空气污染指数加权 1992 年的空气污染成本估计值
城市废水污染的成本(＊)	—	用废水污染技术指数加权 1994 年的城市废水污染成本估计值
长期环境损害的成本(＊)	—	要反映因能源消费长期对环境的影响而对公民的补偿金额
自然资本服务损失(LNCS)		(＊)项目的加总；LNCS 汇总项反映了自然资本提供的某些资源、渗透、与生命支持功能丧失的成本
生态健康指数(EHI)	＋/－	基于残存植被的变化量
加权后的 LNCS(＊＊)		用 EHI 加权 LNCS(LNCS×100/EHI)
真实进步指标(GPI) • GPI(1) • GPI(2) • GPI(3)		(＊＊)项目的加总 • 开始于调整后的 CON(1)(加权后) • 开始于调整后的 CON(2)(加权后) • 开始于调整后的 CON(3)(加权后)
人口		研究区域的人口
人均 GPI • 人均 GPI(1) • 人均 GPI(2) • 人均 GPI(3)		GPI/人口 • GPI(1)/人口 • GPI(2)/人口 • GPI(3)/人口

3.4.1 消费支出(私人支出和公共支出)(CON)

希克斯国民收入的核算基础是 GDP[如式(2.5)]，而 GPI 的构建则是以消费支出为基础。很多人质疑，为何把消费支出作为可持续福利测度指数的基础项目。消费通常被诟病为当前大部分社会问题的罪魁祸首，从环境恶化到社会破裂及很多人无法过上幸福美满的生活(Hamilton，2003)。不过，对于这种"消费至上"的理念，我们并不打算过多讨论。这里需要强调的是：首先，消费无疑会带来和福利相关的收益，只不过具体会在多大程度上产生福利，见仁见智，本书也不打算对此进行深入讨论。所以，除了收入分配变化的福利影响以外，第一个 1 美元的消费支出将和最后 1 美元的消费支出带来相同数量的福利收益。其次，消费支出增加也会增加福利成本。因为消费越多就会要求劳动者工作越卖力，进而带来各种疾病、损害社会关系甚至家庭破裂。此外，除非资源使用更有效率，否则消费增加会加剧资源消耗、环境污染和生态破坏。从表 3.1 可以发现，GPI 的很多构成项目都计算了相关成本。消费支出项目只是计算那些不能被忽略或否定的消费所带来的福利收益，从这个意义上来讲，消费支出的增加的确利于促进 GPI 上升，但如果社会成本、环境成本同时以更快的速度增长，则 GPI 有可能不升反降。

因而，我们最好把消费视为一种"必要的罪恶"（necessary evil）。一方面，每个人都要消费；另一方面，人们必须通过破坏商品才能获得消费带来的益处。[①] 但是，若人们想消费更多，同时又不给家庭、社会关系和自然环境施加更大的负担，就必须容忍消费这种"罪恶"的负面影响。当然，这会推动 GPI 上升。同样，如果消费数量相同，但构成 GPI 的社会、环境成本大幅下降也会推动 GPI 上升。

总之，选择把消费支出作为 GPI 的基础项目，并不必然意味着只有提高消费，才能推动 GPI 上升；也并不意味着如果消费下降，GPI 就一定不能上升。

我们在第 2 章指出，防御性和恢复性支出不能算作福利提升，因为它们只是服务于维持和修复经济的生产能力。虽然这类支出会明显带来益处，但它只是有助于提高未来消费而非当前消费。因此，如果消费支出同时包括防御性支出和恢复性支出的话，就必然存在

---

① 实际上，没有任何商品被真正破坏或消费掉。由于物质和能量守恒定律，商品和服务中的物质是不能被破坏的。被破坏的只是体现在商品和服务中的使用价值，这些使用价值最初是在产品生产过程中加入到物质－能量内的。同样在生产和消费过程中还都被破坏的是物质－能量的有用性——热力法则（Entropy Law）的结果。这就是为何需要一直开采自然原始资源为经济活动提供燃料支持，无论物质而非能量的回收速度有多快，当然也永远不可能达到 100%。

重复计算问题。由于大部分消费支出都包括了防御性支出和恢复性支出，因此，我们有必要从当前消费中把它们找出来并予以扣除。

此外，我们也讨论了关于消费质量方面的内容，希望就不同消费品的性质做些假设，所以在表3.2中，分别测度了三种形式的消费支出。这三种测度形式对应三类不同GPI估算的基础。第一种CON(1)，是指直接从国民账户或州账户中获得的消费支出额，未做任何调整。

第二种CON(2)，基于以下假设对消费支出略作调整，即全部烟草类支出、酒水饮料支出的一半，对可持续福利毫无贡献。同时，我们也把租赁房屋居住作为防御性支出，把所有健康类支出的一半视为防御性或恢复性支出。最后，对最终消费支出中的政府支出部分做适度调整，考虑到政府支出主要是购买公共物品，还是属于防御性支出范畴。

第三种CON(3)，则对防御性和恢复性支出做了更严谨的区分和调整，当然，是在CON(2)结果上的进一步修正，扩大了防御性支出的范围，包括食品支出，电力、天然气和燃料支出，车辆运营，交通服务，电力通信，宾馆、咖啡店和饭店消费，保险和其他金融服务等。表3.2的右栏则对此详细罗列，还解释了某些调整的缘由。CON(3)在计算过程中将政府最终消费支出和车辆运营视为恢复性支出。

表3.2　CON(1)、CON(2)和CON(3)及其估值过程中的调整

消费额测度	消费类别的调整
CON(1)	不做调整——假定所有消费支出都有助于增进人类福利
CON(2)	烟草——假定无助于增进人类福利
	酒水饮料——假定这类消费支出的50%有助于增进人类福利
	租金及其他居住类——假定这类消费支出的50%属于防御性支出(为避免某些事件发生而需要的支出)
	健康——假定这类消费支出的50%属于防御性支出或恢复性支出
	政府最终消费支出——假定这类消费支出的25%属于防御性支出

续表

消费额测度	消费类别的调整
CON(3)	除了包括 CON(2)的调整以外,还包括: 食品——假定这类消费支出的 50% 属于防御性支出 电、天然气与燃料——假定这类消费支出的 50% 属于防御性支出 车辆运营(包括车辆维修和服务)——假定这类消费支出的 50% 属于防御性支出或恢复性支出 交通服务——假定这类消费支出的 50% 属于防御性支出,因为这主要是为了解决上下班即通勤问题,对人类福利本身没有多大贡献 通信——假定这类消费支出的 50% 属于防御性支出 酒店、咖啡馆和餐馆——假定这类消费支出的 25% 属于防御性支出。尽管此类大多为食品支出,但主要还是为了确保消费者自身能有足够的营养而产生的必要支出。因此,较之于自己在家做饭吃而言,这类支出的份额越大,通常被认为越有助于增进福利 保险和其他金融服务——假定这类消费支出的 50% 属于防御性支出 政府最终消费支出——在 CON(2)调整之上,再假定这类消费支出的 25% 属于恢复性支出

既然 CON(3)能够更精确地反映消费支出的福利贡献,显然我们更偏好于这种消费估算。

3.4.2 耐用消费品支出(Expenditure on Consumer Durables, ECD)

耐用消费品构成 GPI 的第二个项目。第 2 章已解释过,将耐用消费品支出算作其购买所在财政年度的消费收益是不对的,应该从消费项目中扣除类似支出。

3.4.3 耐用消费品提供的服务(Service from Consumer Durables, SCD)

GPI 之所以包括这个项目，是因为耐用消费品存量(以前年份中累积的耐用消费品)每年都会为其所有者提供益处或服务。为更好测度耐用消费品所有者享受的服务数量，我们假定存量平均使用寿命为 10 年。这意味着，耐用消费品存量以每年 10% 的速度折旧或"被消费"。因此，耐用消费品存量每年提供的服务等于存量现值乘 10% 的折旧率。

3.4.4 调整后的消费(未加权)

表 3.1 中列出的下一个项目并非单个的成本或收益项目，而是多个项目的加减汇总，表示所有消费支出加权以前的福利贡献。把 CON(1)、CON(2)、CON(3) 分别代入如下公式即可计算得出三项调整后的消费额：

$$调整后的消费 = 消费支出(CON) - 耐用消费品支出(ECD) + 耐用消费品提供的服务(SCD) \quad (3.1)$$

3.4.5 分配指数(Distribution Index, DI)

GPI 的下一个项目包括构建分配指数(DI)。在第 2 章我们已经讨论过收入分配对消费支出福利贡献的影响。为在 GPI 中考虑这种影响以及考察期内收入分配的变化，我们构建了分配指数，并用以加权三种调整后的消费测量指数。

我们构建的 DI 是基于这样假设的，中位数年收入占人均 GDP 或 GSP 的比例下降，表示富裕群体和贫困群体之间的收入差距扩大。为什么这样假设？因为如果中位数年收入占人均 GDP 或 GSP 的比例下降，意味着人均 GDP 或 GSP 的上升速度快于中位数年收入，这只能发生在收入分配更倾向于高收入群体的情况，即富者越富。

我们将考察期第一年中位数年收入占人均 GDP 或 GSP 的比例，即 DI 设定为 100(1986 = 100.0)。考察期内该比例上升或下降，DI

就会相应上升或下降。DI 上升表明贫富收入差距扩大，DI 下降则说明收入分配更公平。

对于 GPI 计算过程中使用的这种收入分配指数，学界有批评认为，这种福利调整主观性很强(Neumayer，2000)，并不像著名的艾特肯森(Atkinson，1970)分配不均等指数，后者主观性更少，是因为研究者明确假定社会对收入不均等的厌恶倾向。

我们并不认可这种批评。我们认为，艾特肯森指数更主观。在考察期一开始，除了将 1986 年指数值定为 100.0，我们的 DI 并未对收入分配的期望结果做其他任何主观假定。我们只是假定收入分配的改善或恶化会对一个国家或州公民的总体福利产生正面或负面的影响。收入分配变化会影响社会福利已经获得很多经验研究的支持(Easterlin，1974；Abramowitz，1979)，因此，很难说这种假定是主观的。此外，艾特肯森指数方法要求研究者在考察期一开始就要明确选定社会对收入分配的厌恶态度和倾向，显然这看起来更为主观。

3.4.6 调整后的消费(加权后)

该项是基于考察期 DI 的变化并加权上述三项调整后的消费测算指数而计算获得，计算公式如下：

$$调整后的消费(加权后) = \frac{调整后的 CON}{DI} \times 100.00 \quad (3.2)$$

3.4.7 公共服务资本产生的福利(Welfare from Publicly-Provided Service Capital, WPPSC)

前文已解释过，GPI 之所以包括这个项目，是因为绝大部分公共投资支出并不是用于积累生产资料(如厂房、机器、设备)，而是提供一些服务性商品(如道路、桥梁、学校、医院和博物馆)。该基础设施类商品如同耐用消费品存量提供服务流一样，也会提供源源不断的福利。因此，像耐用消费品一样，把当前公共服务资本支出都算作提高当前福利的因素是错误的。

既然如此，我们就需估算因过去支出形成的公共服务资本所提供的福利。进一步，我们假定政府所有投资支出的75%用于服务资本，而不是生产资料，公共服务资本提供的福利就等于公共部门的固定资本消费(现存资本品的折旧)，乘政府投资于积累服务资本的支出份额，即75%。

3.4.8 无偿家务劳动价值

尽管基于市场的经济活动创造了大量收益，但仍有很多有助于提高社会福利的活动发生在市场以外，无偿家务劳动就是典型一例。

为计算无偿家务劳动的价值，我们使用净机会成本法，并假定考察期内每小时无偿劳动的实际价值保持不变。不过，我们假定，考察期内体现在家庭耐用消费品上的劳动节约型技术每年以1%的速度提升，这相当于2003年完成等量家务工作所需的时间，较之1986年会减少18.4%。

3.4.9 志愿者劳动价值

如同无偿家务劳动一样，志愿者劳动也被算作GPI的构成项目。同样，我们也使用净机会成本法计算志愿者劳动的价值，假定每小时志愿者劳动的实际价值与家务劳动相同，且在考察期内保持不变。

3.4.10 失业、就业不足和劳动力未被充分利用成本

近期最显著也是最被容忍的成本，就是失业成本了。现代政府通常更偏好于低通胀、低利率的经济环境，进而导致了"通胀治理为先"的现代宏观经济政策体系，特别是各国政府和央行都把目标定位于追求非加速通胀型的失业水平或NAIRU(Non-Accelerating Inflation Rate of Unemployment)(Mitchell and Muysken, 2002; Lawn, 2004a)。

NAIRU政策的负面效果非常明显，它的后果是以制造大量失业人口为代价。因此，一国看似健康的宏观经济实际上是以大量被"牺牲"公民的不幸为基础的(Blinder, 1987; Modigliani, 2000; Mitchell and Mosler, 2001)。

近期在澳大利亚工业领域出现了一些改革动向，NAIRU有下行趋势，并非全职工作人口的工作弹性上升，而是兼职工作或偶然性工作的人口数量飙升，此外，劳动力未被充分利用现象也迅速增加（即意愿性劳动力资源的浪费），失业人口比例上升（Mitchell and Carlson，2002）。

有很多研究曾尝试测度失业、就业不足和劳动力未被充分利用的成本，估算方法和估算结果也千差万别。从较广泛的意义上来看，测度失业成本通常需要考虑以下几个方面（Sen，1997）：
- 当前产出的损失。
- 社会排斥和个人自由的损失。
- 技能恶化。
- 心理伤害。
- 疾病和预期寿命减少。
- 自我满足感下降。
- 人际关系和家庭功能削弱。
- 种族和性别歧视，特别是收入和财产差距。
- 社会价值和责任意识下降。

我们认为，上述罗列的失业成本已在GPI其他构成项目中得到了部分反映，若把它们统统都算作失业、就业不足和劳动力未被充分利用的成本，则会产生重复计算的问题，例如（以表3.1为例）：
- 产量损失会造成消费品数量下降，因而会体现为三个基础消费项目下降，即CON(1)、CON(2)和CON(3)。
- 人际关系和家庭功能削弱会在犯罪和家庭破裂的成本上升中揭示出来。
- 社会价值和责任感下降也会通过犯罪成本上升体现。
- 发病率上升会造成健康支出增加，而在CON(2)和CON(3)中健康支出的一半已经被扣除，不算作福利收益（可见表3.2）。因而，我们可以认为发病率上升会减少当前有助于增进福利的消费支出比重，会对基础消费项目CON(2)和CON(3)产生负面影响。

为测度失业、就业不足和劳动力未被充分利用的成本，我们沿用充分就业和平等研究中心(Centre of Full Employment and Equity, CFEE)提出的一种测度方法,以小时为单位衡量劳动力未被充分利用的成本(Mitchell and Carlson,2002)。例如,2003年6月,尽管澳大利亚和维多利亚州官方失业率已分别下降至6.2%和5.9%,但运用这种方法计算显示,澳大利亚和维多利亚州的劳动力就业不足比率或CU8比率分别为11.9%和10.7%(CLMI,2004)。CFEE是用官方失业率加上其自身对隐性失业和就业不足的估计,从而计算得到CU8比率。

进而,将劳动力未被充分利用的CU8数字乘一个特定值,就表示其他项目已核算之外的人均失业成本。关于该特定值,第9章还会有详细的介绍和论证。

3.4.11 犯罪成本

犯罪成本旨在反映经济活动对人际关系、社会制度和一些公民自我认同所产生的负面影响。犯罪总成本,是通过加总杀人、袭击、抢劫、非法入侵、车辆被盗和其他偷盗等犯罪的成本。针对每种犯罪,我们都设定了单独的犯罪指数,并用其加权考察期内各种犯罪成本的估计值。

3.4.12 家庭破裂成本

家庭单元是一种社会机构,不仅能够提供安全、稳定、有组织的环境,还能承担重要儿童抚养的功能。近年来,国家一味追求经济高速增长,家庭单元成为主要受害者。我们用离婚率作为家庭解体或功能失调的代理变量计算家庭破裂的直接或间接成本。

3.4.13 外债变化

GPI包含这个项目是因为一个国家或州经济活动所产生的福利能否可持续,很大程度上取决于其自然资本和人造资本是被国内拥有还是被国外拥有?大量证据表明,那些拥有很高外债的国家很难维持必要的投资水平以保持其人造资本存量的完整性。而且,它们还经常被迫损耗其自然资本存量以还债(George,1988)。

该项数值并非直接采用每个财政年度末期的债务数据,而是使用年度之间外债数额的变化量。尽管该项数值既可以为正,也可以为负,但在考察期内,无论澳大利亚还是维多利亚州,此项都是负的。

3.4.14 不可再生资源损耗成本

到目前为止,表3.1中所有讨论的项目都与经济活动的经济、社会成本或收益相关。而不可再生资源损耗成本则是GPI中第一个与环境相关的成本。

顾名思义,不可再生资源是指无法持续开采利用的资源。由于GPI计算也需使用希克斯国民收入概念,这会带来一些潜在难题,为此,这里专门计算所谓"使用者成本",即必须留存一定比例的开采利润,用于建立一些可再生性资源资产,以产生可持续的年度收入流,和此前耗竭性资源产生的年度收入流大致相等。

3.4.15 农地流失成本

与很多不可再生资源不同,农村肥沃的土地根本找不到合适的替代品。实际上,农地不仅用于生产基本物质——国家或州最基础的商品,它还会被用于建立可再生性资源资产,以替代已被消耗的不可再生资源。

正是由于农地有这种独特的性质,所以,在计算农地损失时,我们就需要使用有别于不可再生资源的方法。特别是给定年份农地流失的成本必须足以补偿国家或州公民在这些土地上所有的农业历史劳作,从这个意义上看,农地流失的成本类似一种补偿基金。

3.4.16 灌溉用水成本

由于澳大利亚非常干旱,大量农业生产依赖于内陆河流中的灌溉用水。尽管早在欧洲定居者到来之前,澳大利亚内陆河流水位通常很低,但灌溉用水管理体制的不断调整已对流域和周边生态系统产生了显著影响。

有研究表明，若想恢复澳大利亚内陆河流的环境需要定期放水以维持充沛的水量（Hamilton and Saddler，1997）。由于过去政府并没有这样做，再加上近期大规模的河水分流，成本累积叠加高得惊人。实际上，有人估计，当前这一代澳大利亚人要想把墨累-达令流域（Murray-Darling Basin）修复至理想健康的水平，修复成本几乎接近它创造的所有农业产出的价值（ACF-NFF，2000）。从这个角度以及水的不可替代性来看，计算过度灌溉用水的成本应该类似于计算农地流失的成本，如同因过度灌溉用水累积的影响而一次性补偿给公民的捐赠款。

3.4.17 木材损耗成本

木材作为一种可再生资源，只要其采伐速度不超过再生速度就能被可持续地开采、利用。当然，人们也可通过植树造林增加木材存量。然而，一旦木材存量下降，其影响就如同不可再生资源的损耗一样。因此，计算木材使用成本应该也采用此前的"使用者成本"。

当然，即便木材存量上升，但速生林木大幅增加而取代生长缓慢的本地原始森林，则仍有可能损害环境。由于这个项目主要是想描述自然资本提供资源能力的变化，所以，它就不能刻画林业活动产生的间接生态影响。不过，生态损害会对生态健康指数（Ecosystem Health Index，EHI）产生负面影响，接下来很快就会讨论 EHI 及其对 GPI 的意义。

3.4.18 空气污染成本

空气污染成本是与自然环境吸收功能密切相关的两类成本之一。简单来说，每次经济活动产生垃圾的数量和质量，超过了其被自然环境固有的安全吸收能力，则环境蓄积能力就会下降。我们的观点是，一旦各类污染物排放造成了可识别的环境成本，就意味着环境蓄积能力开始下降了。

为计算可识别的空气污染成本，我们用空气污染指数加权空气污染成本的点估计值。该指数既刻画了考察期内经济活动密度的变化,也预先假定了减排技术进步的速度。

3.4.19 城市废水污染成本

澳大利亚是世界上城市化水平最高的国家之一,大约86%的人口居住在城市,维多利亚州城市化率为87%(ABS, Catalogue, No. 3105.0.65.001)。城市废水污染自然构成了澳大利亚和维多利亚州的环境成本。

该项目计算方法同上,用城市人口数量和预先假定的减排技术进步速度加权城市废水污染人均成本的点估计。

3.4.20 长期环境损害成本

为了以某种方式计算自然环境生命支持功能方面的损失,我们加了一个项目,专门反映能源消费增长对环境的长期影响。为何是能源消费?能源消费,是决定温室气体排放和全球气候变化的主要因素。第1章已提到过,气候变化易造成全球生物多样性显著下降,仅就澳大利亚而言,既会加剧极端气候事件的发生密度,如热带飓风,也会增加国内干旱的频率。

需要强调的是,经过长期的历史演化才形成如今的生物圈以提供稳定的能源(Bulm, 1962; Daly, 1979; Capra, 1982; Norgaard, 1988)。人类能源消费加速增长必然意味着自然资本退化,其提供的生命支持功能也会衰退。

3.4.21 自然资本服务损失成本(Lost Natural Capital Services, LNCS)

此项汇总,揭示加权以前经济活动的全部环境成本,数量上等于表3.1中所有标注单个星号(*)环境成本项目的加总,它反映了资源提供、蓄积能力(垃圾吸收)及提供自然资本的生命支持服务。

3.4.22 生态健康指数(Ecosystem Health Index, EHI)

估算资源提供和蓄积能力损失的成本比较容易，但要估算由关键生态系统生命支持服务功能损失而带来的各种成本则非常困难。为此，我们提高了因关键生态系统健康状况变化而导致的自然资本服务损失成本(LNCS)的权重。

之所以这样做，原因很简单，许多资源开采类的污染性活动的影响，不仅仅表现为破坏自然环境的资源与蓄积能力，还会导致生态系统退化。比较典型的例子就是露天开采——一种资源开采活动，活动一开始就要清除待开采区域中的动植物群。另外一个例子就是农业活动，也是起初就要清除所有原生草木。

基于此，EHI的前提假设为，残存植被的损失量对生物多样性进而对生态系统功能的威胁最大(Biodiversity Unit, 1995)。考察期第一年，该指数值设定为100.0(1986=100.0)，并根据相对完好土地的面积变化进行调整。考察期内，若相对完好土地的面积减少/增加，EHI就会相应下降/上升(只有当土地的再生率超过开垦率，相对完好土地的面积才会增加)。显然，EHI下降表明生态系统处于恶化状态。

3.4.23 加权的LNCS

该项是用考察期内EHI的变化对LNCS成本进行加权计算得出，用如下公式做必要调整：

$$\text{LNCS(加权后)} = \frac{\text{LNCS}}{100} \times \text{EHI} \quad (3.3)$$

3.4.24 真实进步指标

GPI是由表3.1中标注双星号(**)的项目加总而成的。此前已经介绍过，本书会有三个不同的消费支出估计值，即CON(1)、CON(2)和CON(3)，进而，也会有三个不同的GPI计算结果，即GPI(1)、GPI(2)和GPI(3)。我们认为CON(3)能更精确衡量消费支出的福利贡献,因此,GPI(3)是对可持续福利更理想的测度结果,在第 4 章和第 5 章中,我们也是重点关注 GPI(3)。

3.4.25 人口数量

若想刻画研究区域(比如国家和州或省)内的人均真实进步,就有必要计算人均 GPI,因此表 3.1 也统计了研究区域内的人口数量。

3.4.26 人均 GPI

某个特定区域中的人均 GPI 就是用最终 GPI 除以该区域人口总量。

3.5 附加项目

第 1 章已阐明,本项研究的目的之一就是试图探究维多利亚州经济增长和 GPI 之间的关系。因此,有必要搞清楚维多利亚州的经济究竟增长到了什么规模。

无论是统计兔子数量还是人造物品的数量,只要某个研究期末的兔子或物品数量超过期初数量,则总量就会增加。以人造物品为例,新增到当前存量(生产)中的耐用品数量,一定要超过当前存量减少量(折旧)。

奇怪的是,人们通常使用实际 GDP 或实际 GSP,作为国家或州的经济增长指标,尽管它们最多只是表明经济中新生产的产品数量而已,根本没有揭示产品减少量。[1] 为了研判经济是否真正增长,评估维多利亚州当前经济增长战略对可持续福利的影响,还需要估计很多附加项目。接下来,我们会简要解释每个附加项目及其与第 4 章中评估经济增长指标的相关性。

---

[1] 更糟的是,实际 GDP 或实际 GSP 还把被迅速消费掉或者立刻腐烂的非耐用消费品的生产也算作在内。因而,实际 GDP 或实际 GSP 高估了经济中新增产品的数量。

3.5.1 投资支出(私人和公共)(Investment Expenditure, INV)

第一个附加项目为私人部门在生产资料领域的投资和政府部门在生产资料和公共服务资本领域的投资(INV),数据可从国民统计账户或州统计账户中直接获得。

3.5.2 所有人造资本投资(INV*)

若想知道所有人造资本的总存量究竟增加多少,有必要计算家庭对耐用消费品的投资额,后者在数量上等于耐用消费品支出(ECD),在 GPI 计算中和 ECD 使用相同数字。

可用如下简单公式计算所有人造资本的投资:

$$\text{所有人造资本的投资(INV*)} = \text{投资支出(INV)} + \text{耐用消费品支出(ECD)} \tag{3.4}$$

一些读者可能会质疑,既然存量主要是指生产资料,把耐用消费品算作人造资本存量是否合理?然而,我们认为,除了所有权问题外,耐用消费品与生产资料并无差异。比如,为何一台位于街角商店中的冰箱能够算作人造资本,若把这台冰箱搬到其他住户家里就不算了呢?所以,我们的观点是,一些人造资本属于商业资本,而其余的人造资本则属于家庭资本。我们对人造资本的处理沿用了很久以前美国著名经济学家欧文·费雪(Irving Fisher,1906)推荐的做法。

3.5.3 固定资本消费(Consumption of Fixed Capital, DEP)

固定资本消费等于所有私人、公共部门对生产资料投资额和公共服务资本(DEP)的折旧值,有助于测度所有人造资本存量的减少程度。年度固定资本消费量数据可从国民账户体系中直接获得。

3.5.4 所有人造资本折旧(Depreciation of All Human-made Capital, DEP*)

若计算所有人造资本的总存量因被使用而产生的折旧,必然要核算家庭耐用消费品的折旧。如此前对 GPI 计算过程的讨论，耐用消费品存量的折旧等于每年使用当前存量所提供的服务(SCD)。回忆一下，这正好等于耐用消费品存量的现值乘 10% 的预先假定折旧率。

总之，所有人造资本折旧可用如下公式计算得出：

$$\text{所有人造资本折旧}(DEP^*) = \text{固定资本消费}(DEP) + \text{家庭耐用消费品折旧}(SCD) \qquad (3.5)$$

3.5.5 净资本投资(Net Capital Investment, NCI)

如上所述，如果经济中新增耐用品数量超过耐用品当前存量减少量，则经济规模会扩张。需要注意的是，某个年份所生产的非耐用产品数量并不改变当年经济规模，因为这些产品要么被迅速消费掉，要么立刻腐烂掉。

比较新增耐用品数量和当前存量减少量就有必要计算净资本投资(NCI)，出于研究需要，NCI 计算公式如下：

$$\text{净资本投资}(NCI) = \text{所有人造资本投资}(INV^*) - \text{所有人造资本折旧}(DEP^*) \qquad (3.6)$$

显然，如果 NCI 是正的/负的，表明经济是在扩张/紧缩。如果 NCI=0，则表明经济处于稳态水平。尽管稳态经济意味着并不增长，但它也不是静态经济的概念。如果所有废旧物品是被新生产的等量优质产品替代，则该稳态经济较之以前会有质的改善。

3.5.6 NCI/DEP* 比率

下一个附加项目是 NCI/DEP* 比率，该项目有助于测度所有人造资本增长或下降的速率，这个项目也常被用于描述政府实施的增长战略。

3.5.7 增长战略

出于本项研究的目的，我们将依据 NCI/DEP* 比率值的范围刻画政府增长战略的特征：

- 快速增长，当 NCI/DEP* $\geqslant 0.5$

- 高速增长，当 $0.25 \leqslant NCI/DEP^* < 0.5$
- 低速增长，当 $0 < NCI/DEP^* < 0.25$
- 稳态水平，当 $NCI/DEP^* = 0$

这些值有何含义？例如，若 NCI/DEP^* 比率是 0.5 或者更多，则说明所有人造资本的净增量是人造资本折旧量的一半以上，在这种情况下，我们就说经济出现了快速增长。高速增长，则是指所有人造资本的净增量介于人造资本折旧量的 25%～50%。低速增长，是指所有人造资本的净增量介于 0 和人造资本折旧量的 25%。毋庸置疑，若 NCI/DEP^* 比率为 0，经济处于稳态（非增长）水平。

当然，我们这种对不同增长战略间的区分略显武断。然而，在第 4 章至第 6 章，我们会发现，这种区分有助于评估维多利亚州经济增长与 GPI 之间的关系，也有助于对维多利亚州未来经济增长战略提出相关政策建议。

第4章 维多利亚州 GPI 绩效评估

4.1 维多利亚州 GPI(1986—2003)

第4章四个部分聚焦维多利亚州 GPI 及其经济绩效的影响因素。在第二部分，我们会分析 GPI 构成项目并解释维多利亚州 GPI 的变化趋势。

为评估维多利亚州经济绩效，表 4.1 给出了第3章罗列和讨论的每个项目估计值，也分别给出了总量和人均两种形式的 GPI(1)、GPI(2)和 GPI(3)(列 ee、列 ff、列 gg、列 kk 和列 ll)。这些指标也以指数值形式呈现(列 nn、列 oo 和列 pp)。这些指数值便于比较考察期内每个指标的变化。图 4.1 简洁明了地给出了考察期内维多利亚州的人均可持续福利。基于表 4.1 中列 jj、列 kk 和列 ll 显示的计算结果，图 4.1 表明，2003 年的三类人均 GPI 值要高于 1986 年。

三类人均 GPI 值的差异完全是由于对与消费相关福利的处理方式不同，因此，这三个指标的变化趋势本质上是相同的。然而，考察期内，这三个指数值彼此之间的差距进一步扩大了。比如，1986 年维多利亚州人均 GPI(1)和人均 GPI(3)之间的差距是 8 190 美元，但是 2003 年增加到 9 572 美元，考察期内，GPI(1)增长了 20.3%，而 GPI(3)增长了 21.8%。

第3章已经解释，我们更偏好使用 GPI(3)作为可持续福利测度指标，是因为它对消费支出做了更全面详细的调整。因此，在 4.1 余下部分，我们重点分析 GPI(3)值及其变化。

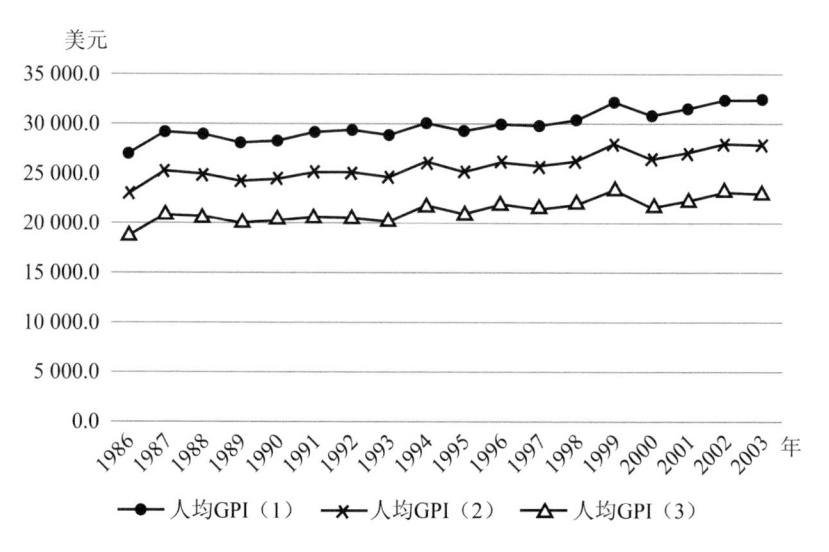

图 4.1　1986—2003 年维多利亚州人均真实进步指标(2002—2003 年不变价)

维多利亚州人均 GPI(3)，从考察期初的 18 839 美元增加到 2003 年的 22 951 美元。这种增速适中，整个考察期内只增长了 21.8% 或者说年均增长 1.46%。有趣的是，考察期内维多利亚州人均 GPI(3)波动很大，自 1987 年迅速增至 20 879 美元以后逐年小幅波动，1993 年年底为 20 336 美元，然而在接下来的 7 年中，即 1993 年至 2000 年，剧烈起伏，2000 年，维多利亚州人均 GPI(3)高达 21 677 美元，2001 年和 2002 年继续增长，但在 2003 年下降至 22 951 美元，低于 1999 年的历史高位 23 403 美元。

总体来看，1987 年至 1993 年维多利亚州人均 GPI(3)稳中有降，1993 年至 2003 年整体呈上升态势。然而，1993 年至 2003 年，维多利亚州经济持续高速增长，同期人均可持续福利的增长幅度却并不令人满意，这表明经济增长带来的额外收益几乎完全被经济增长带来的社会和环境成本抵消了，后面还会对此作详细讨论。

4.2　维多利亚州 GPI 的构成

在这一部分，我们希望解释维多利亚州人均 GPI 的波动，为何

第 4 章 维多利亚州 GPI 绩效评估 41

表 4.1 1986—2003 年维多利亚州 GPI 与实际 GSP

年份	CON(1) (百万美元) a	CON(2) (百万美元) b	CON(3) (百万美元) c	ECD (百万美元) d	耐用消费品 (百万美元) e	SCD (百万美元) (e×0.1) f	调整后的 CON(1) (百万美元) (a−d+f) g	调整后的 CON(2) (百万美元) (b−d+f) h	调整后的 CON(3) (百万美元) (c−d+f) i	分配指数 1986=100.0 j	加权后的 CON(1) (百万美元) (g/j)×100 k	加权后的 CON(2) (百万美元) (h/j)×100 l	加权后的 CON(3) (百万美元) (i/j)×100 m
1985					83 957.4								
1986	91 681.0	75 364.8	57 602.8	−10 144.0	85 868.1	8 395.7	89 932.7	73 616.5	55 854.5	100.0	89 932.7	73 616.5	55 854.5
1987	93 310.0	76 744.3	58 397.3	−9 701.0	87 381.0	8 586.8	92 195.8	75 630.1	57 283.1	98.7	93 364.3	76 588.6	58 009.1
1988	95 912.0	78 835.0	59 939.5	−9 728.0	89 154.3	8 738.1	94 922.1	77 845.1	58 949.6	102.1	92 938.0	76 217.9	57 717.4
1989	99 913.0	82 219.3	62 635.0	−10 065.0	91 070.8	8 915.4	98 763.4	81 069.7	61 485.4	105.7	93 456.4	76 713.4	58 181.5
1990	102 677.0	84 568.3	64 413.3	−10 209.0	93 068.8	9 107.1	101 575.1	83 466.3	63 311.3	107.9	94 118.3	77 338.9	58 663.5
1991	101 989.0	83 580.0	63 298.3	−9 289.0	93 669.4	9 306.9	102 006.9	83 597.9	63 316.1	101.1	100 900.7	82 691.3	62 629.5
1992	103 549.0	84 873.8	64 308.3	−9 205.0	93 950.4	9 366.9	103 710.9	85 035.7	64 470.2	98.6	105 172.0	86 233.7	65 378.4
1993	104 551.0	85 651.8	65 256.3	−9 582.0	94 779.7	9 395.0	104 364.0	85 464.8	65 069.3	102.3	102 028.2	83 551.9	63 612.9
1994	105 056.0	86 072.0	65 867.8	−9 436.0	96 212.8	9 478.0	105 098.0	86 114.0	65 909.7	105.2	99 859.2	81 821.5	62 624.4
1995	109 851.0	90 278.0	69 241.5	−9 689.0	97 048.0	9 621.3	109 783.3	90 210.3	69 173.8	108.2	101 496.6	83 378.8	63 935.4
1996	113 335.0	93 146.0	71 464.0	−9 843.0	96 747.0	9 704.8	113 196.8	93 007.8	71 325.8	113.3	99 886.5	82 071.5	62 938.9
1997	116 417.0	95 760.5	73 609.3	−10 418.0	97 464.0	9 674.7	115 673.7	95 017.2	72 866.0	110.5	104 712.5	86 013.4	65 961.2
1998	121 603.0	100 459.5	77 659.5	−11 570.0	99 306.0	9 746.4	119 779.4	98 635.9	75 835.9	110.1	108 755.4	89 557.9	68 856.3
1999	127 435.0	105 413.3	81 419.3	−12 662.0	101 903.0	9 930.6	124 703.6	102 681.9	78 687.9	110.7	112 650.0	92 756.8	71 082.0

续表

年份	CON(1) (百万美元) a	CON(2) (百万美元) b	CON(3) (百万美元) c	ECD (百万美元) d	耐用消费品 (百万美元) e	SCD (百万美元) f	调整后的CON(1) (百万美元) g (a−d+f)	调整后的CON(2) (百万美元) h (b−d+f)	调整后的CON(3) (百万美元) i (c−d+f)	分配指数 j 1986=100.0	加权后的CON(1) (百万美元) k (g/j)×100	加权后的CON(2) (百万美元) l (h/j)×100	加权后的CON(3) (百万美元) m (i/j)×100
2000	132 668.0	110 028.8	84 994.0	−13 374.0	105 068.0	10 190.3	129 484.3	106 845.1	81 810.3	109.5	118 267.7	97 589.6	74 723.5
2001	136 277.0	112 797.5	86 983.5	−13 471.0	109 250.0	10 506.8	133 312.8	109 833.3	84 018.8	111.3	119 759.8	98 667.3	75 477.2
2002	141 293.0	117 099.8	90 836.3	−14 512.0	114 557.0	10 925.0	137 706.0	113 512.8	87 249.3	111.7	123 278.0	101 619.6	78 107.8
2003	146 482.0	121 399.3	94 193.3	−15 378.0	120 353.0	11 455.7	142 559.7	117 477.0	90 271.0	111.2	128 169.3	105 618.5	81 158.7

年份	WPPSC (百万美元) n	家务劳动价值 (百万美元) o	志愿者劳动价值 (百万美元) p	失业或就业不足成本 (百万美元) q	犯罪成本 (百万美元) r	家庭破裂成本 (百万美元) s	外债变化总量中维多利亚州份额 (百万美元) t	不可再生资源损耗成本 (百万美元) u	农地流失成本 (百万美元) v	灌溉用水成本 (百万美元) w	木材损耗成本 (百万美元) x	空气污染成本 (百万美元) y	城市废水污染成本 (百万美元) z
1985													
1986	3 486.0	58 397.9	2 222.0	−4 233.9	−3 488.4	−855.6	−11 706.5	−3 018.7	−1 007.2	−3 863.3	28.3	−1 544.9	−1 103.1
1987	3 304.0	58 985.4	2 668.7	−4 505.3	−3 893.7	−866.8	−4 148.7	−2 850.9	−1 015.9	−3 948.5	26.3	−1 565.8	−1 096.3
1988	2 911.9	59 555.6	3 115.4	−3 948.6	−3 904.7	−878.0	−3 387.2	−3 351.3	−1 024.7	−4 090.1	26.3	−1 633.5	−1 098.7
1989	2 731.6	60 108.8	3 562.2	−3 613.1	−3 906.6	−889.1	−6 394.5	−3 519.1	−1 033.9	−4 164.1	32.8	−1 682.4	−1 102.1
1990	3 586.3	60 645.1	4 008.9	−3 421.8	−3 662.3	−900.3	−5 558.7	−3 767.6	−1 043.2	−4 273.3	11.4	−1 757.6	−1 105.3

续表

年份	WPPSC (百万美元)	家务劳动价值 (百万美元)	志愿者劳动价值 (百万美元)	失业或就业不足成本 (百万美元)	犯罪成本 (百万美元)	家庭破裂成本 (百万美元)	外债变化量中维多利亚州份额 (百万美元)	不可再生资源损耗成本 (百万美元)	农地流失成本 (百万美元)	灌溉用水成本 (百万美元)	木材损耗成本 (百万美元)	空气污染成本 (百万美元)	城市废水污染成本 (百万美元)
	n	o	p	q	r	s	t	u	v	w	x	y	z
1991	3 578.9	61 164.9	4 455.6	−6 253.3	−3 885.0	−911.4	−3 865.6	−4 349.6	−1 052.4	−4 418.0	6.8	−1 702.5	−1 105.8
1992	3 877.9	62 491.9	4 902.3	−8 538.4	−3 552.4	−861.4	−6 048.2	−4 362.3	−1 061.5	−4 563.6	35.9	−1 645.6	−1 103.2
1993	2 982.3	63 786.7	5 349.1	−9 263.1	−3 224.8	−895.2	−4 544.1	−4 441.2	−1 070.8	−4 611.7	−3.4	−1 699.2	−1 096.8
1994	3 367.7	65 049.6	5 795.8	−9 353.7	−2 992.1	−919.1	1 790.3	−4 300.2	−1 080.4	−4 708.8	−14.5	−1 741.5	−1 090.4
1995	3 812.2	66 281.3	6 242.5	−8 079.4	−2 887.5	−969.1	−5 688.7	−3 914.6	−1 090.1	−4 876.1	−14.6	−1 784.9	−1 088.5
1996	3 164.4	67 482.3	6 689.3	−7 361.6	−2 840.6	−1 022.5	−862.5	−3 691.2	−1 100.0	−5 014.0	23.1	−1 845.8	−1 089.7
1997	2 052.3	67 945.4	7 136.0	−7 863.0	−3 040.3	−1 020.2	−4 116.0	−3 385.8	−1 110.0	−5 161.8	23.1	−1 879.7	−1 087.5
1998	2 552.5	68 392.7	7 582.7	−7 528.7	−3 191.9	−1 007.5	−5 239.4	−3 257.5	−1 120.1	−5 296.4	102.6	−1 953.0	−1 087.1
1999	3 076.4	68 824.4	8 029.4	−7 129.1	−3 486.8	−1 043.1	−784.7	−2 342.5	−1 130.5	−5 403.7	102.6	−2 070.1	−1 088.4
2000	3 084.4	69 241.0	8 476.2	−6 340.1	−3 751.5	−982.5	−11 205.0	−3 212.7	−1 141.4	−5 468.9	102.5	−2 116.4	−1 091.3
2001	3 002.8	69 642.5	8 922.9	−6 030.6	−4 016.9	−1 089.3	−7 561.9	−2 973.4	−1 152.6	−5 591.7	102.6	−2 157.2	−1 095.7
2002	3 318.2	70 029.3	9 369.6	−6 491.7	−4 262.5	−1 063.1	−5 157.1	−2 521.0	−1 164.1	−5 716.1	59.1	−2 214.8	−1 097.5
2003	3 557.1	70 401.6	9 816.4	−6 203.4	−4 545.8	−1 083.6	−8 251.9	−2 556.1	−1 176.0	−5 826.6	102.6	−2 249.3	−1 100.7

续表

年份	长期环境损害成本(百万美元)	LNCS(百万美元)	EHI	加权后的LNCS(百万美元)	GPI(1)(百万美元)	GPI(2)(百万美元)	GPI(3)(百万美元)	实际GSP(百万美元)	维多利亚州人口(千人)	人均GPI(1)(美元)	人均GPI(2)(美元)	人均GPI(3)(美元)	人均实际GSP(美元)
aa	bb	cc	dd	ee	ff	gg	hh	ii	jj	kk	ll	mm
		u 至 aa	1986=100.0	(bb/cc)×100						(ee/ii)	(ff/ii)	(gg/ii)	(hh/ii)
1985													
1986	−10 780.9	−21 289.7	100.0	−21 289.7	112 464.5	96 148.3	78 386.3	111 277.3	4 160.9	27 028.9	23 107.6	18 839.0	26 743.9
1987	−11 174.2	−21 625.3	99.9	−21 648.4	123 259.6	106 483.9	87 904.4	113 913.9	4 210.1	29 277.1	25 292.5	20 879.4	27 057.2
1988	−11 579.6	−22 751.6	99.8	−22 808.5	123 594.0	106 873.9	88 373.4	120 027.6	4 262.6	28 995.0	25 072.5	20 732.4	28 158.5
1989	−12 008.4	−23 477.2	99.6	−23 562.8	121 492.7	104 749.7	86 217.8	124 854.1	4 320.2	28 122.0	24 246.5	19 957.1	28 900.3
1990	−12 457.6	−24 393.1	99.6	−24 502.8	124 312.7	107 533.4	88 858.0	131 737.0	4 378.6	28 391.0	24 558.9	20 293.7	30 086.6
1991	−12 897.5	−25 518.9	99.5	−25 642.3	129 542.5	111 333.2	91 271.3	128 882.9	4 420.4	29 305.6	25 186.2	20 647.9	29 156.6
1992	−13 332.0	−26 032.3	99.5	−26 167.0	131 276.9	112 338.6	91 483.5	125 822.0	4 455.0	29 467.3	25 216.3	20 535.0	28 242.9
1993	−13 783.4	−26 706.5	99.5	−26 853.8	129 365.3	110 889.0	90 950.0	131 224.1	4 472.4	28 925.3	24 794.1	20 335.9	29 340.9
1994	−14 234.0	−27 169.8	99.4	−27 328.8	135 268.8	117 231.1	98 034.0	135 835.7	4 487.6	30 142.8	26 123.3	21 845.7	30 269.3
1995	−14 704.6	−27 473.4	99.4	−27 643.6	132 537.4	114 446.6	95 003.2	140 606.5	4 517.4	29 339.3	25 334.6	21 030.6	31 125.6
1996	−15 188.6	−27 906.2	99.4	−28 088.6	137 046.7	119 231.6	100 099.1	146 860.5	4 560.2	30 052.8	26 146.1	21 950.8	32 205.2
1997	−15 680.0	−28 281.8	99.3	−28 476.3	137 330.4	118 631.3	98 579.1	151 056.9	4 597.2	29 872.6	25 805.1	21 443.3	32 858.4
1998	−16 202.9	−28 814.5	99.3	−29 022.4	141 293.3	122 095.8	101 394.2	158 516.3	4 637.8	30 465.6	26 326.2	21 862.5	34 179.1

续表

年份	长期环境损害成本(百万美元)	LNCS(百万美元)	EHI	加权后的LNCS(百万美元)	GPI(1)(百万美元)	GPI(2)(百万美元)	GPI(3)(百万美元)	实际GSP(百万美元)	维多利亚州人口(千人)	人均GPI(1)(美元)	人均GPI(2)(美元)	人均GPI(3)(美元)	人均实际GSP(美元)
	aa	bb	cc	dd	ee	ff	gg	hh	ii	jj	kk	ll	mm
		u 至 aa	1986=100.0	(bb/cc)×100						(ee/ii)	(ff/ii)	(gg/ii)	(hh/ii)
1999	−16 743.9	−28 676.4	99.3	−28 893.0	151 243.6	131 350.4	109 675.6	169 699.3	4 686.4	32 272.9	28 028.0	23 402.9	36 211.0
2000	−17 300.9	−30 228.9	99.2	−30 467.6	146 322.5	125 644.3	102 778.2	175 225.5	4 741.3	30 861.3	26 500.0	21 677.0	36 957.0
2001	−17 864.9	−30 732.9	99.2	−30 986.0	151 643.4	130 550.9	107 360.7	180 391.3	4 804.7	31 561.5	27 171.5	22 344.8	37 544.6
2002	−18 446.2	−31 100.7	99.1	−31 367.5	157 653.2	135 994.8	112 483.0	187 064.4	4 857.2	32 457.6	27 998.6	23 157.9	38 512.6
2003	−19 038.9	−31 845.0	99.1	−32 129.1	159 730.6	137 179.8	112 720.1	191 875.1	4 911.4	32 522.4	27 930.9	22 950.6	39 067.1

年份	人均GPI(1)指数值	人均GPI(2)指数值	人均GPI(3)指数值	人均实际GSP指数值	INV(百万美元)	INV*(百万美元)	DEP(百万美元)	DEP*(百万美元)	NCI(百万美元)	NCI/DEP*	经济增长率
	nn	oo	pp	qq	rr	ss	tt	uu	vv	ww	xx
	1986=100.0	1986=100.0	1986=100.0	1986=100.0	(rr+d)	(u+n)	(ss−uu)	(vv/uu)	
1985											
1986	100.0	100.0	100.0	100.0	20 786.0	30 930.0	13 441.1	21 836.9	9 093.1	0.42	高速
1987	108.3	109.5	110.8	101.2	21 276.0	30 977.0	14 343.9	22 930.7	8 046.3	0.35	高速

续表

年份	人均GPI(1)指数值 nn	人均GPI(2)指数值 oo	人均GPI(3)指数值 pp	人均实际GSP指数值 qq	INV(百万美元) rr	INV*(百万美元) ss	DEP(百万美元) tt	DEP*(百万美元) uu	NCI(百万美元) vv	NCI/DEP* ww	经济增长率 xx
1988	107.3	108.5	110.1	105.3	22 268.0	31 996.0	14 830.8	23 568.9	8 427.1	0.36	高速
1989	104.0	104.9	105.9	108.1	24 872.0	34 937.0	15 776.1	24 691.6	10 245.4	0.41	高速
1990	105.0	106.3	107.7	112.5	24 721.0	34 930.0	15 801.6	24 908.7	10 021.3	0.4	高速
1991	108.4	109.0	109.6	109.0	20 159.0	29 448.0	15 042.1	24 349.0	5 099.0	0.21	低速
1992	109.0	109.1	109.0	105.6	18 760.0	27 965.0	15 336.8	24 703.8	3 261.2	0.13	低速
1993	107.0	107.3	107.9	109.7	20 471.0	30 053.0	16 217.5	25 612.5	4 440.5	0.17	低速
1994	111.5	113.1	116.0	113.2	22 506.0	31 942.0	17 388.3	26 866.3	5 075.7	0.19	低速
1995	108.5	109.6	111.6	116.4	23 889.0	33 578.0	17 067.0	26 688.3	6 889.7	0.26	低速/高速
1996	111.2	113.1	116.5	120.4	25 857.0	35 700.0	18 729.2	28 434.0	7 266.0	0.26	低速/高速
1997	110.5	111.7	113.8	122.9	29 883.0	40 301.0	21 201.6	30 876.3	9 424.7	0.31	高速
1998	112.7	113.9	116.0	127.8	31 571.0	43 141.0	21 765.4	31 511.8	11 629.2	0.37	高速
1999	119.4	121.3	124.2	135.4	36 251.0	48 913.0	24 259.3	34 189.9	14 723.1	0.43	高速
2000	114.2	114.7	115.1	138.2	39 483.0	52 857.0	26 357.6	36 547.9	16 309.1	0.45	高速
2001	116.8	117.6	118.6	140.4	38 165.0	51 636.0	27 731.0	38 237.8	13 398.2	0.35	高速
2002	120.1	121.2	122.9	144.0	42 153.0	56 665.0	29 626.4	40 551.4	16 113.6	0.4	高速
2003	120.3	120.9	121.8	146.1	47 856.0	43 234.0	31 119.6	42 575.3	20 658.7	0.49	高速/快速

注：未做特殊说明，所有数值均用2002—2003年不变价计算。

自 1993 年以后才开始持续上涨，为何人均 GPI 上升幅度远远小于同期的经济增速。基于此，我们现在开始分析 GPI 的构成项目，看看哪个项目对 GPI 变化趋势的影响最大。

4.2.1 与消费有关的福利

与消费有关的福利是 GPI 最大组成部分，呈现在表 4.1 第 1 页上，该部分概括介绍了如何调整消费支出以得到三个加权估算值，即 CON(1)、CON(2)和 CON(3)，详见列 k、列 l 和列 m。

图 4.2 直观刻画了这些调整的影响，从图 4.2 和表 4.1 可以发现，1986 年至 1996 年，维多利亚州与消费有关的福利增长幅度不大，比如 1986 年加权后的 CON(3)为 55 855 百万美元，1996 年是 62 939 百万美元，10 年间，一共增长了 12.7% 或者说每年仅增长 0.81%。自 1996 年以后开始大幅增长，截至 2003 年，维多利亚州加权后的 CON(3)已增至 81 159 百万美元，这相当于 1996 年至 2003 年的年均增长率为 3.7%，是 1986 年至 1996 年年均增长率的 4.6 倍。

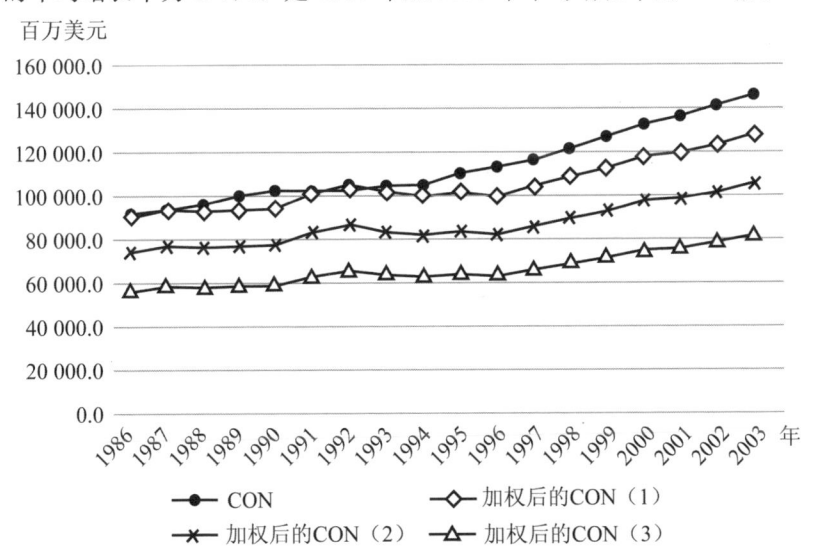

图 4.2 1986—2003 年维多利亚州与消费相关的福利和加权后的 CON(1)、CON(2)和 CON(3)(2002—2003 年不变价)

1986年至1996年，维多利亚州与消费有关的福利之所以增长缓慢，主要在于1986年至1994年的消费支出增加有限。尽管维多利亚州消费支出自1994年以后开始表现强劲，但CON(3)数据显示，直到1997年以后才因大量购买耐用消费品促使消费支出显著上升。前文已经解释过，耐用消费品提供的福利收益并不体现在购买当期，而是在以后当耐用消费品存量通过使用进行折旧时，才能创造与消费相关的福利。

比较有意思的是，在考察期内维多利亚州与消费有关的福利对人均GPI(3)的影响并不一致，特别是在比较人均GPI(3)和人均加权CON(3)时尤其明显，如图4.3。1986年至1991年，这两个指标似乎为正相关关系，但1991年至1997年，二者又呈负相关关系。1997年以后，虽然二者之间没有表现出明显的正向或负向相关关系，但从图4.4揭示的两个指数值来看，1997年以后人均CON(3)的稳步增长的确有助于提升人均GPI(3)(2000年和2003年除外)。

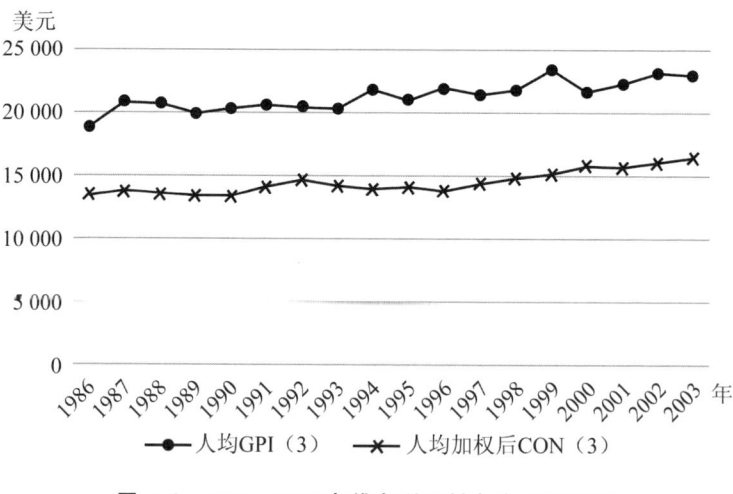

图 4.3　1986—2003年维多利亚州人均GPI(3)和
人均加权后CON(3)(2002—2003年不变价)

仔细观察图4.4，可以发现，1996年以后人均CON(3)的上升幅度明显超过人均GPI(3)。实际上，到2003年，人均CON(3)的数值已经超过了人均 GPI(3)。这进一步说明，更高消费水平引致的社会和环境成本可能已经非常接近它所提供的消费收益和福利。关于这一点，目前还无法充分核实，不过，在我们分析了社会和环境成本项目之后就会越来越明显。

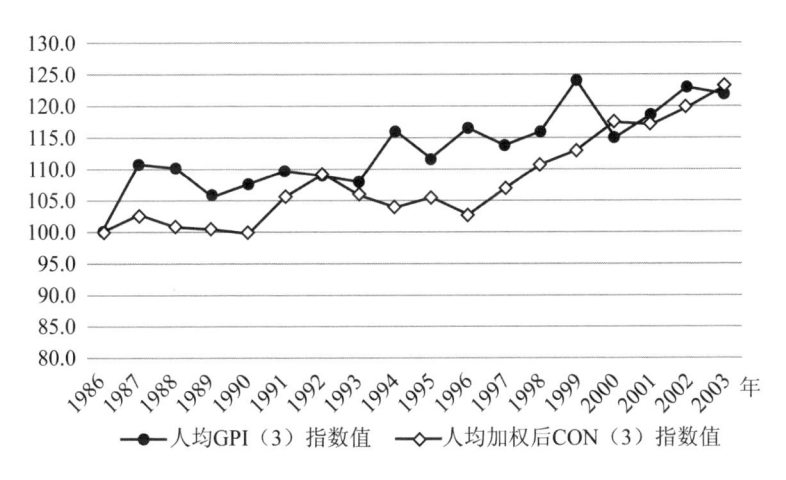

图 4.4　1986—2003 年维多利亚州人均 GPI(3)指数值和人均加权后 CON(3)的指数值(1986＝100.0)

4.2.2　耐用消费品支出(ECD)、耐用消费品服务(SCD)和公共服务资本提供的福利(WPPSC)

在接下来的三个项目中，耐用消费品支出(ECD)和耐用消费品服务(SCD)用于计算消费福利(表 4.1 中的 d 列和 f 列)。图 4.5 显示，维多利亚州 1997 年的耐用消费品支出只是略微高于考察期初水平(1986 年为 10 144 百万美元，1997 年为 10 418 百万美元)。但此后，却迅速增至 2003 年的 15 378 百万美元。

1986 年(8 396 百万美元)至 1999 年(9 931 百万美元)耐用消费品提供的服务缓慢增长，但在考察期的最后几年开始骤增(2003 年为 11 456 百万美元)。尽管耐用消费品支出波动较大，但图 4.5 显示，每年耐用消费品提供的服务则相对稳定，这是由于特定年份所享受的服务取决于十年期的运行存量折旧(可参阅本书第 3.4.3 部分)。结果可想而知，即使每年耐用消费品累积存量发生较大变化，其所

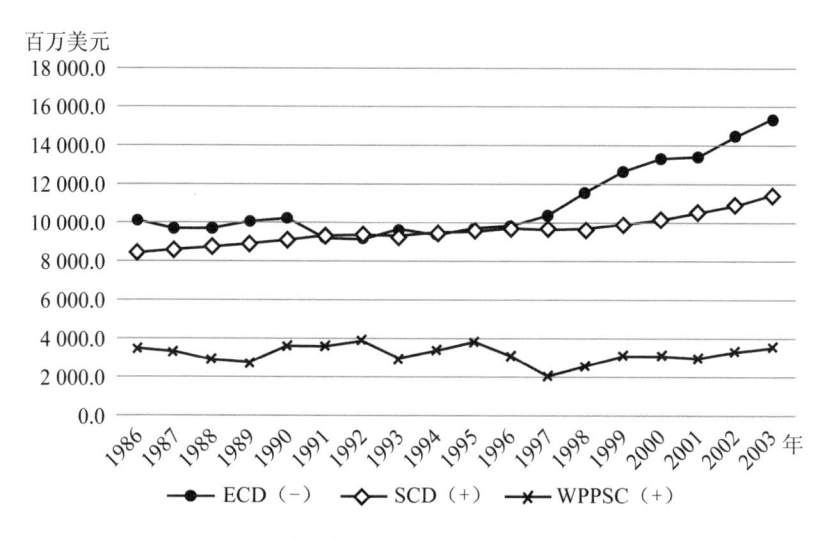

图 4.5　1986—2003 年耐用消费品支出(ECD)、耐用消费品服务(SCD)和公共服务资本提供的福利(WPPSC)(2002—2003 年不变价)

提供的服务数量也不会剧烈波动。

在考察期最后几年(2000 年至 2003 年),耐用消费品提供的服务持续增加,很大程度上源于 1996 年以后耐用消费品支出的迅速增长。除非耐用消费品支出骤降,否则耐用消费品提供的服务增量会延续较长一段时间。

图 4.5(表 4.1 中的列 n)还包括公共服务资本提供的福利(WPPSC)。总体来看,1986 年(3 486 百万美元)至 1997 年(2 052 百万美元),公共服务资本提供的福利显著下降。截至 2003 年,该福利水平恢复到 3 557 百万美元。图 4.6 显示,服务资本提供的福利在维多利亚州 GPI(3)中所占的比重只有 3% 多一点,1986 年该比重接近 4.5%,这表明,服务资本对维多利亚州人均可持续福利的贡献下降了。当然,必须强调,1997 年服务资本提供的福利占 GPI(3)的比重也才 2% 多一点。如果 2003 年服务资本提供的福利能保持在 1986 年

的水平,则维多利亚州人均可持续福利很有可能再增加 300 美元左右。①

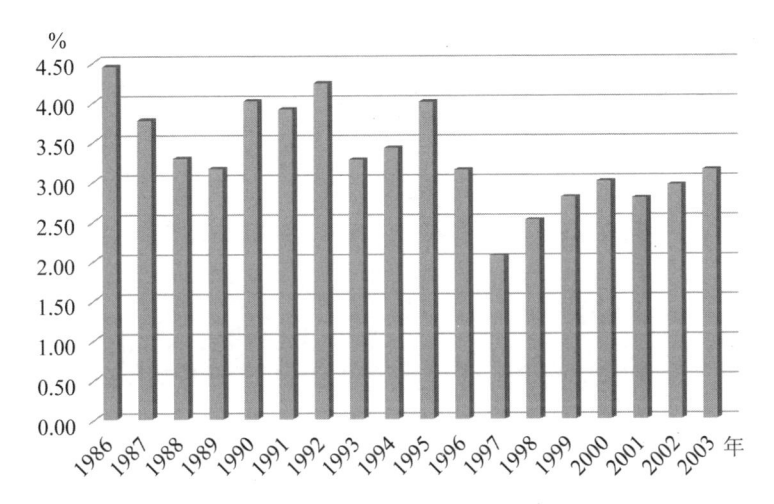

```
%
4.50
4.00
3.50
3.00
2.50
2.00
1.50
1.00
0.50
0.00
     1986 1987 1988 1989 1990 1991 1992 1993 1994 1995 1996 1997 1998 1999 2000 2001 2002 2003 年
```

图 4.6 1986—2003 年维多利亚州公共服务资本提供的福利
(WPPSC)占 GPI(3)的比率

4.2.3 分配指数(Distribution Index, DI)

如表 4.1 中的 j 列所示,DI 用于加权三类调整后的消费支出额。图 4.7 给出了维多利亚州 DI 的变化。

如图 4.7 所示,考察期内,维多利亚州的 DI 持续波动。1986 年 DI 为 100,2003 年为 111.2,DI 上升表明考察期末富人与穷人之间的收入差距较期初进一步扩大了。DI 增幅最大的时期是 1992 年

---

① 这是假定维多利亚州人均 GPI(3)其他构成项目的值保持不变,当然,这可能性很小。有人会认为既然政府支出会"挤出"私人部门的支出,就一定会对 GPI 造成下行压力。也有人认为政府支出挤压私人部门支出的结论是站不住脚的(Mitchell and Watts, 1997 and 2001)。抛开这个争论不谈,增加服务资本领域的政府支出会扩大对自然资本的需求,导致一些环境成本项目值上升。与此同时,政府支出增加会降低失业成本,而且如果增加的政府支出设计和使用得当,还会利于绿色技术发展,降低经济活动引致的一些环境成本。从这个意义上,我们认为服务资本领域的政府支出增加利于增进一国或一州公民的可持续福利。

(DI=98.6)至1996年(DI=113.3),自1996年以来,DI相对稳定说明考察期后半段维多利亚州的收入差距问题并未恶化。

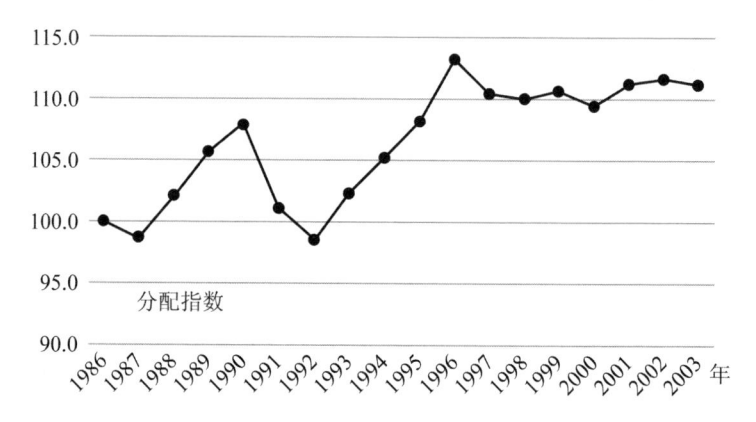

图4.7 1986—2003年维多利亚州分配指数(DI)(1986=100.0)

图4.8刻画了DI上升的负面影响,该图第一条线表示未被加权的人均消费支出CON(3),第二条线表示用DI加权后的人均消费支出CON(3)。1992年至1996年,即便未被加权的人均消费支出CON(3)持续上升,DI迅速扩大导致同期加权后的人均消费支出

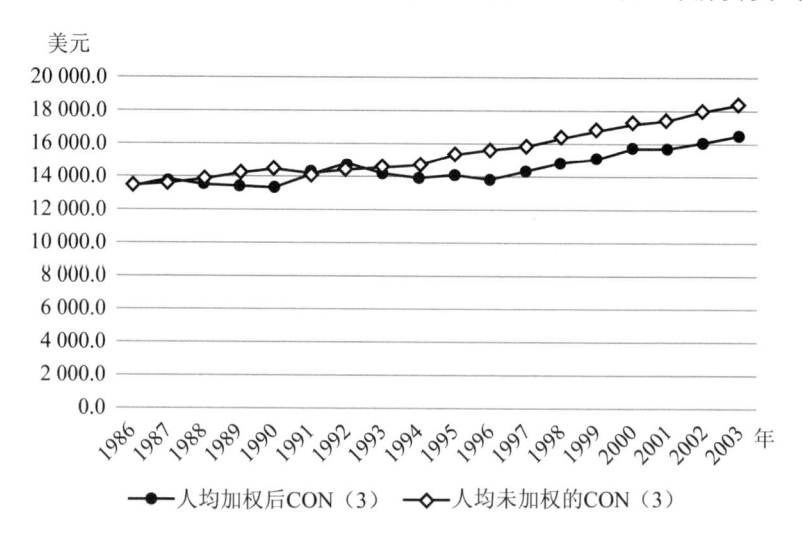

图4.8 1986—2003年维多利亚州人均未加权的CON(3)和人均加权后的CON(3)

CON(3)下降。1996 年至 2003 年，DI 值相对稳定使得加权前、加权后人均消费支出 CON(3)之间的差距没有进一步扩大，一直保持到 2003 年。实际上，如果维多利亚州的收入差距能够维持在 1986 年的水平，其 2003 年人均可持续福利还可能会提高 1 900 美元。

4.2.4 无偿工作的价值

接下来考虑的两个项目分别是无偿家务劳动和志愿者工作的价值，二者共同构成了无偿工作的价值（表 4.1 中的 o 列和 p 列）。家务劳动的价值是维多利亚州 GPI 的第二大组成部分，从 1986 年的 58 398 百万美元增加到 2003 年的 70 302 百万美元。仅从这方面来看，无偿工作的价值应该对维多利亚州的人均可持续福利最为重要。

图 4.9 揭示了考察期内，无偿家务劳动和志愿者工作价值的变化，图中还有一条曲线表示无偿工作的总价值。由于无偿工作的总价值对维多利亚州的 GPI(3)至关重要，它一直平稳增长，表明与考察期内维多利亚州 GPI(3)的波动无关。

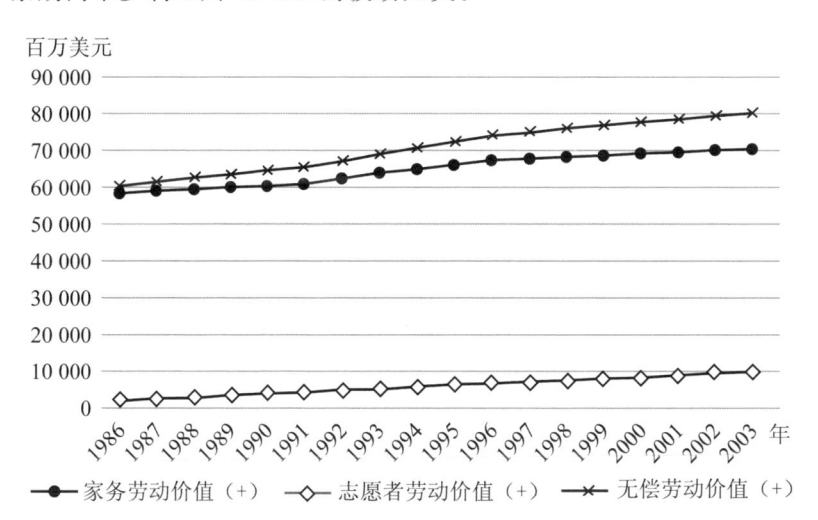

图 4.9 1986—2003 年维多利亚州无偿家务劳动与志愿者劳动的价值
（2002—2003 年不变价）

4.2.5 失业、犯罪和家庭破裂的社会成本

表 4.1 中的 q 列、r 列、s 列分别表示经济活动造成的三类负面影响，即失业、犯罪、家庭破裂的社会成本。图 4.10 给出了它们的具体特征，从中可以发现，考察期内维多利亚州家庭破裂成本变化不大，但犯罪成本可不是如此，1986 年维多利亚州犯罪成本为 3 488 百万美元，1996 年降至 2 841 百万美元，2003 年又升至 4 546 百万美元。在考察期大部分时间里，维多利亚州犯罪成本和家庭破裂成本加在一起约占 GPI(3) 总值的 5%，说明它在维多利亚州的可持续福利中份额不大，但也非常重要。

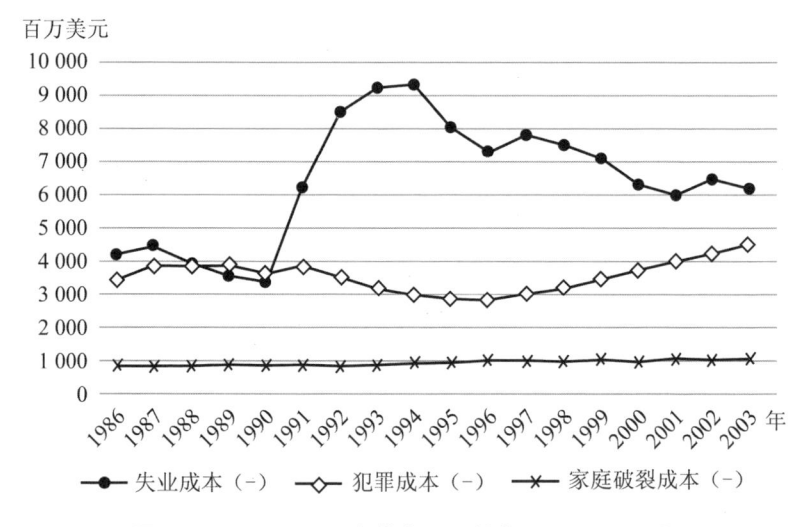

图 4.10 1986—2003 年维多利亚州失业(CU8)、犯罪和家庭破裂的成本(2002—2003 年不变价)

在经济活动造成的三类社会成本中，对维多利亚州 GPI(3) 影响最大的无疑是失业、就业不足和劳动力未被充分利用的成本，即广泛意义上的失业，不仅因为失业成本的绝对数量巨大，而且因为它在考察期内大幅波动。维多利亚州失业成本在 1986 年(4 234 百万美元)至 1990 年(3 422 百万美元)小幅下降，此后迅速上升，1994 年已经高达 9 354 百万美元。1994 年至 2003 年，失业成本又逐渐下降至

6 203 百万美元，相当于维多利亚州 GPI(3)总值的 5.5%。

尽管这里并未说明（参阅第 9 章的表 9.12 和表 9.13），但 2003 年维多利亚州的失业成本比 1986 年高出 46.5%，维多利亚州 1986 年官方失业率为 6.2%，2003 年官方失业率为 5.9%。较高的失业率及从事兼职和偶然性工作的劳动者比例稳步上升，导致失业成本持续增加。除非近期劳动力市场的这种趋势得以扭转，否则未来的失业成本将继续攀升。

估算失业成本对维多利亚州 GPI(3)的影响，可以比较图 4.11 中相应的两个指数值。1986 年至 1994 年，维多利亚州的失业成本先降后升，对其 GPI(3)影响有限。显然，由于这一时期维多利亚州的 GPI(3)保持稳定，波动的失业成本反映出并且抵消了 GPI 其他一些项目中的许多收益。

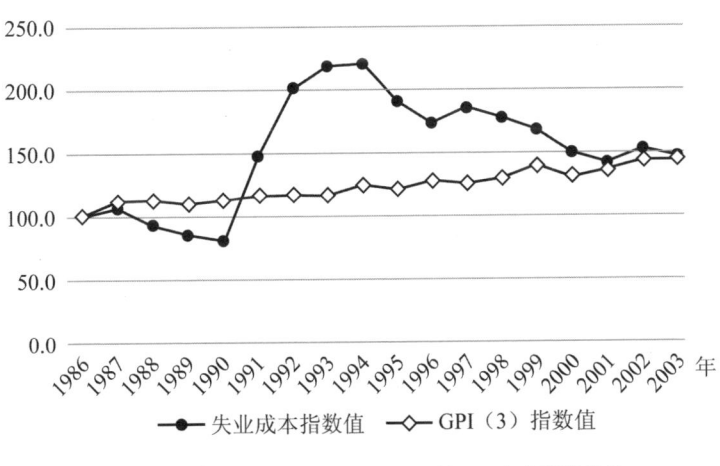

图 4.11　1986—2003 年维多利亚州 GPI(3)指数值和失业成本指数值(1986=100.0)

1994 年以后，由于维多利亚州就业不足和劳动力未被充分利用现象严峻，其 GPI(3)对官方失业率的变化越来越敏感。1994 年至 1999 年，维多利亚州的 GPI(3)和失业成本反方向变化，失业成本最高曾占维多利亚州 GPI(3)的 9.5%。然而，1999 年以后，维多利亚州失业成本下降，它对 GPI(3)的影响明显减弱了。

4.2.6 澳大利亚外债增量中维多利亚州所占的份额

表4.1中的t列给出了澳大利亚外债增量中维多利亚州所占份额的变化趋势,如图4.12所示,考察期内澳大利亚外债增量中维多利亚州所占份额持续波动。1986年,维多利亚州的净外债增加额为11 707百万美元,此后,直至1993年,维多利亚州的外债状况逐年恶化。1994年,维多利亚州净外债下降至(也就是外债总额下降)1 790百万美元。

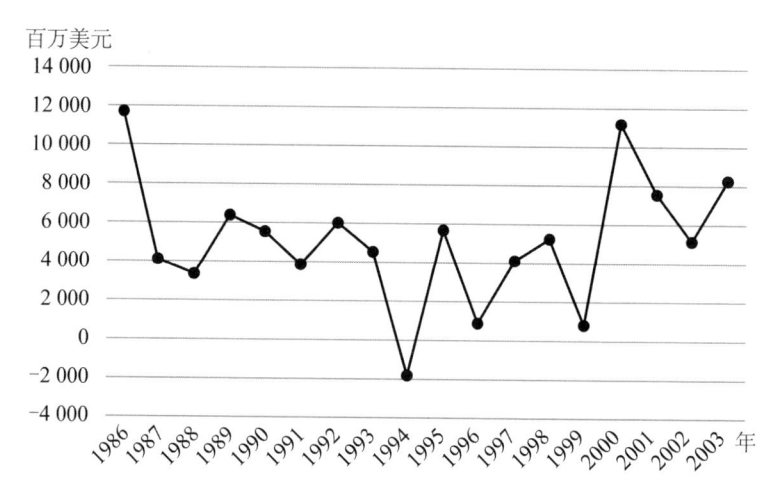

图 4.12　1986—2003年外债变化总量中维多利亚州份额
(2002—2003年不变价)

糟糕的是,1995年至2003年,维多利亚州的外债状况再度恶化。在此期间,2000年维多利亚州的净外债额增幅最大(11 205百万美元)。在考察期最后一年,维多利亚州净外债增量高达8 252百万美元。

在澳大利亚外债增量中维多利亚州所占份额持续波动,可能的原因如下:(1)考察期内汇率波动;(2)相对于世界其他地区,维多利亚州生产成本的变化;(3)澳大利亚/维多利亚州和海外消费者实际收入的变化;(4)消费信贷手段迅速增加。

图4.13对比分析了维多利亚州人均GPI(3)与澳大利亚外债增

量中维多利亚州所占份额的变化情况,有两点理由可说明,维多利亚州在澳大利亚外债增量中所占的份额,对维多利亚州人均可持续福利影响很大。首先,在考察期大多数时间里,维多利亚州的净外债增量占其GPI(3)最后指数值的10%以上(例如1986年和2000年);其次,如图4.13所示,除1988年、1993年、1998年之外,在考察期内其他任何年份中,维多利亚州人均GPI(3)与其净外债变化状况之间均呈反向变化的态势。实际上,维多利亚州净外债的剧烈波动,总是与维多利亚州人均GPI(3)的显著变化相一致的,即1987年、1994年至1996年、1999—2001年以及2003年。

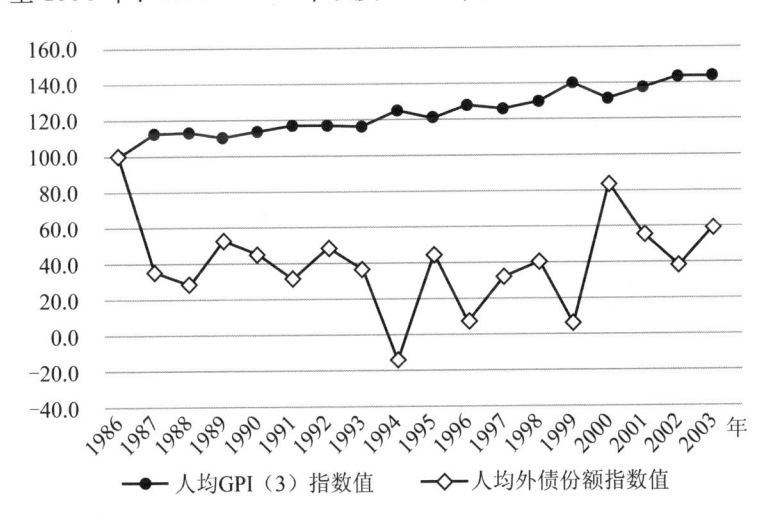

图 4.13 1986—2003 年维多利亚州人均 GPI(3) 的指数值与
人均外债份额的指数值(1986=100.0)

4.2.7 自然资本资源功能损失的成本

处理完GPI的经济和社会因素以后,我们就要转向分析环境成本项目。表4.1中u列、v列和w列,揭示了维多利亚州三类主要与资源相关的环境成本数据,即不可再生资源损耗成本、农地流失成本和灌溉用水成本。图4.14直观刻画了这三类环境成本项目。

如图4.14所示,维多利亚州农地流失成本是三类环境成本中最小的成本项目,然而考察期内维多利亚州农地流失成本持续小幅上升(1986年为1 007百万美元,2003年为1 176百万美元)。但维多利亚州灌溉用水成本可不是如此,作为一个农业生产主要依赖墨累-达令流域的州,维多利亚州灌溉用水成本在整个考察期内不仅数额巨大,而且持续增长(1986年为3 863百万美元,2003年为5 827百万美元)。

关于不可再生资源(地下资产)损耗成本与农业类成本项目的显著区别是,前者在考察期内波动巨大且自1993年以后显著下降。除了2000年有所上升外,不可再生资源损耗成本从1993年的4 441百万美元迅速下降到2003年的2 556百万美元。

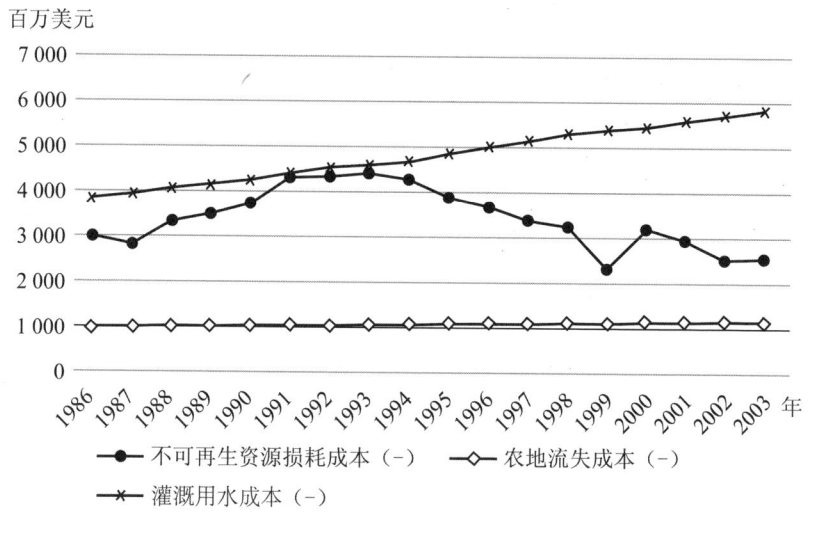

图4.14 1986—2003年维多利亚州不可再生资源损耗成本、农地流失成本与灌溉用水成本

如上所述,考察期内不可再生资源损耗成本、农地流失成本以及灌溉用水成本合在一起,数值不可小觑,在维多利亚州GPI(3)中,份额最低的是1999年的8.1%,最高的是1993年的11.1%,截至考察期末,仍占维多利亚州GPI(3)的8.5%。毫无疑问,这三类与资源相关的环境成本对于维多利亚州可持续福利变化的影响不可低估,当然,我们也要强调,这些成本项目对GPI的影响和机理并不完全相同。

4.2.8 木材损耗成本

表 4.1 中的 x 列给出了木材损耗的成本数据。由于成本很小，本书没有提供直观的图形阐释。从表 4.1 可以看出，整个考察期大部分时间里，维多利亚州木材存量都是稳中有升，仅在 1993 年至 1995 年，维多利亚州木材存量出现了突然下降。

需要指出，x 列的数据涵盖了所有种类和形式的木材。若原始森林减少的面积仅由增加植树造林和森林再生予以补偿，则原始森林面积仍有可能是下降的。因此，会出现木材存量上升但森林生态系统遭到了破坏的情形。本书第 3.4.22 部分已解释生态健康指数(EHI)会描述这类林业活动的生态影响。

4.2.9 空气和城市废水污染成本

表 4.1 中的 y 列和 z 列给出了两类主要与自然环境渗透功能相关的空气和城市废水污染成本的数据，均在图 4.15 中予以描述。

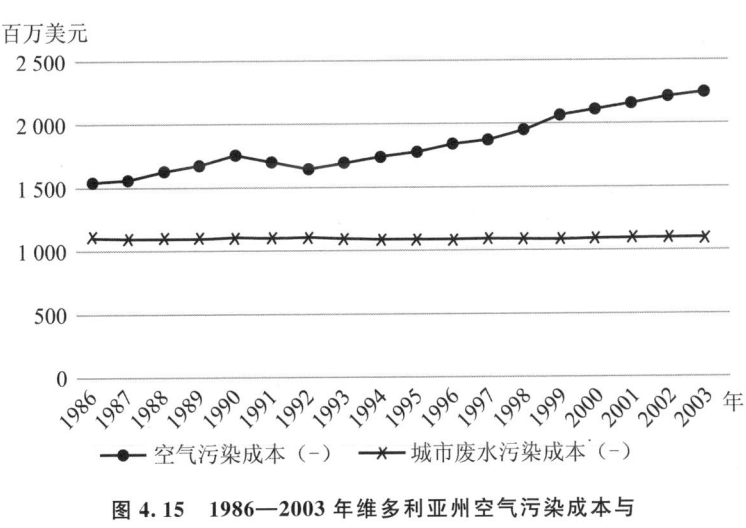

图 4.15　1986—2003 年维多利亚州空气污染成本与废水污染成本(2002—2003 年不变价)

如图 4.15 所示，在整个考察期内，维多利亚州城市废水污染成本基本稳定在 1 100 百万美元的水平上，对维多利亚州人均 GPI(3)

的变化趋势影响有限。

然而相反的是，维多利亚州空气污染成本数量既巨大又不稳定，空气污染成本仅在1991年、1992年有所下降。虽然污染减排领域的技术水平逐渐提高，但维多利亚州空气污染成本从1986年的1 545百万美元增加到2003年的2 249百万美元。空气污染成本占维多利亚州GPI(3)总值约2%，对维多利亚州可持续福利的影响程度较小，但并非不重要。

4.2.10 长期环境损害成本

由于考察期内维多利亚州能源消费量增加55.7%，长期环境损害成本迅速扩大，如表4.1中aa列和图4.16所示。

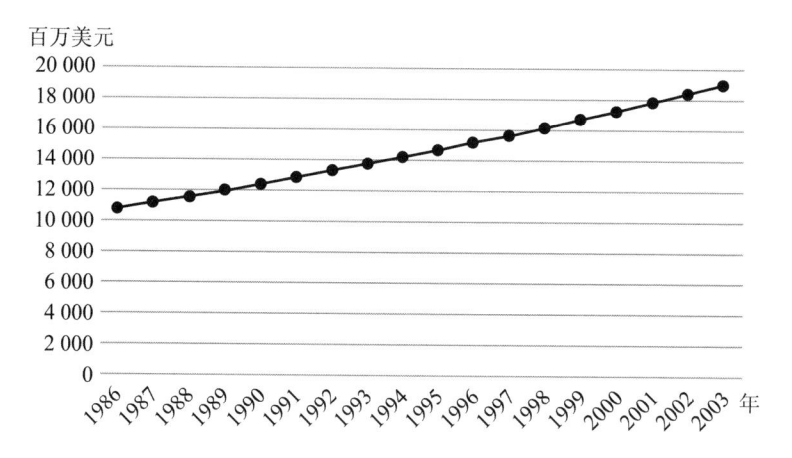

图4.16 1986—2003年维多利亚州长期环境损害成本
(2002—2003年不变价)

维多利亚州长期环境损害成本1986年为10 781百万美元，此后持续增加，2003年为19 039百万美元。无论是从增长幅度还是从绝对数量上看，长期环境损害成本对维多利亚州人均GPI(3)都会生产重要影响。

4.2.11 生态健康指数(EHI)和自然资本服务损失成本(加权前和加权后)

最后要考虑的项目是维多利亚州的生态健康指数(EHI)和自然资本服务损失成本(LNCS)，包括未被加权的和加权后的，表4.1中的bb列、cc列和dd列。

由于考察期内自然植被清除率很小，维多利亚州的EHI也降幅不大，从1980年的100.0降至2003年的99.1(图4.17)。关于维多利亚州EHI的变化，有一处似乎不合逻辑，就是加权后的自然资本服务损失成本与其未被加权值之间的差距很小(2003年人均约60美元)，故图4.18中只描述加权后的自然资本服务损失成本。

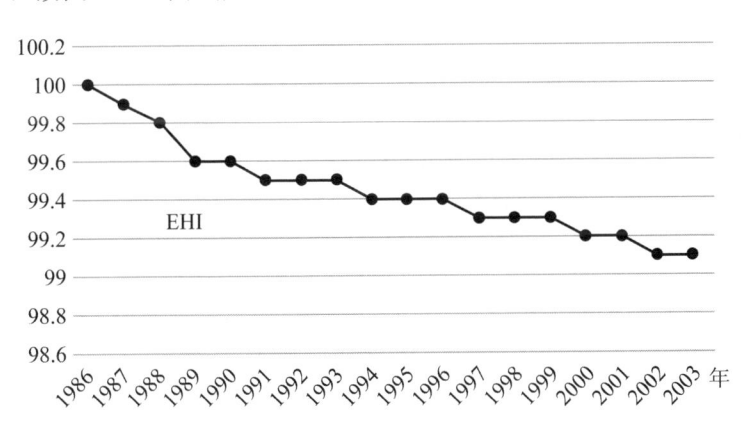

图4.17 1986—2003年维多利亚州生态健康指数(EHI)
(1986＝100.0)

从图4.18可知，考察期内维多利亚经济活动的环境成本(LNCS)显著上升，从1986年的21 290百万美元增加到2003年的32 129百万美元，相当于维多利亚州的人均LNCS从1986年的5 117美元增加到2003年的6 542美元。

为了说明环境成本上升对维多利亚人均GPI(3)的影响，图4.19给出了二者的指数值。如图4.19所示，在考察期的大部分时间，人均GPI(3)和人均加权后的LNCS指数值反向变化，特别是在80年

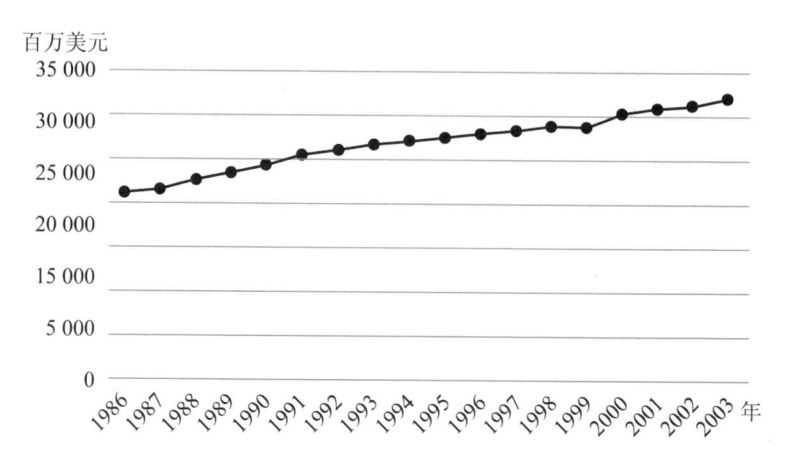

图 4.18　1986—2003 年维多利亚州自然资本服务损失的成本－加权后（2002—2003 年不变价）

代后期、90 年代中期、1999 年、2000 年和 2003 年。既然自然资本服务损失成本显著影响维多利亚州的人均 GPI(3)，毫无疑问，环境成本几乎总是会与高消费带来的额外收益同步增加。因此，政策制定者需要优先关注那些导致维多利亚州环境成本上升的因素。

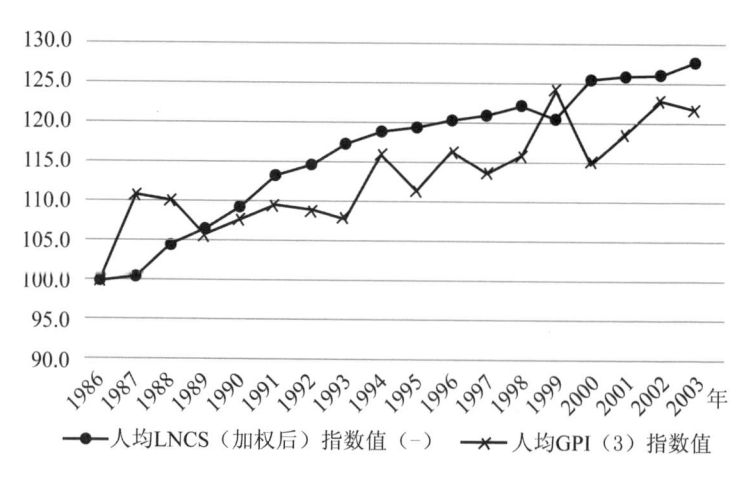

图 4.19　1986—2003 年维多利亚州人均 GPI(3)指数值与人均自然资本服务损失（加权后）成本的指数值(1986＝100.0)

特别是政策制定者要致力于减少维多利亚州的"生态足迹"，并且确保其不超过该州的生态容量。生态足迹，是指为生产可再生资源、吸收经济活动带来的垃圾所需要的土地面积(Wackernagel and Rees,1996)。生态容量，是指一州或国家可供于生产可再生资源、吸收自身垃圾以及其他州和国家污染物的土地面积。不可持续性，就是指一国或州的生态足迹超过其生态容量。

4.3 维多利亚州的 GPI 与 GSP

本部分重点比较维多利亚州的人均 GPI(3)和它的人均 GSP。表 4.1 中的 hh 列和 mm 列给出了维多利亚州总 GSP 和人均 GSP 的数据，qq 列还给出了维多利亚州人均 GSP 的指标形式。图 4.20 给出了维多利亚州人均 GSP 以及人均 GPI 的三种测度结果，即 GPI(1)、GPI(2)和 GPI(3)。因我们更偏好于将 GPI(3)作为测度可持续福利更精确的指标，所以考察期内维多利亚州人均 GSP 明显高估了维多利亚州居民的可持续福利水平。此外，1986 年至 2003 年，维多利亚州人均 GPI(3)和人均 GSP 之间的差距扩大了。例如，1986 年，维

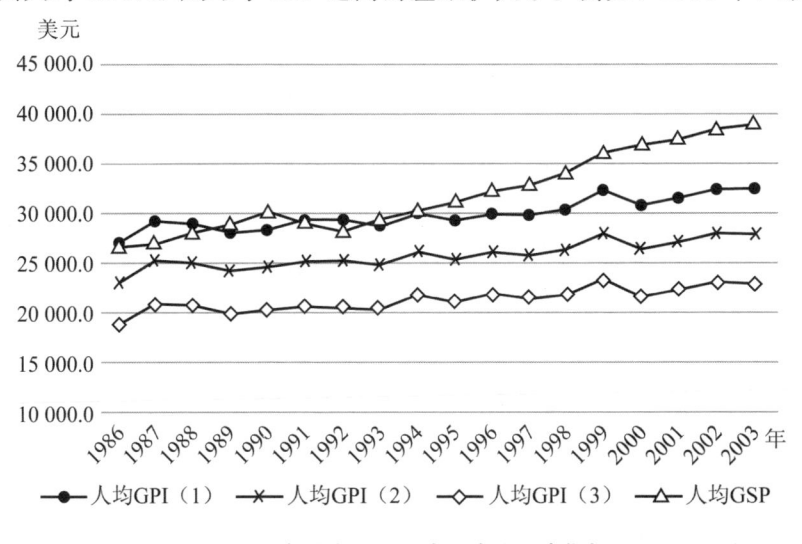

图 4.20 1986—2003 年维多利亚州人均真实进步指标(GPI)(1)(2)和(3)与人均州生产总值(GSP)(2002—2003 年不变价)

多利亚州的人均GSP为26 744美元,然而它的人均GPI(3)是18 839美元,差距为7 905美元。到了2003年,差距扩大至16 116美元,维多利亚州的人均GSP为39 067美元,而它的人均GPI(3)为22 951美元。

有趣的是,1986年至2003年,这两大指标间的差距变化很小。尽管这与该时期维多利亚州人均GSP增速下降有关,但二者之间的比较关系有一个断点就是,1993年以后,人均GPI(3)并没有像人均GSP那样持续加速增长,图4.21形象地描述了人均GPI(3)和人均GSP的指数值及其变化。

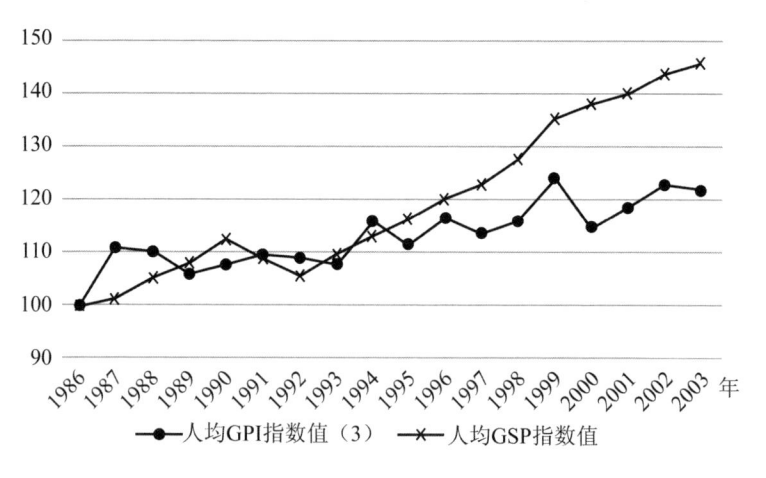

图 4.21 1986—2003年维多利亚州人均GPI(3)指数值与
人均GSP指数值(1986=100.0)

图4.21表明,维多利亚州的人均GPI(3)紧跟其人均GSP的变化趋势,直到1996年。1996年以来,维多利亚州GPI(3)的增长率就跟不上其人均GSP的增长速度了。这说明,在过去10年中,维多利亚州人均GSP的快速增长并未有效转化成可持续福利的增长。另外,前文已略微提及,维多利亚州人均GSP上升为其居民带来的额外收益恰好是以其社会与环境成本增长为代价的。

图4.20和图4.21会让人重新反思,对维多利亚州而言,GSP高速增长真的是好事吗?此外,旨在一味增加维多利亚州GSP的政策可能有损于可持续福利。例如,我们认为,如果政策能更多关注

于质量改进、提升资源利用效率、缩小收入差距、保护自然资本等，维多利亚州的人均 GPI(3) 将会比现在高得多。

4.4 维多利亚州的 GPI 与其经济增长

对比分析 GSP 和 GPI 固然有助于探究商品和服务生产能在多大程度上转化为可持续福利，但无法清晰呈现 GPI 和一州经济增长之间的关系。本书第 3.5 部分提到过，实际 GSP 不能用于研判经济规模是否扩大，这要求计算净资本投资(NCI)，即所有耐用品/人造资本(INV*)的投资减去折旧(DEP*)，参见式(3.5)。

表 4.1 的 ss 列、uu 列和 vv 列分别给出了维多利亚州 INV*、DEP* 和 NCI 的估计值，ww 列也给出了维多利亚州 NCI/DEP* 的比率。基于本书第 3.5.7 部分概括的增长项目，我们在最后一列描述了维多利亚州经济的增长速度。

图 4.22 依次刻画了 INV*、DEP* 和 NCI 的情况。从图中可以看出，考察期内人造资本投资持续波动，1986 年为 30 930 百万美元，INV* 在最初的几年里持续增加，但在 1991 年和 1992 年骤降，

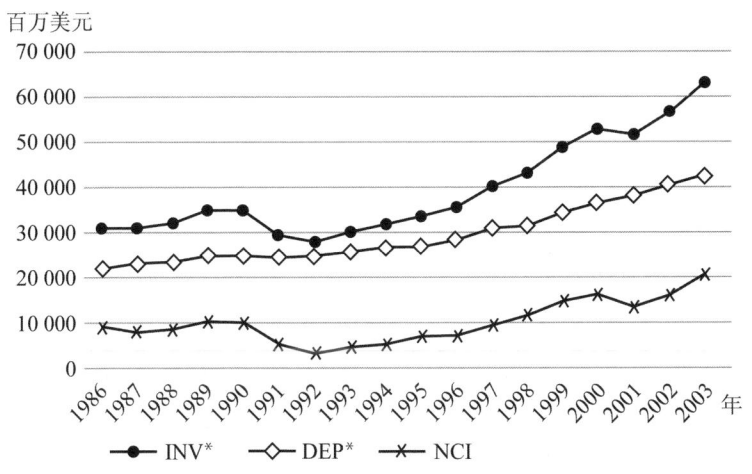

图 4.22 1986—2003 年维多利亚州投资(INV*)，所有人造资本折旧(DEP*)，以及净资本投资(NCI)(2002—2003 年不变价)

1992年跌至27 965百万美元以后投资又高速增长，截至2003年INV*高达63 234百万美元。

与投资不同，整个考察期内，除了1991年和1995年有小幅下降，人造资本折旧值（DEP*）都稳定增长。总体来看，考察期内DEP*几乎翻了1倍，1986年为21 837百万美元，2003年则为42 575百万美元。

由于INV*持续波动以及DEP*稳中有升，所以，1986年至2003年，人造资本存量的增长波动很大。如图4.22所示，所有年份的人造资本存量都是持续增加（也就是说维多利亚州的经济规模下降）。表4.1中的xx列表明，1986年至1990年，维多利亚州的经济增速很高，1991年至1994年经济增速很低，1995年和1996年又有所恢复，1997年则保持高速增长，直到2002年、2003年接近快速增长的水平。

为了更好地评估维多利亚州经济增长对其人均GPI(3)可能产生的影响，参见图4.23。1986年至1993年，维多利亚州年人均GPI(3)与NCI/DEP*都是反向变化。特别是1989年至1992年，维多利亚经济增速大幅下滑，但其人均GPI(3)并未如此。实际上，1994年是维多利亚州人均GPI(3)增长幅度最高的年份之一，尽管当年维多利亚州的经济增速延续之前三年的疲软态势，但仍处于低水平状态。

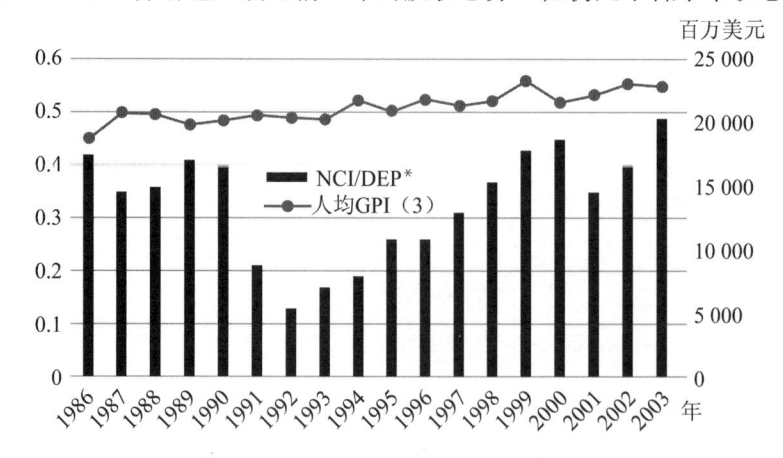

图4.23　1986—2003年维多利亚州人均GPI(3)和净资本投资与所有人造资本折旧的比率（2002—2003年不变价）

出乎意外的是，1995年至2000年，维多利亚州经济加速增长却并未显著提高其人均GPI(3)。而且，2000年也是维多利亚州人均GPI(3)下降较为显著的几个年份之一，这一年恰好是促增长8年赛跑期的最后一年。2001年，维多利亚州人均GPI(3)突然好转，当年其经济增速是下降的，人们不禁要问，经济持续高速增长最终是否会对可持续福利产生负面影响？图4.22给出的答案并不明显，然而，进一步可以明确的是，2003年维多利亚州人均GPI(3)小幅下降，当年维多利亚州经济增速几乎进入快速增长范围。

关于维多利亚州的GSP，图4.23传达的信息与图4.20和图4.21类似，也就是维多利亚州经济从高速到快速增长的阶段可能有损于维多利亚居民的可持续福利。图4.23又会引发如下问题的讨论：

• 如果维多利亚经济的物理规模很小但较健康是否会导致人均GPI(3)更高呢？也就是说，规模小但质量较高的经济产生更高的福利收益，从而降低经济活动的社会和环境成本呢？

• 如果上述答案皆为"是"的话，维多利亚现在是否需要转向追求低速增长，千方百计地去提质增效？

• 目前经济增长的社会与环境成本居高不下，万一经济政策的首要目的仍是追求高速增长，我们能够确保未来增长的福利收益会像过去那样一直增加吗？

由于持续追求高速或快速增长的政策最后会导致人均GPI(3)下降，最后一个问题和其他问题都同样重要。以现有经验和证据来看，即便是比过去更低的速度，只要高速或快速增长仍是政策制定者的首要目标，这些效果就无法确保维多利亚州的人均可持续福利会一直增加。

4.5 总　结

基于本章分析，很多关于考察期内维多利亚州真实进步的内容已经可以提出并被初步讨论了，故在进入第5章之前，我们有必要重新梳理归纳一下第 4 章的主要发现：

• 维多利亚州居民的人均可持续福利(以维多利亚州的人均 GPI(3)表示)在考察期内持续波动，但总体上适度增长，从 1986 年的 18 839 美元增加到 2003 年的 22 951 美元，增幅达 21.8% 或者说年均增长 1.46%。维多利亚州人均 GPI(3) 的主要增长是在 1993 年以后。

• 考察期内维多利亚州人均 GSP 夸大了其人均可持续福利水平。维多利亚州人均 GSP 和人均 GPI(3) 之间的差距，从 1986 年的 7 095 美元增加到 2003 年的 16 116 美元。

• 1986 年至 1996 年，维多利亚州的人均 GPI(3) 的变化趋势紧随其人均 GSP(这两个指标间的差距基本没变)。1996 年以来，维多利亚州 GPI(3) 的增长速度未能跟上其人均 GSP 的增长速度。

• 1986 年至 2003 年，维多利亚经济的物理规模逐年增长，然而经济增速多变：

※ 高速，1986 年至 1990 年；

※ 低速，1991 年至 1994 年；

※ 低速/高速，1995 年和 1996 年；

※ 高速，1997 年至 2002 年；

※ 快速/高速，2003 年。

• 1986 年至 1993 年，维多利亚州人均 GPI(3) 与 NCI/DEP*(维多利亚的经济增速)反向变动。

• 尽管 1989 年和 1992 年维多利亚州经济增速出现了显著下滑，但这一时期维多利亚州的人均 GPI(3) 并没有下降(1989 年为 19 957 美元，2003 年为 20 535 美元)。

• 1994 年是维多利亚州人均 GPI(3) 增长幅度最大的年份之一，但当年经济则延续了过去三年的低速增长态势。

• 1995 年和 2000 年维多利亚州高速的经济增长并未显著提升维多利亚州的人均 GPI(3)(1995 年为 25 335 美元，2000 年为 26 499 美元)。实际上，2000 年维多利亚州的人均 GPI(3) 下降了。

• 2003 年，维多利亚州人均 GPI(3) 上升，当年维多利亚州经济增速下降。

• 维多利亚州人均 GPI(3)继 2001 年和 2002 年上升之后于 2003 年下降,当年维多利亚经济处于快速或高速增长阶段。

• 在过去 10 年,维多利亚州经济高速增长却未能有效转化成维多利亚州居民的可持续福利。这说明,高速增长引致的额外收益很大程度上被持续增长的社会与环境成本抵消了。此外,它回避了问题的实质,即如果维多利亚州经济的物理规模较小但质量较优,则 2003 年维多利亚州的人均 GPI(3)会更高。

• 对维多利亚州人均 GPI(3)有微弱影响的因素有:

※ 1996 年以后耐用消费品提供的服务(SCD)上升;

※ 1992 年至 1997 年公共服务资本提供的福利(WPPSC)下降;

※ 1996 年以后犯罪和家庭破裂的综合成本增加。

• 对维多利亚州人均 GPI(3)有重大影响的因素有:

※ 加权后的 CON(3)绝对量及其 1997 年之后的持续增长;

※ 1992 年至 1997 年分配指数(DI)骤增;

※ 无偿工作(无偿家务劳动和志愿者工作)的价值;

※ 尽管官方失业率显著下降,1990 年至 1994 年失业(广义失业)成本快速增加,1996 年至 2003 年失业成本相对过高;

※ 在考察期内,维多利亚州在澳大利亚外债变化中的份额大幅波动;

※ 环境损害(自然资本服务流失或 LNCS)的成本持续增长,特别是因维多利亚州过量能源消费引致的长期环境损害成本上升。

第5章 维多利亚州与澳大利亚其他地区的绩效比较

5.1 维多利亚州与澳大利亚其他地区的 GPI 比较

迄今，我们已经构建了一套对维多利亚州真实进步绩效的综合评估体系。现在重点转向比较分析维多利亚州较之于澳大利亚其他地区的相对绩效。这种比较分析之所以非常重要，很大程度上在于通过它可以探究维多利亚州与澳大利亚其他地区的差异，特别是关于那些有益或有损于可持续福利方面的绩效和措施，进而为未来政策的形成提供参考。

在此之前需要指出，书中不做特殊说明的"澳大利亚其他地区"均指澳大利亚国内除维多利亚州之外的所有地区。因此，第5章中的比较分析并不是揭示维多利亚州相对于其他任何一个特定州的绩效。实际上，即使有其他个别州绩效好于维多利亚州，也仍有可能是维多利亚州绩效好于澳大利亚其他地区，反之亦然。

为便于我们比较分析，本章提供了表5.1。这个表在结构上与表4.1完全相同，每列中的数值是指澳大利亚其他地区而不是维多利亚州。基于表4.1和表5.1中的11列，图5.1展示了维多利亚州和澳大利亚其他地区的人均 GPI(3)。

如图5.1所示，维多利亚州的人均可持续福利一直高于澳大利亚其他地区，而且，在考察期内，维多利亚州和澳大利亚其他地区

表 5.1 1986—2003 年澳大利亚其他地区的真实进步指标（GPI）和实际生产总值

年份	CON(1) (百万美元) a	CON(2) (百万美元) b	CON(3) (百万美元) c	ECD (百万美元) d	耐用消费品 (百万美元) e	SCD (百万美元) f= (e×0.1)	调整后的 CON(1) (百万美元) g= (a−d+f)	调整后的 CON(2) (百万美元) h= (b−d+f)	调整后的 CON(3) (百万美元) i= (c−d+f)	分配指数 1986= 100.0 j	加权后的 CON(1) (百万美元) k=(g/j)×100	加权后的 CON(2) (百万美元) l=(h/j)×100	加权后的 CON(3) (百万美元) m=(i/j)×100
1985					237 917.4								
1986	255 409.0	209 077.0	159 308.8	−26 980.0	242 809.4	23 791.7	252 220.7	205 888.7	156 120.5	100.0	252 220.7	205 888.7	156 120.5
1987	259 239.0	212 071.0	160 827.3	−25 052.0	245 766.8	24 280.9	258 467.9	211 299.9	160 056.2	98.9	261 342.7	213 650.1	161 836.4
1988	268 098.0	219 341.3	166 495.0	−25 765.0	249 924.1	24 576.7	266 909.7	218 153.0	165 306.7	102.4	260 654.0	213 040.0	161 432.3
1989	278 577.0	227 959.8	173 863.3	−27 505.0	255 142.5	24 992.4	276 064.4	225 447.2	171 350.7	105.9	260 684.1	212 886.9	161 804.3
1990	292 375.0	239 397.8	182 711.8	−29 035.0	261 562.8	25 514.3	288 854.3	235 877.1	179 191.1	106.0	272 504.0	222 525.5	169 048.2
1991	298 603.0	244 322.3	186 272.0	−28 419.0	265 820.1	26 156.3	296 340.3	242 059.6	184 009.3	102.0	290 529.7	237 313.3	180 401.3
1992	304 670.0	249 448.5	190 521.0	−28 889.0	269 696.9	26 582.0	302 363.0	247 141.5	188 214.0	101.8	297 016.7	242 771.6	184 886.1
1993	310 834.0	254 655.0	194 637.5	−29 338.0	274 400.9	26 969.7	308 465.7	252 286.7	192 269.2	103.2	298 900.9	244 463.8	186 307.4
1994	319 345.0	262 134.0	201 031.8	−30 277.0	278 564.2	27 440.1	316 508.1	259 297.1	198 194.9	105.0	301 436.3	246 949.6	188 757.0
1995	332 494.0	273 644.5	210 129.5	−32 095.0	283 355.0	27 856.4	328 255.4	269 405.9	205 890.9	107.4	305 638.2	250 843.5	191 704.8
1996	346 890.0	286 029.3	219 842.0	−33 047.0	289 442.0	28 335.5	342 178.5	281 317.8	215 130.5	111.0	308 268.9	253 439.5	193 811.3
1997	355 694.0	293 299.8	225 654.5	−33 702.0	298 072.0	28 944.2	350 936.2	288 542.0	220 896.7	109.7	319 905.4	263 028.3	201 364.4

续表

年份	CON(1) (百万美元) a	CON(2) (百万美元) b	CON(3) (百万美元) c	ECD (百万美元) d	耐用消费品 (百万美元) e	SCD (百万美元) $f=(e\times 0.1)$	调整后的CON(1) (百万美元) $g=(a-d+f)$	调整后的CON(2) (百万美元) $h=(b-d+f)$	调整后的CON(3) (百万美元) $i=(c-d+f)$	分配指数 1986=100.0 j	加权后的CON(1) (百万美元) $k=(g/j)\times 100$	加权后的CON(2) (百万美元) $l=(h/j)\times 100$	加权后的CON(3) (百万美元) $m=(i/j)\times 100$
1998	371 679.0	306 974.3	236 336.3	-35 829.0	308 136.0	29 807.2	365 657.2	300 952.5	230 314.5	109.1	335 157.8	275 850.1	211 104.0
1999	388 408.0	321 299.3	247 384.8	-37 184.0	317 815.0	30 813.6	382 037.6	314 928.9	241 014.4	107.7	354 723.9	292 413.1	223 783.1
2000	403 226.0	333 934.5	256 840.8	-38 442.0	327 222.0	31 781.5	396 565.5	327 274.0	250 180.3	107.7	368 213.1	303 875.6	232 293.7
2001	413 528.0	342 079.0	263 115.5	-38 874.0	337 677.0	32 722.2	407 376.2	335 927.2	256 963.7	108.6	375 116.2	309 325.2	236 614.8
2002	425 260.0	351 300.0	270 237.0	-40 031.0	348 819.0	33 767.7	418 996.7	345 036.7	263 973.7	109.6	382 296.3	314 814.5	240 851.9
2003	442 585.0	365 564.5	282 044.0	-43 105.0	362 586.0	34 881.9	434 361.9	357 341.4	273 820.9	109.7	395 954.3	325 744.2	249 608.8

年份	WPPSC (百万美元) n	家务劳动价值 (百万美元) o	志愿者劳动价值 (百万美元) p	失业或就业不足成本 (百万美元) q	犯罪成本 (百万美元) r	家庭破裂成本 (百万美元) s	外债变化总量中澳大利亚其他地区份额 (百万美元) t	不可再生资源损耗成本 (百万美元) u	农地流失成本 (百万美元) v	灌溉用水成本 (百万美元) w	木材损耗成本 (百万美元) x	空气污染成本 (百万美元) y	城市废水污染成本 (百万美元) z
1986	12 211.4	166 726.3	14 728.8	-16 029.1	-7 294.3	-2 371.1	-31 917.5	-12 320.8	-33 614.9	-9 839.0	113.3	-4 397	-3 083.4
1987	13 156.9	169 393.4	15 236.6	-17 180.0	-8 011.1	-2 446.1	-11 249.4	-11 635.8	-33 919.6	-10 055.7	113.0	-4 456.6	-3 089.9

续表

年份	WPPSC(百万美元) n	家务劳动价值(百万美元) o	志愿者劳动价值(百万美元) p	失业或就业不足成本(百万美元) q	犯罪成本(百万美元) r	家庭破裂成本(百万美元) s	外债变化总量中澳大利亚其他地区份额(百万美元) t	不可再生资源损耗成本(百万美元) u	农地流失成本(百万美元) v	灌溉用水成本(百万美元) w	木材损耗成本(百万美元) x	空气污染成本(百万美元) y	城市废水污染成本(百万美元) z
1988	10 585.6	171 991.4	15 744.5	−15 880.0	−7 883.9	−2 521.0	−9 298.0	−13 678.3	−34 229.9	−10 417.4	113.0	−4 649.3	−3 118.7
1989	9 910.7	174 521.3	16 252.4	−13 173.5	−8 071.9	−2 596.0	−17 464.1	−14 363.2	−34 545.6	−10 622.8	111.0	−4 788.4	−3 146.6
1990	11 957.3	176 984.3	16 760.3	−14 943.4	−8 930.3	−2 670.9	−16 203.4	−16 040.8	−34 866.8	−10 882.7	226.1	−4 888.2	−3 163.0
1991	13 732.9	179 381.4	17 268.2	−21 996.1	−9 218.8	−2 745.9	−11 579.5	−16 717.1	−35 193.9	−12 241.2	8.9	−4 871.1	−3 180.3
1992	15 064.3	184 442.2	17 776.1	−25 195.2	−9 957.8	−2 882.0	−17 654.2	−17 734.8	−35 526.8	−11 621.1	87.4	−4 880.4	−3 194.8
1993	14 410.5	189 385.1	18 212.5	−24 589.4	−10 587.7	−3 063.9	−13 653.1	−17 788.0	−35 864.1	−11 763.1	131.4	−4 998.8	−3 204.0
1994	12 638.1	194 212.2	18 683.2	−22 470.2	−10 661.2	−3 035.8	−5 595.0	−18 322.6	−36 203.3	−12 001.5	−50.2	−5 148.2	−3 215.7
1995	13 062.0	198 925.0	19 189.7	−20 163.5	−10 915.5	−3 100.4	−17 467.0	−20 265.3	−36 547.0	−12 352.0	−50.5	−5 325.2	−3 243.3
1996	13 013.6	203 525.0	19 733.3	−21 268.6	−11 324.8	−3 272.4	−2 714.6	−22 350.1	−36 896.3	−12 693.2	−51.1	−5 493.1	−3 252.6
1997	12 873.3	204 282.1	20 315.5	−22 268.1	−12 280.8	−3 178.3	−12 762.1	−23 082.8	−37 251.2	−13 082.0	−51.1	−5 659.1	−3 261.2
1998	10 165.9	205 003.7	20 823.4	−21 987.1	−13 044.5	−3 197.8	−16 356.2	−24 084.9	−37 609.4	−13 442.0	361.2	−5 844.0	−3 266.2
1999	12 324.7	205 690.9	21 331.3	−20 563.7	−13 342.7	−3 260.1	−2 489.3	−24 885.1	−37 966.2	−13 768.8	361.2	−6 059.6	−3 275.1
2000	11 586.9	206 344.5	21 839.2	−19 968.3	−14 283.0	−3 102.9	−35 125.1	−25 552.8	−38 328.2	−13 931.8	361.3	−6 235.1	−3 285.0
2001	13 600.1	206 965.0	22 347.1	−21 861.1	−14 725.0	−3 440.2	−23 905.6	−27 934.2	−38 704.7	−14 314.8	361.2	−6 280.6	−3 270.3
2002	13 957.1	207 552.9	22 855.0	−20 797.6	−13 424.9	−3 357.7	−16 005.2	−28 294.5	−39 095.8	−14 645.2	102.8	−6 463.2	−3 310.6
2003	12 522.9	208 108.9	23 362.8	−21 720.5	−14 171.9	−3 422.5	−25 739.1	−28 370.6	−39 501.4	−14 955.8	361.2	−6 581.4	−3 320.9

续表

年份	长期环境损害成本(百万美元) aa	LNCS(百万美元) bb=u 至 aa	EHI(1986=100.0) cc	加权后的LNCS(百万美元) dd=(bb/cc)×100	GPI(1)(百万美元) ee	GPI(2)(百万美元) ff	GPI(3)(百万美元) gg	实际GSP(百万美元) hh	澳大利亚其他地区人口(千人) ii	人均GPI(1)(美元) jj=(ee/ii)	人均GPI(2)(美元) kk=(ff/ii)	人均GPI(3)(美元) ll=(gg/ii)	人均实际GSP(美元) mm=(hh/ii)
1986	−30 609.2	−93 751.0	100.0	−93 751.0	294 524.0	248 192.0	198 423.8	316 712.4	11 857.5	24 838.6	20 931.2	16 734.0	26 709.9
1987	−31 651.4	−94 696.0	99.8	−94 885.8	325 224.0	277 555.2	225 767.3	324 216.6	12 053.8	26 981.0	23 026.4	18 730.0	26 897.5
1988	−32 725.6	−98 706.2	99.5	−99 202.2	324 278.8	276 650.9	225 028.1	341 617.1	12 269.6	26 429.5	22 547.7	18 340.3	27 842.6
1989	−33 862.1	−101 217.7	99.3	−101 931.2	318 063.7	270 280.7	219 213.2	355 354.0	12 494.3	25 456.7	21 632.3	17 545.1	28 441.3
1990	−35 024.5	−104 639.4	99.0	−105 696.9	329 913.6	279 915.5	226 417.1	366 389.1	12 686.5	26 005.1	22 064.0	17 847.1	28 880.2
1991	−36 196.5	−108 391.2	98.9	−109 596.8	346 689.4	293 491.7	236 599.8	368 761.9	12 863.7	26 951.0	22 815.5	18 392.8	28 666.9
1992	−37 397.2	−110 267.7	98.8	−111 607.0	346 881.7	292 651.9	234 782.7	373 158.8	13 039.7	26 602.0	22 443.1	18 005.2	28 617.1
1993	−38 613.3	−112 099.9	98.6	−113 691.6	355 303.6	300 876.1	242 729.8	386 028.7	13 194.7	26 927.8	22 802.8	18 396.0	29 256.3
1994	−39 871.0	−114 812.5	98.5	−116 560.9	379 871.3	325 376.2	267 174.7	401 544.1	13 367.2	28 418.2	24 341.4	19 987.3	30 039.5
1995	−41 183.9	−118 967.2	98.4	−120 901.6	364 148.5	309 366.1	250 240.5	419 505.3	13 554.4	26 865.7	22 824.0	18 461.9	30 949.8
1996	−42 540.5	−123 276.9	98.2	−125 536.6	380 478.9	325 634.6	265 990.4	437 061.7	13 750.6	27 670.0	23 681.5	19 343.9	31 784.9
1997	−43 932.7	−126 320.1	98.0	−128 898.1	378 033.4	321 148.9	259 477.0	454 766.4	13 920.4	27 156.8	23 070.4	18 640.1	32 669.1
1998	−45 361.6	−129 246.9	97.8	−132 154.3	384 459.1	325 149.8	260 402.1	474 325.6	14 073.5	27 317.9	23 103.7	18 503.0	33 703.5

第5章 维多利亚州与澳大利亚其他地区的绩效比较　75

续表

年份	长期环境损害成本(百万美元)	LNCS(百万美元)	EHI(1986=100.0)	加权后的LNCS(百万美元)	GPI(1)(百万美元)	GPI(2)(百万美元)	GPI(3)(百万美元)	实际GSP(百万美元)	澳大利亚其他地区人口(千人)	人均GPI(1)(美元)	人均GPI(2)(美元)	人均GPI(3)(美元)	人均实际GSP(美元)
	aa	bb=u 至 aa	cc	dd=(bb/cc)×100	ee	ff	gg	hh	ii	jj=(ee/ii)	kk=(ff/ii)	ll=(gg/ii)	mm=(hh/ii)
1999	−46 851.1	−132 444.7	97.7	−135 562.6	418 804.3	356 491.0	287 858.2	496 739.0	14 239.5	29 411.4	25 035.4	20 215.5	34 884.6
2000	−48 377.0	−135 348.6	97.5	−138 819.1	396 761.8	332 408.6	260 809.2	516 241.0	14 412.0	27 530.0	23 064.7	18 096.7	35 820.2
2001	−49 914.3	−140 057.7	97.3	−143 944.2	410 085.2	344 312.9	271 623.1	525 209.4	14 608.5	28 071.7	23 569.4	18 593.5	35 952.3
2002	−51 490.5	−143 197.0	97.2	−147 322.0	425 785.0	358 287.7	284 308.1	545 879.2	14 783.8	28 800.8	24 235.2	19 231.1	36 924.1
2003	−53 089.5	−145 458.4	97.0	−149 957.1	424 907.2	354 702.1	278 572.2	561 423.3	14 961.2	28 400.6	23 708.1	18 619.6	37 525.3

年份	人均GPI(1)指数值(1986=100.0)	人均GPI(2)指数值(1986=100.0)	人均GPI(3)指数值(1986=100.0)	人均实际GSP指数值(1986=100.0)	INV(百万美元)	INV*(百万美元)	DEP(百万美元)	DEP*(百万美元)	NCI(百万美元)	NCI/DEP*	经济增长率
	nn	oo	pp	qq	rr	ss=(rr+d)	tt	uu=(u+n)	vv=(ss−uu)	ww=(vv/uu)	xx
1986	100.0	100.0	100.0	100.0	68 079.0	95 059.0	44 022.9	67 814.6	27 244.4	0.4	高速
1987	108.6	110.0	111.9	100.7	67 651.0	92 703.0	45 609.1	69 890.0	22 813.0	0.33	高速
1988	106.4	107.7	109.6	104.2	73 275.0	99 040.0	48 802.2	73 378.9	25 661.1	0.35	高速

续表

年份	人均 GPI(1) 指数值 (1986=100.0) nn	人均 GPI(2) 指数值 (1986=100.0) oo	人均 GP'(3) 指数值 (1986=100.0) pp	人均实际 GSP 指数值 (1986=100.0) qq	INV (百万美元) rr	INV* (百万美元) ss=(rr+d)	DEP (百万美元) tt	DEP* (百万美元) uu=(u+n)	NCI (百万美元) vv=(ss−uu)	NCI/DEP* ww=(vv/uu)	经济增长率 xx
1989	102.5	103.3	104.8	106.5	81 407.0	108 912.0	51 635.9	76 628.3	32 283.7	0.42	高速
1990	104.7	105.4	106.7	108.1	82 357.0	111 392.0	52 642.4	78 156.6	33 235.4	0.43	高速
1991	108.5	109.0	109.9	107.3	75 902.0	104 321.0	56 635.9	82 792.2	21 528.8	0.26	低速/高速
1992	107.1	107.2	107.6	107.1	72 405.0	101 294.0	59 193.2	85 775.2	15 518.8	0.18	低速
1993	108.4	108.9	109.9	109.5	76 486.0	105 824.0	60 593.5	87 563.2	18 260.8	0.21	低速
1994	114.4	116.3	119.4	112.5	80 884.0	111 161.0	62 491.7	89 913.8	21 247.2	0.24	低速/高速
1995	108.2	109.0	110.3	115.9	91 616.0	123 711.0	65 453.0	93 309.5	30 401.5	0.33	高速
1996	111.4	113.1	115.6	119.0	91 663.0	124 710.0	66 394.8	94 730.3	29 979.7	0.32	高速
1997	109.3	110.2	111.4	122.3	95 489.0	129 191.0	67 748.4	96 690.6	32 500.4	0.34	高速
1998	110.0	110.4	110.6	126.2	10 448.0	140 277.0	72 007.6	101 814.8	55 537.8	0.38	高速
1999	118.4	119.6	120.8	130.6	110 177.0	147 361.0	73 730.7	104 544.3	42 816.7	0.41	高速
2000	110.8	110.2	103.1	134.1	115 998.0	154 440.0	77 436.4	109 217.9	45 222.1	0.41	高速
2001	113.0	112.6	111.1	134.6	110 076.0	148 950.0	75 804.1	108 526.3	40 423.7	0.37	高速
2002	116.0	115.8	114.9	138.2	120 357.0	160 388.0	84 590.6	118 358.3	42 029.7	0.36	高速
2003	114.3	113.3	111.3	140.5	135 769.0	178 874.0	88 287.4	123 169.3	55 704.7	0.45	高速

注：未做特殊说明，所有数值均用 2002—2003 年不变价计算。

第 5 章　维多利亚州与澳大利亚其他地区的绩效比较　77

之间的差距持续扩大。例如，1986 年，维多利亚州和澳大利亚其他地区人均 GPI(3) 的差距仅为 2 105 美元(维多利亚州是 18 839 美元，澳大利亚其他地区是 16 734 美元)，但到了 2003 年，差距已增长 1 倍以上，达 4 331 美元(维多利亚州是 22 951 美元，澳大利亚其他地区是 18 620 美元)。因此，在考察期内，维多利亚州人均 GPI(3) 的增长率显著高于澳大利亚其他地区(21.8% vs 11.3%)。

特别令人好奇的是，维多利亚州和澳大利亚其他地区人均 GPI(3) 的差距在 2000 年至 2003 年明显扩大。图 5.2 对比了维多利亚州和澳大利亚其他地区人均GPI(3)的指数值(见表 4.1 和表 5.1 中的 pp 列)。如图 5.2 所示，1986 年至 1994 年，澳大利亚其他地区人均 GPI(3) 的增速高于维多利亚州(维多利亚州是 16%，澳大利亚其他地区是 19.4%)，但这种趋势在 1994 年以后就翻转过来了，特别是 2000 年以后，维多利亚州人均 GPI(3) 的增速优势突出，两个指标曲线之间的距离显著扩大了。

从图 5.1 和图 5.2 也可看出，维多利亚州和澳大利亚其他地区人均 GPI(3) 的变化趋势大致相同。只有 1993 年和 1998 年，维多利亚州和澳大利亚其他地区人均 GPI(3) 呈反向变化。可能的原因有：

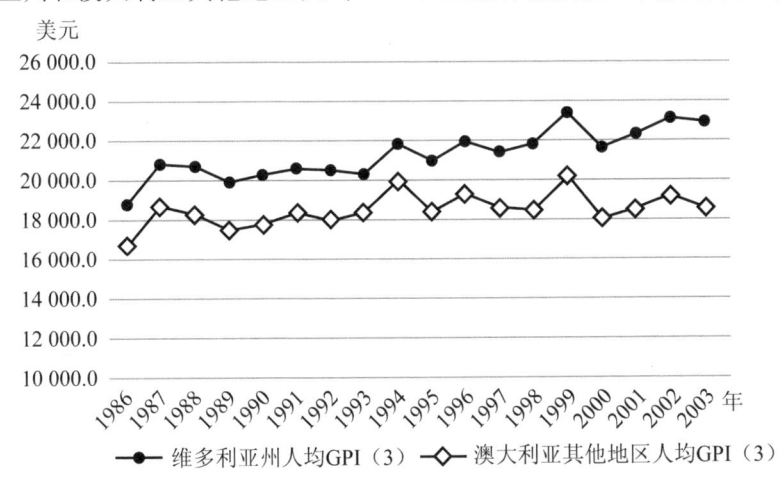

图 5.1　1986—2003 年人均 GPI(3)：维多利亚州 vs 澳大利亚其他地区(2002—2003 年不变价)

首先，影响整个澳大利亚的很多因素和政策也会影响维多利亚州；其次，维多利亚州是澳大利亚第二大经济体，会对整个澳大利亚经济产生显著影响。

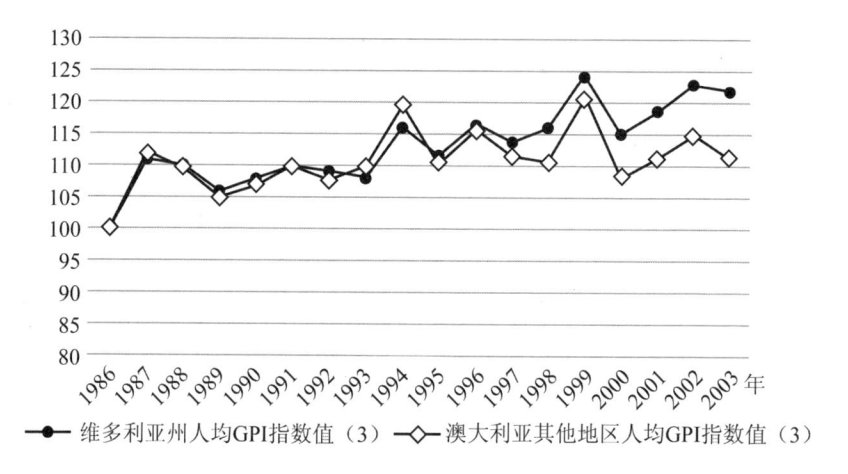

图 5.2　1986—2003 年人均 GPI(3)指数值：维多利亚州 vs 澳大利亚其他地区(1986＝100.0)

5.2　维多利亚州和澳大利亚其他地区 GPI 构成项目的比较

要想知道为什么在考察期内维多利亚州的表现要好于澳大利亚其他地区，就有必要比较维多利亚州和澳大利亚其他地区人均 GPI(3)的构成项目。需要指出的是，本部分的重点不是比较各构成项目的总值，因为维多利亚州的各项总值显然要远低于澳大利亚其他地区，该部分比较分析的重点是人均值。此外，我们的目标是重点分析维多利亚州和澳大利亚其他地区之间那些存在明显差距的 GPI 构成项目。

5.2.1　与消费有关的福利

图 5.3 的数据源自表 4.1 和表 5.1 的 m 列，从中可知，在考察期内维多利亚州和澳大利亚其他地区人均加权后的 CON(3)差异很小。维多利亚州人均加权 CON(3)在 1986 年至 1993 年更高，但在

1994 年以后更低。仔细观察我们可以发现，1993 年以后，尽管维多利亚州人均 GPI(3)更高，与消费有关的福利对维多利亚州可持续福利的贡献要低于澳大利亚其他地区。这表明，即便是在早期，维多利亚州大部分非经济类的成本项目远低于澳大利亚其他地区。

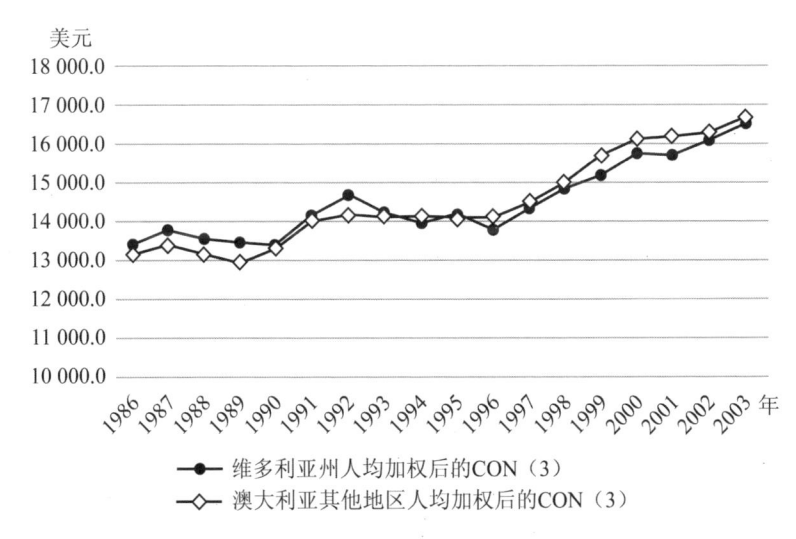

图 5.3　1986—2003 年人均加权后的 CON(3)：维多利亚州 vs 澳大利亚其他地区(2002—2003 年不变价)

5.2.2　分配指数(DI)

表 4.1 的 j 列和表 5.1 的 j 列，分别给出了维多利亚州和澳大利亚其他地区的分配指数(DI)，图 5.4 又予以呈现。

如图 5.4 所示，考察期内维多利亚州和澳大利亚其他地区的 DI 差异很小。然而，1992 年至 1996 年，较之于澳大利亚其他地区而言，维多利亚州的收入分配恶化了，从基本公平转向更不均等。两个指数之间的差距一直持续到 2003 年。然而，收入分配之间的差距并不足以解释维多利亚州和澳大利亚其他地区的绩效差距。图 5.4 也表明，维多利亚州需要采取更多措施去缩减贫富差距。

图 5.4 1986—2003 年分配指数（DI）：
维多利亚州 vs 澳大利亚其他地区（1986＝100.0）

5.2.3 失业、就业不足和劳动力未被充分利用成本

在构成 GPI 的三类社会成本项目中，维多利亚州和澳大利亚其他地区差异最大的就是失业、就业不足和劳动力未被充分利用的成本（表 4.1 中的 q 列和表 5.1 中的 q 列）。图 5.5 给出了维多利亚州和澳大利亚其他地区失业成本的对比分析状况。

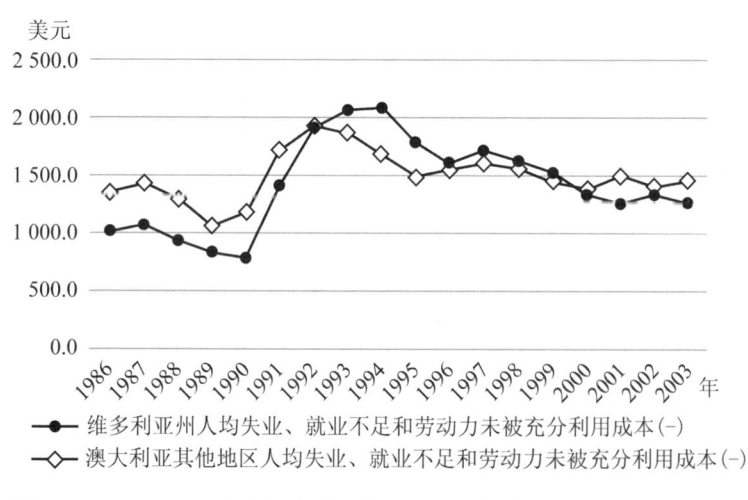

图 5.5 1986—2003 年人均失业、就业不足和劳动力未被充分利用（CU8）
的成本：维多利亚州 vs 澳大利亚其他地区（2002—2003 年不变价）

图 5.5 表明，1986 年至 1992 年，维多利亚州的人均失业（广义失业）成本远低于澳大利亚其他地区，但在 1993 年至 1999 年又高于澳大利亚其他地区。1999 年以后，维多利亚州的人均失业成本下降，而澳大利亚其他地区的失业成本却小幅上升。总体来看，1994 年至 2003 年，相对于澳大利亚其他地区来说，维多利亚州的人均失业成本大约降低了 600 美元，这显然是一种相对收益，进一步扩大了维多利亚州和澳大利亚其他地区人均 GPI(3)之间的差距。

维多利亚州之所以失业成本更低，主要原因之一在于它能创造出足够数量的全职工作岗位，尽可能限制兼职与偶然就业人数的增长。本书第 4.2.5 部分已提到过，偶然就业大大提升了就业不足的成本，维多利亚州也未能幸免于此，不过，较之澳大利亚其他地区，维多利亚州却成功限制了偶然性就业人数的增长幅度。

5.2.4 不可再生资源损耗成本

维多利亚州与澳大利亚其他地区之间差异最大的就是各种环境成本项目。首先是表 4.1 的 u 列和表 5.1 的 u 列以及图 5.6。如图 5.6 所示，维多利亚州的人均不可再生资源损耗成本远低于澳大利

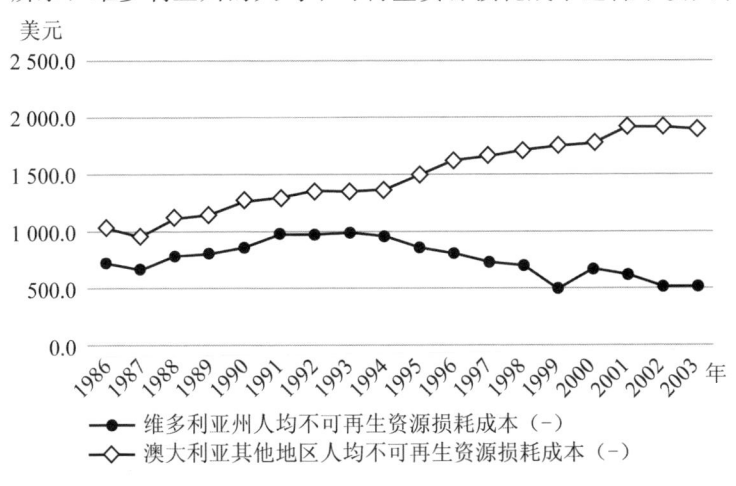

图 5.6 1986—2003 年人均不可再生资源损耗成本：
维多利亚州 vs 澳大利亚其他地区(2002—2003 年不变价)

其他地区。此外,1987年至1993年,维多利亚州和澳大利亚其他地区的人均不可再生资源损耗成本都持续上升,此后,除了2000年,维多利亚州的人均不可再生资源损耗成本显著下降。但是,在1993年至2003年的绝大部分时间里,澳大利亚其他地区的人均不可再生资源损耗成本大幅增加。

这说明了维多利亚州的产品与服务消费大大降低了对矿藏开采的依赖,具有重要的福利影响,同时表明,较之西澳大利亚州(Western Australia)、昆士兰州(Queensland),甚至包括新南威尔士州(New South Wales)和南澳大利亚州(South Australia),维多利亚州能够通过增值类活动创造更高比例的真实货币收入,与自然生态环境和谐共处。

5.2.5 农地流失成本

表4.1的v列和表5.1的v列分别给出了维多利亚州和澳大利亚其他地区的农地流失成本。图5.7进一步给出了维多利亚州和澳大利亚其他地区人均农地流失成本。如图5.7所示,维多利亚州的人均农地流失成本远低于澳大利亚其他地区。维多利亚州和澳大利亚其他

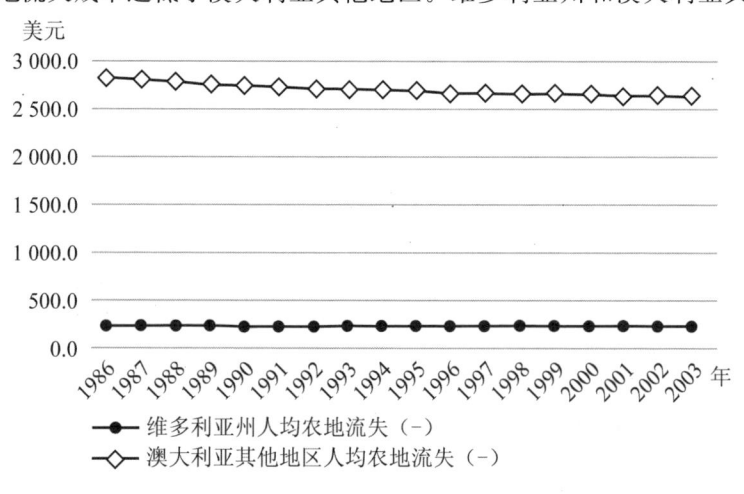

图 5.7 1986—2003年人均农地流失成本:
维多利亚州 vs 澳大利亚其他地区(2002—2003年不变价)

地区人均农地流失成本间的差距从 1986 年的大约 2 600 美元变为 2003 年的 2 400 美元。以此来看，维多利亚州更低的人均农地流失成本是造成维多利亚州和澳大利亚其他地区人均 GPI(3)差距的又一重要因素，这说明维多利亚州不必过分依赖自然资本损耗去支撑居民消费。

尽管维多利亚州大部分农业活动都是集中、大规模式的（也就是说维多利亚州只有很少比例的农村田园），但有很多因素可以解释为何维多利亚州的人均农地流失成本相对较低，主要有：(1)维多利亚州用于农业目的的土地面积更小；(2)维多利亚州的农地普遍更肥沃；(3)较之于约克半岛(Yorke Peninsula)的大部分农业地区、南澳大利亚州的低北(Lower-North)农场区及珀斯(Perth)东部的庄稼生长区中有大量残存植被；(4)维多利亚州更为稳定的降雨有助于大大减少农地被侵蚀的概率。如果维多利亚州希望最小化土地退化成本，继续保持对澳大利亚其他地区的优势，则有必要采取更可持续的土地管理措施，适度限制人类对土地的开发与利用活动。

5.2.6 过度灌溉用水的成本

既然维多利亚州高度依赖灌溉用水，特别是来自水源已经颇有压力的墨累-达令流域，那么我们可以设想，维多利亚州人均灌溉用水成本应高于澳大利亚其他地区。基于表 4.1 和表 5.1 的 w 列，图 5.8 揭示了二者之间的对比情况。

1986 年至 1999 年，维多利亚州和澳大利亚其他地区过度灌溉用水的人均成本差距持续增加，但二者之间的差距在考察期的最后 4 年中有所收窄。从考察期伊始到最后，差距从 100 美元增加到 190 美元，差距最为悬殊的年份为 1999 年，当时达 200 美元。

单从数量上来看，这绝不可能成为解释维多利亚州和澳大利亚其他地区人均 GPI(3)差距的主要因素，但诸多人均成本项目间的差距无疑会进一步强化维多利亚州的相对优势。图 5.8 也表明，维多利亚州应致力于改善其对澳大利亚内陆水域资源的使用和配置。

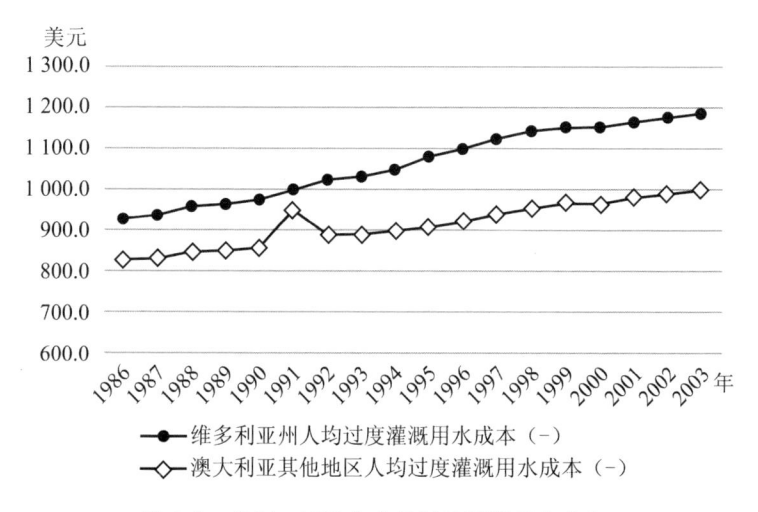

图 5.8　1986—2003 年人均过度灌溉用水成本：
维多利亚州 vs 澳大利亚其他地区（2002—2003 年不变价）

5.2.7　长期环境损害的成本

图 5.9 给出了维多利亚州和澳大利亚其他地区长期环境损害人均成本，数据源自表 4.1 中的 aa 列和表 5.1 中的 aa 列。如图 5.9 所示，1986 年，维多利亚州和澳大利亚其他地区长期环境损害的人均成本基本相同。然而，1986 年以来，维多利亚州长期环境损害的人均成本以远高于澳大利亚其他地区的速度持续增长。实际上，截至 2003 年，维多利亚州长期环境损害人均成本约为 350 美元或者说比澳大利亚其他地区高 10%。二者之间的差距在很大程度上可归因为维多利亚州人均能源消费的快速增加。

如图 5.9 所示，维多利亚州在抑制其能源消费方面的能力明显下降了，更重要的是，它没有找到更好、更清洁的能源。如果维多利亚州希望减少其人均能源消费量，缩减它与澳大利亚其他地区之间的成本差距，就需要从政策上关注如何提高能源效率，扩大使用可再生能源。

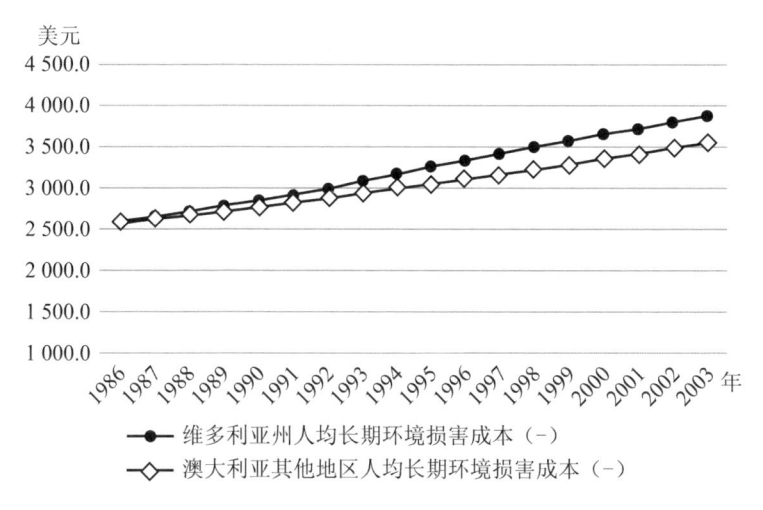

图 5.9　1986—2003 年人均长期环境损害成本：
维多利亚州 vs 澳大利亚其他地区（2002—2003 年不变价）

5.2.8　生态健康指数(EHI)

维多利亚州较之澳大利亚其他地区的突出优势之一就是生态健康指数(EHI)。表 4.1 和表 5.1 的 cc 列，分别给出了二者的指数值。图 5.10 表明，维多利亚州 EHI 下降速度远低于澳大利亚其他地区，原因主要有以下两点：首先，本书第 4.2.11 部分已解释过，在整个考察期内，维多利亚州本地植被清除率很低。其次，昆士兰州在一定程度上也包括新南威尔士州的本地植被清除率很高。

假如维多利亚州能够保持当前较低的植被清除率或者做得更好，植被清除限于充分开发区域内并且考虑周期性再生植被，则它的 EHI 几乎可以不再下降。进而，维多利亚州也会继续保持其相对于澳大利亚其他地区的优势。

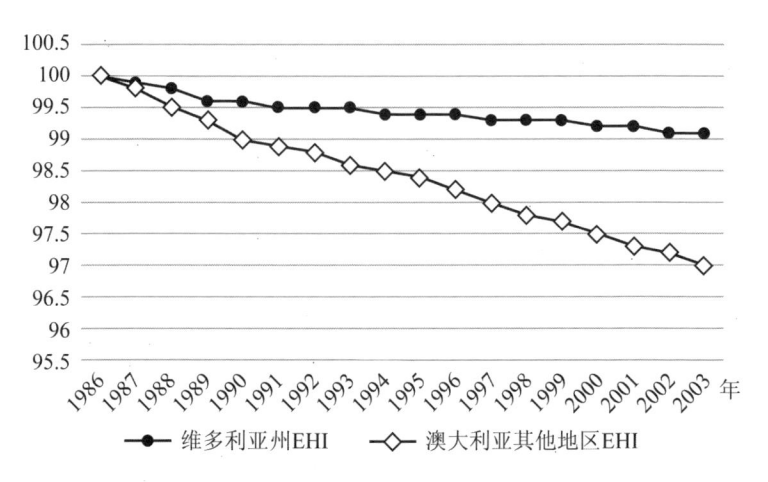

图 5.10　1986—2003 年生态健康指数(EHI)：
维多利亚州 vs 澳大利亚其他地区(1986＝100.0)

5.2.9　自然资本服务损失(加权后)

图 5.11 表明，维多利亚州的环境绩效明显优于澳大利亚其他地区，详见表 4.1 和表 5.1 的 bb 列和 dd 列。维多利亚州和澳大利亚

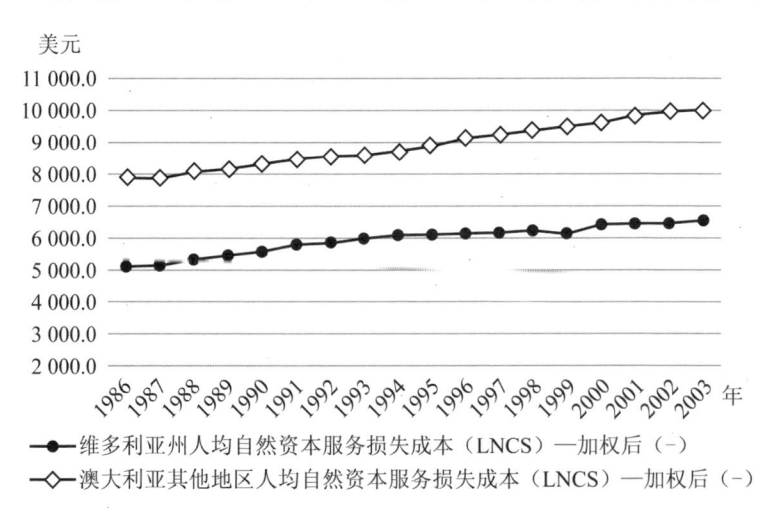

图 5.11　1986—2003 年人均自然资本服务损失(LNCS)成本－加权后：
维多利亚州 vs 澳大利亚其他地区(2002—2003 年不变价)

其他地区之间的显著差异在于维多利亚州的 EHI 更高，加权前自然资本服务损失的人均成本更低。

有趣的是，1986 年至 1993 年，维多利亚州和澳大利亚其他地区的人均加权 LNCS 差距缩小了，从 1986 年的 2 900 美元降到 1993 年的 2 600 美元。此后，差距又进一步扩大，2003 年两者之差约为 3 500美元。

除了二者 EHI 的差距外，维多利亚州优质的环境绩效主要归因于其人均不可再生资源损耗成本和农地流失成本更低。然而，一旦维多利亚州能够通过提高能源效率和水效率减少其长期环境损害和灌溉用水的成本，将会进一步强化其优势地位，扩大维多利亚州和澳大利亚其他地区之间的人均可持续福利差距。

5.2.10　人均 GPI(3)和经济自然增长率

在第 4.4 部分，我们比较了维多利亚州人均 GPI(3)和经济自然增长率的变化趋势(也就是 NCI/DEP* 比率的绝对值)。我们推断，维多利亚州经济的高速增长并未有效转化为一般居民的可持续福利。实际上，维多利亚州人均 GPI(3)通常在经济低速增长的年份中上升，与经济高速增长相伴的几乎总是人均 GPI(3)的下降。

类似情况是否同样适用于澳大利亚其他地区？图 5.12 数据源于表 4.1 和表 5.1 的 ss 列、uu 列和 ww 列。如图所示，20 世纪 80 年代中后期，维多利亚州更高的经济增速收窄了维多利亚州和澳大利亚其他地区人均 GPI(3)的差距。然而，这种差距于 1993 年至 1998 年扩大了，在该期间维多利亚州经济增速远低于澳大利亚其他地区。从 1999 年直到考察期末，特别是 2000 年和 2003 年，在二者经济增速都很高的情况下，维多利亚州和澳大利亚其他地区的人均 GPI(3)都下降了。

总体而言，图形传递的信号非常明显，更低的经济增速有益于可持续福利，如果维多利亚州和澳大利亚其他地区都能够采取更多措施缩减贫富差距，增加资源使用效率，鼓励更好而并非更多的生产，努力维护可再生的自然资本存量和重要生态系统的完整性，则经济增长与可持续福利之间会呈现良性互动的关系。

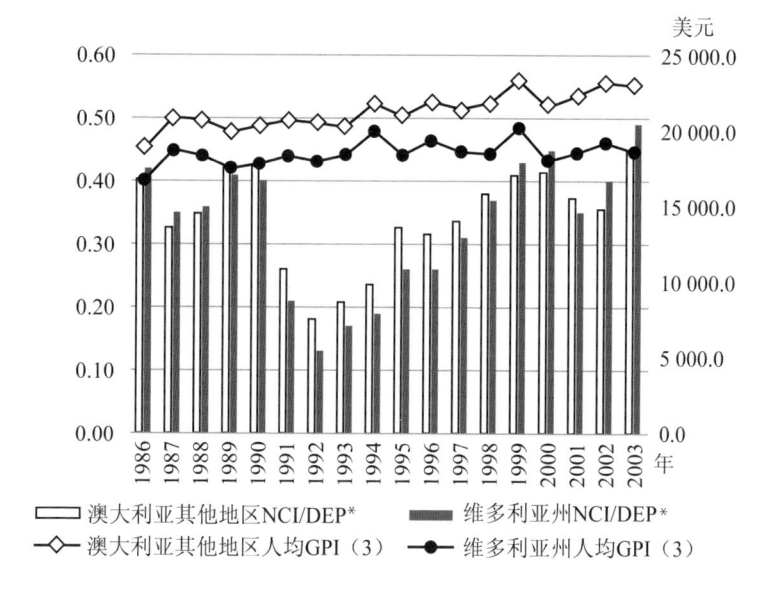

图 5.12　1986—2003 年人均 GPI(3)和净资本投资(NCI)与人造资本折旧(DEP*)的比率：维多利亚州 vs 澳大利亚其他地区(2002—2003 年不变价)

5.3　总　结

我们比较了维多利亚州和澳大利亚其他地区的人均 GPI(3)，也分析了二者之间存在明显差距的构成项目，下面将要：①概括那些有助于提升维多利亚州可持续福利的政策；②进一步改善维多利亚州相对于澳大利亚其他地区的绩效。为此，第 5 章的内容可概括如下：

• 维多利亚州一般居民的可持续福利总是高于澳大利亚其他地区的居民。两地人均 GPI(3)的差距，从 1986 年的 2 105 美元增加到 2003 年的 4 331 美元。

• 在整个考察期内，维多利亚州人均 GPI(3)增长了 21.8%，而澳大利亚其他地区的人均 GPI(3)仅增长了 11.3%。维多利亚州与澳大利亚其他地区人均 GPI(3)的差距主要是在 2000 年至 2003 年进一步扩大的。

• 与维多利亚州相似，澳大利亚其他地区经济持续高速增长有损于可持续福利。相反，澳大利亚其他地区人均 GPI(3)通常在低速增长时期反而上升。

• 维多利亚州和澳大利亚其他地区人均 GPI(3)与经济增速之间的相似关系说明，存在这样一种可能性，如果政策重点关注收入分配差距、资源效率和自然资本维护，则 2003 年整个澳大利亚居民的可持续福利水平可能会更高。

• 对维多利亚州和澳大利亚其他地区人均 GPI(3)的差距略有影响的因素有：

※ 维多利亚州能够创造大量全职工作岗位，考察期的最后几年中维多利亚州的人均失业(广义失业)成本更低；

※ 在整个考察期内，维多利亚州本地植被清除率更小，其生态健康指数(EHI)更高。

• 造成维多利亚州人均 GPI(3)更高的主要因素有：

※ 维多利亚州不可再生资源损耗的人均成本更低，尤其是 1993 年以后；

※ 维多利亚州农地流失的人均成本更低；

※ 总体来看，考察期内维多利亚州和澳大利亚其他地区与消费相关的福利水平大致相当，维多利亚州社会和环境成本更低。维多利亚州更好的环境绩效表现为自然资本服务损失的人均成本更低。

• 维多利亚州在以下几个方面的表现不如澳大利亚其他地区：

※ 灌溉用水状况；

※ 人均能源消费；

※ 空气污染。

第 6 章 GPI 结果的政策含义

6.1 简 介

完成对维多利亚州真实进步绩效的分析以后,我们现在转向本书的政策部分(Lawn, 2000a; Clarke, 2004; and Clarke, forthcoming)。我们希望能够总结归纳出一些政策措施,以增加维多利亚州一般居民的可持续福利。我们将聚焦于第 4 章、第 5 章及根据第 4.5 部分和第 5.3 部分所得出的一些结论。

当然,有很多政策措施和立法不属于维多利亚州政府管辖范围,这样一来,就会限制维多利亚州政府提升本地 GPI 的能力。事实上,大量能够对维多利亚州经济、社会和自然环境产生重要影响的因素,主要受制于澳大利亚联邦政府及其政策。虽然我们也会花一些时间简要介绍维多利亚州政府的政策制定过程,不过,总体上来讲,我们并不过分关注,究竟哪级政府拥有哪些政策制定或立法权力。因此,我们提出的政策建议既立足于维多利亚州政府,也适应于澳大利亚联邦政府。

我们也知道政策的制定与实施远非在政治真空中进行,必须切合实际。很多对地区公民颇有裨益的政策往往不能够迅速得以实施,或者根本就无法获得通过,是因为制度缺陷、大多数人的疑虑或者一些可能为此受到伤害的人们的担忧。我们认为,任何可能会对小部分人产生负面影响的政策,必须辅以某种形式的补偿,可能是以直接补偿支付的方式,或者用整个社会层面的工程项目。由此,只要引入相关补偿政策,则受影响公民的福利水平就能够得以维持。

政治现实会影响各级政府的政策实施,但是,我们在做政策建议时不会考虑这些影响,只是希望讨论所有可能增进可持续福利的手段。因此,我们有些政策建议可能看起来似乎有点绝对化、不切实际,有时甚至颇有争议。然而,我们在表达观点和判断的时候努力做到远离政治。

6.2 评论维多利亚州政府近期的经济声明(2004)

2004年4月,维多利亚州政府发布了一份经济声明,名为《维多利亚:一路领先》(VDPC,2004)。作为维多利亚州经济的未来发展蓝图,这份经济声明包括的19项新"行动"旨在:
- 提升维多利亚州经济竞争力;
- 刺激私人部门投资,增加新的就业岗位;
- 增加公共部门对基础设施的投资,改善对新兴市场的商品运输;
- 鼓励出口导向型企业发展;
- 减少武断且成本高昂的政府规制(包括对商业领域的税收);
- 最大化维多利亚州自然资本开采利用的可持续回报。

这份声明有一些非常好的建议,我们也全力支持。然而,有很多政策建议和措施主要是想增加维多利亚州的 GSP。本书第 4 章中已经说明,维多利亚州的人均 GPI(3)与其人均 GSP 的增长并不一致,在有些年份中,当人均 GSP 增长时人均 GPI(3)却会下降。其中,有个重要原因就是 GSP 增长对社会与环境的负面影响快速增加,特别是自然资本服务损失成本上升。

奇怪的是,在经济声明概述的 19 项行动中,没有一项是有助于自然环境的。尽管第 19 项行动提到了可持续利用维多利亚州的不可再生煤炭储备,评估可对二氧化碳排放进行地质封存的潜在场所,但并没有认识到这样的事实,即维多利亚州的经济如同所有其他经济体一样,是自然环境的子系统,食物也是完全依赖于它的。此经济声明没有提到当前不平等问题以及如何有效缩减差距的措施。因此，总的来说，我们质疑经济声明中提到的政策建议是否能够：①增加维多利亚州的人均 GPI(3)①；②确保维多利亚州经济创造出的福利水平，能长期保持生态可持续。

有些人认为，环保类政策本来就应该出现在环保声明而不是经济声明中。然而，我们相信，缺乏能将经济、社会、环境有效联系起来的政策是抑制维多利亚州 GPI 上升的主要原因之一。此外，我们也持有这样的观点，所有收益和成本都属于经济，无论它们源自哪里，都需要予以考虑，特别是在设计政策时应以提高维多利亚州的可持续福利为重要考量。

6.2.1 企业减税

在《维多利亚：一路领先》中提到的政策之一就是降低企业税负（行动13）。由于承诺的税收削减一定会降低维多利亚州的企业运行成本，我们认为，税收系统对于鼓励企业合适的商业行为，惩罚破坏社会与自然环境活动等是一种很好的传导机制。维多利亚州政府的经济声明对此却寥寥带过。②

例如减免所得税利于促进劳动就业，进而会减少失业和家庭破裂的成本。然而，没有迹象表明维多利亚州政府计划去改变税收结构，鼓励高附加值生产，惩罚资源损耗、资源浪费和污染性的活动。除了减少环境成本以外，政府也没有税收激励或者补贴类的措施，鼓励绿色技术研发，事实上，绿色技术无疑是未来新兴产业的基础。

6.2.2 基础设施投资

2003年公共服务资本创造的福利比1986年还要低，因此，维多利亚州政府计划增加基础设施项目投资是个好的趋势。我们关心的是这种投资大部分最终流向港口设施升级和墨尔本批发市场改造（第

---

① 或者阻止 GPI 最终下降。
② 应该说州政府限于使用税收去影响经济活动以提升 GPI。

1、2、3项行动)。这些大规模投资显然会给维多利亚州带来很多好处，然而，我们相信，政府能够在大力推动高科技、高附加值和资源节约型产业的发展方面起到非常关键的作用。

较之于现有产业，新兴产业通常更缺乏基础设施支持和规模经济优势，如果再缺乏前文提到过的税收激励，同时现有产业部门还会享受一些不合理的税收优惠，这些都会使得新兴产业发展困难重重。因此，我们认为，如果扩大这些基础设施投资规模且更好定位的话，会极大促进未来关键产业的出现与发展，进而使得维多利亚州能够大幅提升生产率、增加能源使用效率，精益的生产标准也会提升到一个新的高度。

近期由墨尔本2030实施参照组(Melbourne 2030 Implementation Reference Group)发布的一份报告值得关注，这份报告也提出了担心维多利亚州政府缺少合适的基础设施投资(DSE，2004)。然而，类似问题并不只是维多利亚州存在。澳大利亚央行行长强调指出，整个澳大利亚范围内缺乏基础设施投资，很可能会在未来某些时候对可持续福利产生负面影响(Brown，2005)。

6.2.3 门户开放出口计划(Opening Doors Export Plan)

门户开放出口计划(行动9)旨在作为联邦政府出口倡议的补充，提升维多利亚州战略出口能力的形象(VDPC，2004，p.18)。通过这个计划，维多利亚州政府目标是确保本州截至2010年实现300亿美元的出口总值。

从外债对维多利亚州人均GPI(3)的主要影响来看，出口收入大幅增长，很有可能提升一般居民的福利，我们之所以说是"很有可能"，是因为近期出口收入的增长多被更高的进口支出抵消了。我们不希望低估增加出口的重要性，然而，目前仍然缺乏足够的政策强调"进口替代"。进口替代政策并不是如某些人所认为的那样，说是"反对贸易"，也并不是要求用关税或配额等手段保护无效、落后的产业。① 它需要有竞争力的产业基础以及促进高科技、高附加值和资源节约型产业的发展。的确，高附加值产业通过生产需求旺盛的高价商品，既能减少进口支出，又能增加出口收益。

当然，贸易余额意味着，增加1美元出口收益和减少1美元进口支出是没有区别的。至少从表面上看，成功的进口替代政策与成功的出口导向政策一样有效。然而，大量过于强调出口导向的政策易于造成有些种类产品生产过程的过度分工和专业化生产，会削弱地区的自给自足能力，将该地区日益暴露于多变的全球市场中。此外，过度专业化还能导致地区更依赖于出口作为其收入来源，进而受制于贸易。进口替代政策则能够有效避免这种潜在的困境。

6.2.4 出口教育

作为一种通过出口高等教育服务增加收入的方式，维多利亚州政府承诺，2005—2007年增加投入580万美元，以吸引大量海外留学生到维多利亚州的高等教育机构中学习培训（行动10），届时，每年将为维多利亚州经济带来超过150亿美元的直接收益，这项计划也是对行动9的进一步加强和补充（VDPC，2004，p.19）。

我们并不太关注出口高等教育服务这项行动的本身，而是担心是否有可能会因为竞相争取高等教育收益而降低了教育标准。澳大利亚排名前10的大学中，有3个属于维多利亚州，其中墨尔本大学排名第1（Williams and Van Dyke，2004）。维多利亚州内的地区性大学也在澳大利亚同类大学中排名靠前。

我们认为，维多利亚州优质的高等教育是一种宝贵资产，能够给维多利亚州的经济和社会带来大量正的外部收益，也是造成维多利亚州的绩效优于澳大利亚其他地区的"功臣"之一。不幸的是，除非法令确立最低标准，否则，竞争未必需要总是提高标准。如果单纯为了增加出口收益而下调其高等教育标准，这将对维多利亚州极为不利。尽管维多利亚州政府在高等教育方面权力有限，但也应该

---

① 当然，无论关税还是配额都超出了维多利亚州政府的管辖权限范围。

尽一切可能保护它的高等教育制度免受低标准竞争的潜在负面影响。

6.2.5 竞争和效率

我们已多次强调，维多利亚州需要减少资源使用过程中的低效率状况，特别是能源的使用。提高效率，不仅降低生产成本和增加效率，也能减轻单位经济活动对自然环境造成的压力，进而减少环境成本，后者是抑制目前维多利亚州 GPI(3)提升的重要因素之一。

行动 15 谈到维多利亚州政府将要成立一个竞争与效率委员会（VDPC，2004，p.26）。该委员会的主要功能是检查、减少和梳理现存的各类政府规制，降低守约成本，加速维多利亚州发展项目的审批程序。

由于竞争政策是联邦政府的职责范围，具体由澳大利亚消费者与竞争委员会代为行使职权，因此，尽管它对于确保澳大利亚经济体内部的效率至关重要，对维多利亚州而言，强调竞争政策，参考价值不大。不过，万一联邦政府削弱了维多利亚州在竞争事务中的角色，特别是在企业并购和大公司滥用市场权力等方面（1974年《贸易实践法案》的第45～50部分），维多利亚州政府就必须要向联邦政府施加压力，据理力争。

对于维多利亚州可持续福利的效率与规制改革，我们要做三点说明：首先，效率并不仅仅是降低企业运营成本，还有利于确保将收入和资源配置到能为维多利亚州带来最多福利的地方。因此，如果规制本身目的就是要最小化未定价的外溢成本，而减少规制又会造成这类未定价的外溢成本上升，则减少规制就毫无意义。

除了考虑平等问题以外，维多利亚州政府如果采取这一行动，就有可能承担给本州带来额外成本的风险，进而为维多利亚州 GPI 施加下行压力（即使它可能会提高本州的 GSP）。很明显，维多利亚州需要实施最好的、也是成本最有效的规制手段，减少守约成本，保护维多利亚州人民免受高能耗、高污染等生产活动的负面影响，这也是新的竞争与效率委员会的职责所在。

其次，如果维多利亚州政府关心效率，那么，它就需要多管齐下，将未定价的负外部性内部化，本质上就是经济活动的许多社会和环境成本，可行的措施包括征税、许可证收费、可交易的损耗与排放许可证等。补贴也可用于鼓励和奖励那些很好的企业行为（比如那些创造正外部收益的企业行为）。我们认为，在试图将这些成本内部化的初始阶段，税收和许可证收费是较为理想的方式，而可交易的损耗与排放许可证则是更好的长效机制。很快我们还会对此再做说明。

最后，我们也很担心，税收体系会激励私人部门投资于非生产性的寻租行为。经济租金，在纯粹的意义上是指以拥有某项资产而获得的收入超过了获得或创造这项资产的初始机会成本（即创造或供给这项资产所需的最低金额）(Connolly and Munro, 1999)。当某些人获得经济租金时，他（她）们就相当于获得了远高于其拥有资产真实价值的收入。所以，此时，他们获得的收入并不反映他们对于社会财富的创造和维系所作出的真实贡献。

我们认为，澳大利亚的税收体系已经导致了大量的寻租行为，比如获得地产和建造不动产等。从我们的角度来看，它们很大程度上都是非生产性的，并且可以部分归因于缺乏对生产领域、资源节约型和高附加值活动的投资，也包括缺乏对劳动力培训领域的私人投资，以至于目前尽管澳大利亚至少有50万人持续处于失业状态，但仍然缺少大量熟练的技术工人，这部分观点也可从澳大利亚央行行长近期的发言中得到佐证(RBA, 2005)。

因而，各级政府需要改变当前税收立法中关于激励或抑制投资的内容，以期尽可能减少无效且不平等的寻租行为。虽然许多增加生产性投资所需的税收修订要由联邦政府负责，但是，维多利亚州政府也可以通过改变土地和财产税等方式有所作为。

6.2.6 劳资关系改革

如果维多利亚州希望保持其竞争优势，改善稀缺性自然资本（特别是能源和水）的使用效率，扩大高附加值产品的生产，那么，提高工作场所的生产率就非常重要。通过行动17，维多利亚州政府希望通过资助生产模式创新,增加生产场所的弹性,最终实现提高工作场所生产率的目的(VDPC,2004,p.28)。

虽然任何提高工作场所生产率的尝试都会强调增加工作场所的弹性,但我们认为,如果不真正转向培育更有弹性的劳动力市场,那么工作场所的弹性也很难实现。当前缺乏弹性的劳动力市场迫使许多工人经常超时工作,与此同时,还有一些人就业不足,还有很多人根本就找不到工作(Tiffen and Gittins,2004)。

过去10年,尽管劳动力市场的刚性已经有所降低,不过,仍有很多人认为,偶然性就业人数快速上升,说明很多劳资关系改革还远远不够(Cowling et al.,2003)。还有很多这样的情况,如修改劳资关系、导致工人工资下降、就业条件恶化等。此外,工人们还经常面临无奈的选择,即要么保留全职工作岗位但必须工作更长时间,要么工作时间合适但只能是临时的工作岗位。显然,政策制定者还需要关注劳动力市场的弹性,保护工人们的工资和就业条件,为他们协调工作、休息、家庭之间的关系提供多种选择。只有这样才会更好地平衡维多利亚州企业和工人们的需求,同时还会:

• 提升企业竞争力和生产率;
• 增加轮班工作的机会,进而有助于减少失业;
• 降低因当前临时就业人数增长而攀升的就业不足成本;
• 通过提高就业保障和劳动力市场弹性,降低家庭破裂成本。

关于创造生产率更高的工作场所,这在很大程度上取决于企业的信誉与承诺水平(Blandy and Brummitt,1990)。无论是刚刚讨论过的劳动力市场弹性,还是以雇主—雇员双方承诺的在职培训和技能发展等方式确定员工的内部职业发展规划,都有助于增进企业的信誉与承诺水平。

当然,我们应该承认,在涉及劳资关系改革的政策领域,维多利亚州政府只拥有有限的立法权力。许多受联邦政府支配的改革可能会,也可能不会有益于维多利亚州的可持续福利。因此,维多利亚州政府应该向联邦政府施压,呼吁理想的劳资关系改革,免得总是担心联邦改革可能不利于维多利亚州。

6.2.7 能源政策

《维多利亚：一路领先》概括的最后一项措施是维多利亚州政府希望维持低成本、稳定的能源供应(行动 19)。虽然该经济声明提到过政府支持对可再生能源替代的前瞻性研究，但是维多利亚州政府承诺的资金支持(每年 150 万美元)对于维多利亚州亟待转向使用可再生能源的迫切需求而言，只是杯水车薪。

此外，支持碳地质封存说明维多利亚州的能源政策主要是立足于供给方面。该经济声明几乎没有提到要采取多种措施增加能源效率，减少能源需求。我们也相信，该经济声明中概述了粮食生产的重要性(行动 12)，但还应该包括防止土壤恶化、限制对内河流域水资源不可持续、低效使用的一些政策措施。

6.3 政策建议

在这一部分，我们会建议一些具体的政策措施，旨在提高维多利亚州的可持续福利。考虑到环境成本在抑制维多利亚州人均 GPI(3)上升过程中扮演了关键角色，因而，我们将重点关注一种政策手段，通常被称为"生态税改革"。当然，我们既会谈到失业成本以及如何减少失业的问题，也会讨论鼓励更好而非更多生产的必要性。

6.3.1 生态税改革

生态税改革，通常包括减少对收入、利润和劳动力的税收，增加对资源损耗和污染的税收(O'Riordan, 1997; Roodman, 1998; and Lawn, 2000b)。尽管我们现在才刚刚使用这个概念，但此前，已讨论过很多与此政策措施非常相关的内容。

生态税改革有何好处？首先，降低收入和利润税能够促进高附加值产品生产，大幅提升人造资本(比如生产资料和消费品)的质量。其次，削减对劳动力的税收(比如所得税)利于引导企业在生产过程中增加使用劳动力,进而有助于降低失业成本。最后,对资源损耗和污染征税(如生产吞吐税)有利于增加资源使用效率,进而减少单位经济活动给自然环境带来的压力。① 若精心设计,生态税改革能够成为一种中性的税收政策,也就是说,私人部门的总税负不变。实际上,很多从事增加福利类的商业、企业最终会因此降低税收负担。

本书第 6.2.1 部分指出,维多利亚州政府正计划削减所得税,有望促进就业。但是,州政府没有提出生产吞吐税。维多利亚州政府本来可以引入许可证制度,某些时候也确实这样做过,经济主体必须付费才能获得许可证。它就像一种税收,可以部分反映与损耗和污染类活动相关的成本(如水开采、林业、渔业和污染许可证等)。尽管这类措施并不如单位税或从量税有效,但也会是对当前政策的一大改进。

任何一种新税收都会遇到不少政治阻力,我们认为,维多利亚州政府可以逐渐引入这类损耗和污染税,以便给企业留出一定调整和适应的时间,也不会立刻伤及维多利亚州经济(注意:并非所有企业都受到这类税收影响)。州政府也可以给企业发放补贴,鼓励它们从事绿色、资源节约类技术的研发,也可基于这些企业对绿色技术的最终应用情况发放补贴或给予税收折扣。说到这,联邦政府要比州政府更适合引入此类税收或补贴政策。

从长期来看,我们认为,若再引入可交易的损耗与污染许可证制度则会使生态税改革更成功。我们之所以偏好许可证体系,是因为生产吞吐税固然能够促进资源有效配置,但无法保障经济活动的生态可持续性。

为何会这样?生产吞吐税仅仅是减少了经济活动的单位资源生产能力(环境影响)(Daly,1996;Lawn,2000b and 2004b)。如果一类经济活动的单位资源生产能力下降幅度远小于所有其他经济活动

---

① 损耗和污染税通常主要指生产吞吐税,损耗关注资源的"投入",污染关注垃圾的"产出"。而生产能力一般就是主要描述资源投入/垃圾产出的综合效果。

单位资源生产能力上升的幅度,考虑到潜在的环境影响,结果似乎比较令人满意。当然,净效果就是自然资本减少,如果任其发展,最终会造成国家或州的生态足迹超过其自然环境的生态容量(即生态不可持续)。要想单纯由市场去阻止这种情况发生,资源价格也包括受生产吞吐税影响后的资源价格,必须能够反映所有资源的绝对稀缺性。不幸的是,资源价格最多只能反映各类资源的相对稀缺性(即一种资源相对于另外一种资源的稀缺程度)。政策影响后的资源价格能够反映资源相对稀缺性,则能促进资源流更有效地配置,但其固有的、不能反映资源绝对稀缺性的这种缺陷就会引致资源投入速度超过自然环境可持续供应所允许的最高速度(Howarth and Norgaard,1990;Norgaard,1990;Bishop,1993;Daly,1996;Lawn,2004b)。

为确保资源投入速度不损害自然资本存量,州政府有必要对资源使用速度以及污染产生速度加以量化限制。可交易的损耗和污染许可证体系,如果被合理设计的话,就可以实现这种目的,同时还不必牺牲生产吞吐税所固有的效率。

这种体系如何运行?以墨累-达令流域内的用水许可证交易体系为例,维多利亚州的可持续与环境部一开始评估维多利亚州境内河流水资源能被可持续开采利用而允许的最大速度,① 然后会拍卖有限数量的用水许可证,给出价最高的竞标者。每张许可证赋予其所有者在特定时期使用一定数量水的权利,例如,一年可用 10 兆升 (megalitres)水。因此,如果有人希望 1 年内使用 100 兆升水的话,他就需要购买 10 张许可证。

此类拍卖,每年都会举行,以便于政府依据水流变化情况及时调整许可证数量。这意味着,每张许可证,即便不用也会在每年年底到期,到期后的许可证就失效了。为了维护市场的竞争性,州政

---

① 考虑到墨累-达令流域水问题的复杂性,维多利亚州可持续与环境部在决定适度采水率之前,通常会先咨询墨累-达令流域委员会、联邦政府、昆士兰州政府、新南威尔士州政府、南澳大利亚州政府等部门。这种咨询是非常必要的,因为需要从整体、而非仅是维多利亚州流域的角度讨论可持续问题。

府会对任何个体或企业购买的许可证数量加以限制。当然，许可证可以在有效期内卖给其他个体或企业，但条件是：①在其有效期内；②只要买方所拥有的许可证数量未达上限。

为了保护过去在用水领域中的相关投资，引入许可证系统之后的第一个5年内，拍卖过程会优先考虑当前水用户（比如为当前水用户预留并拍卖掉一定数量的许可证）。这会给没有效率或者偏远的水用户足够时间改善绩效或者逐渐退出其目前运营的行业。

引入此项措施能够实现三大重要目标。首先，通过限制出售的许可证数量，维多利亚州境内河流用水量将会控制在维护墨累-达令流域环境质量所要求的范围以内，也会保证可持续目标的实现。其次，因为水用户必须通过购买许可证才能用水，水用户就必须为其支付额外费用。这项额外费用相当于生产吞吐税，有助于促进水资源在各类替代性产品用途中的有效配置。也就是说，这项额外费用能够确保每年用水量，会分配于那些创造福利最多的用水活动。注意，政府没有必要再去计算和征收专门的水税，税率已通过水许可证市场中需求方和有限供给方的互动而内生决定了。

最后，通过销售水许可证获得的收益可以再分配给穷人或者用于补偿那些因某特定水用户不当行为而受到影响的居民。这将有助于促进维多利亚州政府缩小贫富差距，进而实现其收入分配公平化的目标。

这种可交易许可证体系的妙处就在于，它还能适用于其他类别的可再生资源（比如木材和渔业资源），也可以略加调整用以满足特定区域的特定需求。例如，墨累-达令流域可交易的水许可证体系，就会不同于其他流域的水许可证体系。此外，即便在一个区域内部环境状况也经常多变，所以可能会有很多交易体系适用于同一个特定的环境系统。再比如，上文提到过的流域概念，一个特定流域上游和下游因其不同的水流、生态系统价值和植被类型，可能就需要单独的水许可证体系。

当然，建立实施可交易的许可证体系并非一日之功。考虑到经济系统的路径依赖性质（David，1985；Arthur，1989；Dosi and Metcalfe，1991），引入这样的体系很有可能给整个经济带来意想不到的冲击。出于下列原因，我们认为，税收和补贴是在引入生态税改革政策初期阶段的理想方式：

• 税收和补贴可以渐进实施，并通过改变相对价格信号体系给予经济及其参与者调整和缓冲的时间；

• 税收不需要资源使用者购买其所需资源的方式发生彻底改变；

• 税收有助于促进资源配置由肮脏、低附加值产业缓慢而稳定地转向清洁、绿色和高附加值产业。

一旦税收和补贴实现了其在改变资源配置过程中的功能，就应该引入可交易的许可证体系。如同一开始征收的生产吞吐税，许可证体系也可以渐进地被引入和实施，也就是说，在刚开始引入许可证体系时，政府可适当鼓励较高的资源投入水平，然后随着时间的推移再逐渐把它降至期望水平上（即国家或州的生态足迹一直处于其自然环境的生态容量之内）①。降低资源投入水平可能需要政府从资源使用者手中购买一些资源权利。

若以上述方式进行制度构建，许可证体系就能克服对可持续福利产生负面影响的高速增长战略，而且还很有可能促进经济由数量扩张（增长）向质量提升（发展）方向转变。

6.3.2 水土保持领域的政府投资

农业土地并不能直接获得收成，而是开发利用其繁殖特性。土地也不同于木材，只要从森林或农场采伐的木材不超过其再生能力就可以获得持续的木材供应量。农业土地的可持续利用无法通过控制经济中的资源投入得以实现。我们认为，除了直接规制所有农业活动以外，实现农业土地的可持续使用最好是鼓励农户借鉴可持续土地利用的经验和实践并借助如下政策工具：（1）将土地管理的实际

---

① 期望水平可能还要低于满足可持续性要求的最高水平，因为很难精确计算最高水平。此外，生态系统还经常会遇到一些无法预知的异常变化，这些变化还多是由生态系统在其可持续限制范围内的连续运行引起的。

责权交由土地所有者；(2)土地可持续利用实践领域的经济责任主要由政府承担。经济责任主要在于政府，是因为"可持续"在本质上属于公共物品，故需要政府干预才能实现。

可持续土地使用政策的第一方面内容是利用补贴和大量税收折扣鼓励农民接受土地可持续利用的做法。第二方面内容是惩罚那些未能切实履行管理职责的农民。惩罚的轻重取决于土地恶化程度，并且要依据税收支付体系，就像大学生要依据高等教育贡献项目(Higher Education Contribution Scheme，HECS)支付学费一样。

罚金额度如何确定？考虑到环境质量对特定时期(比如干旱)农业土地的影响，维多利亚州初级产业部门的代表会对农场进行随机抽查，评估它们的总体状况。如果农民的土地仍处于可持续生产状态，则他们不会遭受处罚。然而，情况最糟的违规者就会遭受最重处罚以及1张"黄牌"，3张"黄牌"等于1张"红牌"，农场必须无条件接受。此时，农民土地价值就只相当于其市场价值减去所有未偿付的罚金，并且该农民也会被禁止在特定时期内从事农业活动(就像专业人员和商界禁止从事过于随意或者不符合商业标准的行为)。

当然，获得土地所有权花费不菲。我们认为，继澳洲电信(Telstra)被出售一部分以后成立的自然遗产信托(Natural Heritage Trust)是一种理想的资金来源，用以收购那些无意从事农业经营的农民土地所有权。[1]尽管自然遗产信托属于公有财产，但我们认为其部分资产应该被分配到州一级，采取上述方式来减少土地恶化现象。应该强调，收购来的土地所有权可以重新被出售给任何愿意使用土地从事农业或其他生产性活动的个人。因此，任何时候，州政府不可能拥有大量被没收、充公的土地。

人们经常说，农民悲惨的经济状况是导致其土地不可持续使用的主要因素，即农民为了努力维持经济支出水平总是过度利用他们土地的生产能力。我们对此也很熟悉，但并不认为罚金体系有助于

---

[1] 我们并不一定鼓吹出售公共资产去资助环境保护，各级政府至少应该像资助一般类政策事务那样去资助自然环境环保。

解决此类问题。相反，若想在这类事情上更好地帮助农民，我们认为，应该使用自然遗产信托帮助那些苦苦挣扎的农民退出农业，要么在别的地方重新安置下来并且找到工作，要么获得一些新领域的资格与技能，并且很容易在当地找到就业岗位。边远农村风险最大，他们可使用自然遗产信托投资于某些社会项目，确立和发展相关替代产业。

重要的是，类似方法可应用于林业、采掘业和灌溉行业。虽然许多人质疑这种重新建造的过程可能会带来很高的成本，但我们可以有把握地说，这些成本要远少于比起不采用这类方法而最终引致的社会和环境成本。实际上，以往政府没有积极主动地采取类似做法已经显著抑制了维多利亚州和澳大利亚其他地区的 GPI。

6.3.3 保护残存植被和重要生态系统

若要保持生物多样化，就需要保护自然环境的生命支持功能。重要生态系统需要保护，有时还需要复原。理想的情况是国家或州土地面积的 20% 及其邻近地区都被保护起来作为野生动物保护栖息地(Wilson, 1992)。[1] 实际上，应该把更多的土地保护起来用于保护本地植被以及作为连接重要生态系统的植被走廊地带。

第 3 章已解释过，本地植被对于保持土壤生产力和重要生态系统能够起到关键作用。同样，未来土地清除现象，如果不能够完全被禁止的话，也应该保持在最低水平。澳大利亚有些州已经开始对本地植被清除加以严格控制，然而，从我们的角度来看，政府应该在更广的范围内推广应用诸如《南澳大利亚州本地植被清除法案》之类的措施。《南澳大利亚州本地植被清除法案》已经使得南澳大利亚州大面积土地开荒的现象彻底停止。在这个法案下，农民必须获得许可才能够清除本地植被，但申请许可经常被否定，未能审批通过的申请者可以得到一笔资金，专门用于建造栅栏以隔开并有效管理这些本地植被。

---

[1] 实际上，Wilson 认为应该保护起来 50% 以上的区域。

因此，这类立法需要给那些因农业生产遭受潜在损失的土地所有者多种形式的足额补偿。即便出于平等考虑，也应该补偿。自然遗产信托基金可用于资助土地开荒控制之类的相关政策，同样，自然遗产信托基金也需要拨付一定额度的信托资金给各州，以尽可能降低过快的土地开荒速度。

6.3.4 关于不可再生资源利润的处理

在本书第 3.4.14 部分，我们指出不可再生资源损耗成本最好这样来决定，即通过计算需要留存多少比例资源损耗的利润来建立合适的替代资产。我们使用的此类成本计算方法是在伊·赛拉斐(El Serafy)的"使用者成本"方法基础上演化而来(Lawn，1998)。

在以往的计算过程中，学者通常把不可再生资源损耗获得的全部收益都算作收入，这是错误的，因为合理的收入测度指数必须要考虑收入创造类资本存量的完整性(Hicks，1946)。伊·赛拉斐(1989)的方法试图纠正这种错误。

因此，从定义来看，既然不可再生资源使用必然导致收入创造类自然资本的存量下降，那么，至少应该留存部分比例的不可再生资源损耗收益以建立合适的替代资产。依据伊·赛拉斐的说法，其隐含的意思是任何对可持续收入的估计都要求专门损耗一些不可再生资源，并将其转化为可持续收入流。这就要求将资源销售获得收入的有限级数(finite series)转化为真实收入的无限级数(infinite series)，直至这两类级数的资本现值完全相等(El Serafy，1989)。

要做到这一点，必须找到资源销售收入有限级数的收入部分和资本部分。估算正确的话，收入部分应该等于当前能够用于消费的数量，同时政府又不担心会削弱维持未来同样消费水平的能力。另一方面，资本部分应该是每年需要留存下来的数量，以确保实际价值不变的恒久性收入流，既包括资源使用期间，也包括资源耗竭以后。这个资本部分就是资源损耗的"使用者成本"。伊·赛拉斐认为，可使用以下方程定义资本部分和收入部分：

$$X/R = 1 - \frac{1}{(1+r)^{n+1}} \quad (6.1)$$

其中，
- X＝真实收入（资源租金）
- R＝净收益（总收益减去开采成本）
- r＝贴现率
- n＝资源可用时期数
- R－X＝使用者成本或者净收益中必须留存用以建立替代资产进而产生恒久收入流的额度

确定收入部分和资本部分的两个关键参数是资源可用时期数和贴现率的选择。这两个参数的值越大，收入部分的值就越大，每期需要留存以确保恒久收入流的钱数就越少。

资源可用时期数相对比较容易估计，在大部分情况下，取决于不可再生资源存量规模和预期的未来价格水平，主要困难还是在于选择、确定最合适的折现率。伊·赛拉斐认为，最终选择的折现率应能反映出资源所有者谨慎的行为。

我们这里的使用者成本与伊·赛拉斐提出的使用者成本在方法上略有区别。伊·赛拉斐认为，替代资产可以是任何一种特定形式，如人造资产、自然资本资产，甚至是金融资产（EI Serafy，1989）。由于这种观点本质上是假设用人造资本代替自然资本，因此，伊·赛拉斐提出的是一种测度弱可持续性希克斯国民收入的方法。我们坚持认为，人造资本与自然资本互为补充，因为真实的希克斯收入一定要满足强可持续性（关于弱可持续性和强可持续性的区别本书在第7.1.4部分会有更多介绍）。既然强可持续性方法要求自然资本和人造资本都要保持完整性，那么不可再生资源就必须由合适的可再生资源替代。

这对上述使用者成本公式来说意味着什么？使用者成本主要在于折现率的选择。由于实际利率能够反映出再投资的真实回报，因此，弱可持续性方法会建议把替代性资产所赚取的实际利率当作折现率，无论这种替代资产是人造资产还是金融资产。

而我们的观点是，最终选择的折现率在数量上应该恰好等于新开发可再生资源的实际利率，也正好等于其自然再生率（Lawn，

1998)。为了在实践中使用强可持续性方法，上述使用者成本公式中的折现率必须用建议的可再生资源再生率替代。

通常而言，企业经理们都要为其雇员设立退休金。如果政府也强迫资源所有者设立一种"资本替代"账户，则我们主张的这种对伊·赛拉斐规则的演化形式是完全可行的。这要改变当前的会计核算立法，理想的情况是立法改革要求在计算每一类不可再生资源的留存比例时，必须要有严格的贴现率明细表和一般矿藏的使用寿命。资本替代账户可由经政府批准成立的资源管理公司持有，其职责是代表不可再生资源所有者设立可再生资源资产。

6.3.5 服务资本领域的政府投资

我们在本书第 6.2.2 部分明确指出，维多利亚州政府增加基础设施投资的计划(行动 1、行动 2 和行动 3)将会给维多利亚州人民带来许多好处。然而，我们也提到，若想大力推进发展高科技、高附加值和资源节约型产业，政府还需要设计更好的基础设施领域的公共投资。我们就不再重复以前内容了，但想再次强调：如果维多利亚州希望改善其人造资本存量，让企业获得更高利润，工人获得更高的实际工资，则实现精益生产至关重要。

更好而不是更多的生产，不仅可以增加高附加值产品出口、削减日益增长的进口账单，还有助于减少失业成本，因为这会让工人工作时间更短，还不会牺牲相关的消费收益(比如轮班制)。当然，这主要取决于劳动力市场的真实弹性(这点我们以前也讨论过，不再赘述)，还取决于维多利亚州政府能够承诺一直拥有优质教育，当然，其目前教育水平已经明显领先于澳大利亚其他地区。[①]

最后一点，通过率先购置包含循环物质的产品，及使用可再生能源支撑的工厂、机器、设备等方式，维多利亚州政府能够对高科

---

① 再次强调，这更多取决于联邦政府关于澳大利亚高等教育的政策。然而，维多利亚州政府不仅可以在中小学教育还可以在大学教育体系之外的区域以及继续教育(比如澳大利亚 TAFE 学院)中发挥自己的作用。

技、资源节约型产业的建立与发展起到重要作用，也利于推广建造低能耗公共建筑。绿色采购政策有助于培育和发展低环境影响类产品市场，让新兴绿色产业迅速实现临界规模，拥有可与传统产业竞争的规模经济优势。

绿色采购政策的确会导致政府支出成本直接增加，然而，从长期来看，这很有可能会改变政府的预算收支状况。例如，严格的绿色采购政策通过帮助减少经济活动的负面外溢影响，可以降低公共部门的运行成本（例如降低政府的防御性和恢复性支出）。此外，绿色采购政策一旦促使企业利润增加和工人实际工资上升，它还会有助于增加政府税收。从总体上看，我们没有理由担心绿色采购政策会导致政府预算收支状况恶化。

6.3.6 保证充分就业

最后一条政策建议在很大程度上取决于联邦政府的政策立场，也有可能会被部分读者视为我们最激进的政策建议。我们认为，中央政府应该把恢复充分就业作为宏观经济政策的中心任务来抓。我们这里所说的充分就业是指经济中能有足够的工时数以匹配劳动力市场的工作需求（Mitchell and Molser，2001）。

依据这个定义，当宏观经济中的总需求足以使国民收入达到一定水平时，可消除所有非摩擦性的失业，就是实现了充分就业。[①] 显然，如果在持续上升的实际工资水平上，"受雇佣"工人实际工作时间小于他们愿意工作的小时数，则会出现结构性失业。因此，如果一些劳动力处于就业不足状态，就没有实现充分就业。

充分就业应该再次成为宏观经济政策的中心目标，主要有三点原因：

• 失业、就业不足及劳动力未被充分利用给社会带来重要的福

[①] 摩擦性失业是指因个体从一项工作到另一项工作间的过渡以及辞去现在工作去寻找其更偏好的工作进而产生的失业（Dornbush and Fischer，1990）。

利成本(Mitchell et al., 2003)①;

• 持续失业反映了政府在履行其公平职责方面的失误(Sen, 1997);

• 失业就是资源无效利用的典型例子,每个关注效率的政府都会为失业所反映出的大量资源浪费问题所困扰。

目前,大部分发达国家宏观经济政策的立场都是基于既定的"反通货膨胀为先"。这种政策立场的背后存在两类较为普遍的信念:首先,存在可让通货膨胀保持在稳定水平上的失业率,就是非加速通货膨胀失业率(Non-accelerating inflation rate of unemployment, NAIRU)。一旦实际失业率低于 NAIRU,劳动力市场的压力上升,造成并非基于生产率的工资上涨,进一步引致通货膨胀加速。若实际失业率高于 NAIRU,情况类推(Norris, 1989)。其次,NAIRU 是在这种观点基础上提出的,即宏观经济绩效取决于政府驾驭通货膨胀率的能力。若政府刺激总需求旨在减少或消除失业,当失业下降到 NAIRU 以下时,经济中累积的通货膨胀压力最终会导致失业率高于刺激需求之前的水平。

毫无疑问,中央政府盲目的财政或货币扩张会导致通货膨胀,政府最终还是会采取紧缩性而实际上也会增加失业的措施(Cowling et al., 2003)。因此,控制通货膨胀及明智地使用扩张性财政和货币政策的确非常重要。② 然而,有人质疑,恶性通货膨胀发生概率很低,是否就需要宏观经济痴迷于控制通货膨胀呢(Blinder, 1987; Modigliani, 2000)?

NAIRU 或"反通货膨胀为先"政策的缺陷非常明显,它的成功依赖于大量失业劳动力的存在。NAIRU 主张通过提高劳动生产率、供给侧改革以及降低通货膨胀预期等,可以长期降低 NAIRU,减少弱

---

① 我们计算失业(广义失业)成本时,忽略了产出损失方面的成本,这是因为其已经体现在 GPI 中了,表现为实际消费低于潜在消费水平。因此,失业的全部成本要比本书第 4 章揭示的成本高得多。

② NAIRU 支持者进一步主张扩张性财政和货币政策一无是处,就应该避免使用。

势群体的数量。虽然有证据表明，过去十年来澳大利亚 NAIRU 持续降低，但 NAIRU 方法在实现充分就业方面是不成功的。此外，它也不可能成功，除非充分就业成为明确的宏观经济政策目标。单单 NAIRU 方法并不能够产生足以消除所有非摩擦性失业的总需求。

这里不再讨论明显而冗长的细节，但我们相信由充分就业与公平研究中心（纽卡斯尔大学，University of Newcastle）和充分就业和价格稳定研究中心（密苏里大学堪萨斯分校，University of Missouri-Kansas City）提出的论点：

• 只有当中央政府愿意补上必要的总需求空缺时，才可能实现充分就业；

• 中央政府预算赤字并不一定会导致通货膨胀或利率增加；

• 政府支出并不一定会挤出私人部门的经济活动。

既然中央政府盲目的财政扩张不尽如人意，充分就业与公平研究中心提出了一个叫"工作保障"（Job Guarantee）的想法。工作保障是一种需求侧的政策，其中政府扮演缓冲储备型雇主的角色，不断吸收私人部门置换掉的失业劳动力（Mitchell and Watts，1997）。换句话说，任何人如果不能确保在私人部门找到工作（或者传统公共部门），就会在就业保障项目下自动获得一份工作。所有工作保障项目下的雇员只能领到最低工资以使他（她）们过上体面的生活。重要的是，最低工资能给整个经济设立一个工资底线。① 随着私人部门工作岗位的流失（增加），政府花在工作保障项目上的支出就会相应增加（减少）。如此一来，工作保障项目就实现了"宽泛意义上"的充分就业。

---

① 工作保障计划还有一个好处就是可以相当于政府可间接实施一种先进的劳资关系政策。例如，政府可以引入后工业化时代的车间实践（通过转移、下放车间权力实现更高的民主参与），可让人们选择是在私人部门从事不太得体但待遇更高的工作，还是从事就业保障计划下待遇相对更低但自我成就感更强的工作。同样，就业保障计划下的工资实际上就会促使私人部门也不敢轻易开出很低的工资，因此，就业保障计划客观上能够抑制私人部门提供不太得体或者过于严苛的车间工作。

从维多利亚州政府的角度来看,充分就业目标不在其控制范围之内,因为只有联邦政府才有能力补偿整个经济中有效需求不足的部分。说到这里,充分就业与公平研究中心近期提出了一个名为"社区发展工作保障"的建议。尽管该建议需要联邦政府的支持和协助,它可以在地方层面率先引入,更有效地处理青年失业和长期失业问题(特别是那些最容易受到劳动力市场异常波动影响的工人)(Mitchell et al., 2003)。我们强烈建议将这份报告送到维多利亚州的决策者那里,我们也相信,他们会认真考虑这个社区发展工作保障建议,因为目前维多利亚州迫切需要采取类似措施。

工作保障项目还有一个好处,作为最后雇主计划,工作保障项目能够使工人保持其人力资本技能,相反,如果没有工作保障项目,一旦他们处于长期失业状态,就极有可能会丧失这些技能。此外,工作保障项目还能够用于传授新技能,对项目雇员进行再就业培训。维持以前掌握的技能和获得新技能都会有助于缓解失业率下降时,或者在工业保障项目的案例中当该项目雇员数量很少的时候出现的技术短缺状况。这又会大幅减少劳动力供给与需求之间的错配现象,而正是这些错配现象造成澳大利亚国内一些产业中严重缺乏熟练工人。

第7章 GPI 的缺陷

7.1 GPI 的缺陷及其纠正方法[①]

我们对维多利亚州经济绩效的评估完全依赖于 GPI 结果。我们评估结果的可信度取决于 GPI 反映与衡量维多利亚州居民可持续福利的准确程度。事实上,很多批评者认为 GPI 瑕疵太多,因而不具备政策指导价值。

尽管第 2 章和第 3 章阐述和证实了 GPI 的应用,我们认为,现在有必要讨论 GPI 存在的一些缺点。在讨论 GPI 缺点的过程中,我们会对一些直接针对 GPI 的批评予以回应。虽然 GPI 并不是完美的可持续福利指标,但我们希望表明:(1)一些直接针对 GPI 的批评是不合理的;(2)通过设立信息量更大的指标框架、拥有更好的数据资源、改善评估方法等方式,克服 GPI 现存的一些不足,将会大大增强未来 GPI 研究的可信度。

7.1.1 项目不够详尽

GPI 项目第一个最明显的缺点就是在 GPI 计算过程中使用的成本和收益项目不够详尽。我们在 GPI 研究中尚未考虑的、与福利相关的因素主要包括休闲时间的估计值,噪声污染和城镇化水平上升的成本,某些就业形式所特有的负面影响,以及固体废弃物污染、

---

① 本书第 7.1 中讨论内容大部分引自 Lawn(2005)。

珊瑚礁破坏、鱼存量下降的环境成本。这些项目的确有很多在以前的 GPI 研究中使用过(Daly and Cobb, 1989; Lawn and Sanders, 1999; Hamiltion, 1999; Clarke and Islam, 2004), 然而, 即便一些 GPI 研究使用了范围更广的成本和收益项目, 好像也忽略或省略了至少 1 个以上与福利有关的因素。

替 GPI 辩护一下, 某些关键性的成本和收益项目之所以被省略了, 通常是因为缺乏合适的数据来源, 无法对该特定项目进行货币估值。若能获得计算 GPI 所需的必要数据, 进一步完善指标框架, 就能部分克服 GPI 的这个缺点。第 7.2 部分将再次讨论这个问题。

7.1.2 优势项目影响太大

GPI 第二个主要缺点在于优势项目(比如与消费有关的福利)的小幅变化会超过相对弱势项目(比如城镇废水污染的成本)的大幅波动(Neumayer, 1999)。这究竟能否成为问题值得讨论。我们认为, 某个项目相对于其他项目具有优势, 只是表明该项目有更大的福利影响。此外, 优势项目总是由很多更小的相关项目加总而成。例如, 与消费有关的福利包括了大量可产生不同福利影响的产品和服务。因此, 把每一类产品和服务消费单独讨论可能会比较有用。即使这样, 分解优势项目也不会改变 GPI 的最终结果。

事实上, 我们已经把消费支出分解成多类不同的国民核算项目(比如食品、烟草、交通服务、酒店、咖啡馆和餐馆等), 旨在做与福利有关的调整, 详见表 3.2(可参阅第 9 章中表 9.2、表 9.3 和表 9.4)。我们本来可将每一类消费保留作为单独项目, 但最终还是选择将其加总起来。类似做法也见于无偿家务劳动和志愿者工作, 因为这两个项目都含有可提供大量不同服务的工作。总之, 特定项目占有优势只是描述方式的问题, 不会削弱 GPI 的可信度。[①]

[①] 如果一定要说会有负面影响的话, 就是它可能会造成 GPI 与其组成项目之间的因果关系更加难以确定。

7.1.3 估算方法不当

针对 GPI 批评最多的还是与其第三个主要缺点有关，即 GPI 计算过程中使用的估算方法(Maler，1991；Atkinson，1995；Hamilton，1994 and 1996；and Neumayer，1999 and 2000)。这些批评主要针对 GPI 如下项目的估算问题：与消费有关的福利、分配指数、防御性和恢复性支出、不可再生资源损耗的成本，以及倾向于扣除各类环境损害(例如农地流失和过度灌溉用水)的"累积成本"。为了回应这些批评，我们现在对这些项目进行逐一讨论，先从与消费有关的福利开始。

与消费有关的福利

与消费有关的福利主要有两个方面招致批评：第一个方面是和消费的质量属性有关；第二个方面是和与消费相关福利估算过程中使用的实际值或不变价有关。至于第一个方面，批评意见认为，基于消费的项目不能反映出各类消费商品与服务的质量属性。我们在第 2 章和第 3 章中都已经略微提到这个问题，并且在某种程度上，通过一定方法克服了这个问题，即把用于烟草上的消费支出、酒水饮料支出的 50% 视为无助于提高福利类的消费支出(详见表 3.2)。但是，要想完全处理好这个问题还需做更多的工作。

至于第二个方面，批评意见认为，消费支出使用实际值而非名义货币价值进行测度，是为了反映消费品实际数量的跨期变化(可见 2.1 部分中关于使用实际货币价值效力的解释)。然而，确实有两种情况的实际消费支出增加并不直接意味着福利就会同比例增加：一是"边际效应递减"原理，当一个人随着其消费产品数量增加，额外每单位产品为其带来的边际收益会下降；二是某些商品的消费速度增加可能给消费者带来的收益却并不增加。比如，可考虑某个房间使用 1 个灯泡照明的情况，如果一年当中 3 个灯泡用坏了，或说 3 个灯泡"被消费掉了"，较之于一个灯泡持续使用了 1 年的情形，福利提高了吗？显然不是，两种情形中的总福利是相等的，然而，前一种情形消费了更多的商品。

虽然核算方面有这些潜在的缺点，实际消费支出对于估算与消费有关的福利仍然很有价值，为什么？因为，人们通常会为那些有助于增进福利的优质商品支付更高的价格，所以，与消费有关的福利计算就应该使用市场价格。例如，汽车、住房、电视或者冰箱的租赁价值（即租赁耐用消费品为期一年需要支付的金额），通常可间接衡量其每年提供的服务。因此，非耐用消费品的市场价格应该可以近似等于它在核算期间提供的服务，即从最初购买到最终被消费掉（Daly，1991）。

不幸的是，由于多方面原因，商品的市场价格与租赁价值会经常变化，而这些商品所能带来的福利并不改变。商品价格还受这些因素的影响：(1)商品生产过程中所使用的各种资源的相对价格；(2)商品的实际数量或供应量；(3)税收、名义货币供应量以及持有货币机会成本等因素的变化。显然，若要使市场价格继续作为福利的测度指标，就有必要剔除所有影响价格的因素，只考虑与商品福利创造特性相关的因素。由于这几乎是不可能完成的任务，则有两种方法可供选择：第一种选择是任由价格变化，也就是说，依赖于当前或名义价格；第二种选择是使用总价格指数，缩减每年消费支出的名义值。如果选择使用第一种方法，则所有消费支出的名义值将包含很多不必要的价格影响，而且这些影响与福利无关。如果选择使用第二种方法，则能够得到消费支出的实际值。但是，这样做也需要剔除所有商品因其福利创造特性的变化对价格产生的影响，才可使价格近似测度真实福利。

我们认为，第二种方法也是我们研究中使用的方法，是较为理想的，原因如下：边际效应递减法则表明，福利上升幅度通常小于商品消费量增幅，这个法则是基于商品福利创造特性没有发生变化的假设之上。有理由假定，通过技术进步，大部分商品的福利创造特性在未来某些时期会继续增加，这将在很大程度上可以弥补边际效应递减的作用。具体能够弥补多少，难以说清，然而却足以确保与消费有关的福利对GPI产生的任何积极影响一定能够通过实际消费支出而非名义消费支出的增长体现出来。①

分配指数

下一个招致批评的项目是分配指数,在本书第 3.4.5 部分已经有所介绍。虽然我们使用的估算方法在某些地方也会被公然谴责,不过,我们仍然认为,这方面批评没有道理。我们在第 3.4.5 部分已经解释了具体原因,尚未回忆起来的读者再去重新看一看。

防御性和恢复性支出

在 GPI 计算中减去防御性和恢复性支出的做法广受争议(Male, 1991; Lebergott, 1993; United Nations 1993; Hamilton, 1994 and 1996; and Neumayer, 1999)。有人说,防御性支出这个概念本身的正确性值得怀疑,因为很难明确区分哪种消费支出属于防御性支出,哪种不是。正如纽梅尔(Neumayer)(1999, p.83)所说的,"如果健康类支出算作防御性支出用于防治疾病的话,为何食品和饮料类支出不能够算作防御性支出用于防治饥饿与饥渴呢? 度假和娱乐支出不也是防御性支出,用于防治无聊的吗? 难道它们都应该从个人消费支出中扣除?"此外,一份联合国对国民账户体系的评论认为,当防御性支出的概念被追溯到其逻辑结论的时候,任何消费支出都很难有助于增进人类福利。

上述批评有些道理,然而,在满足基本温饱需求之外的支出和人们为了保护自己免受经济活动负面影响而觉得越来越有必要增加的支出之间,还是有根本区别。我们说,后者属于防御性支出,而前者中的绝大部分则不属于。此外,如果所有消费支出都纯粹出于防御所需的话,那么花费会少得多。例如,餐馆中用于精美菜肴方面的支出就毫无意义了,既然一个人可以为了满足其防御性消费

---

① 有些尝试,希望通过享乐定价法捕捉商品的质量属性,特别是生产资料(Moulton, 2001)。我们目前正在从事一些实验性的工作去调整某些类别商品(比如计算机和通信类商品)的价格,以使其反映近年来它们自身质量上的快速改进。

需求只需支付很少金额的话，那么，为什么还会有人为了优质食品和服务去支付一大笔钱呢？

我们关于防御性和恢复性支出形式的假定的确过于武断了，正是由于这些假设需要对消费支出作出大的调整，特别是 CON(3) 的情况。不过，我们仍然认为，这些假设是合理的，原因很简单，正如纽梅尔自己所说的，大量消费支出的本质是防御性的和恢复性的。

不可再生资源损耗的成本

关于不可再生资源损耗成本估算方法的批评主要有两个方面：第一个方面是对不可再生资源损耗成本进行多种估算，本身就反映了 GPI 拥护者普遍缺乏统一的方法。对此，我们非常认同。实际上，一套标准的项目框架和估算方法不仅会强化 GPI 研究，还可以对不同国家、州做极有意义的福利状况比较。

第二个方面是纽梅尔（2000）对于普遍使用的成本替代法颇有微词。他认为，应该使用资源租金法。尽管已有很多 GPI 研究使用了资源租金法，但它也要求对不可再生资源损耗成本做适当扣减。在多数情况下，它也假定不可再生资源价格持续上涨（Daly and Cobb，1989）。纽梅尔反对扣减不可再生资源损耗成本，并宣称伊·赛拉斐（EI. Serafy, 1989）的使用者成本公式就是计算资源租金的正确方法，详见本书公式(6.1)。伊·赛拉斐使用者成本公式的重要性在于扣减的只是一部分，而非全部资源损耗成本，很多其他算法是扣减全部资源损耗成本。

关于伊·赛拉斐使用者成本公式，我们完全同意纽梅尔的观点。本书第 3 章和第 6 章已提到过，我们就是使用这种方法计算不可再生资源损耗成本的。我们不同于纽梅尔的地方在于，他反对使用成本替代法。纽梅尔不喜欢成本替代法是因为，他认为没有理由完全替代不可再生资源，特别是在当前储备仍可使用很多年的情况下。依据纽梅尔的观点，如果当前不需要完全替代不可再生资源，那么使用成本替代法计算损耗成本就是错误的。

在这点上，我们不同意纽梅尔，因为，在我们看来，GPI 希望把希克斯可持续性因素考虑进来，GPI 从一开始设计时就旨在既反映经济活动的可持续特征，也反映经济活动创造的经济福利。虽然从当前不可再生资源存量中开采出来的资源数量仍可维持数年，也不需要寻找或重新设立可再生资源作为替代，但并不意味着，它就能无限可持续。虽然一段时间内无须考虑替代资源，但出于会计核算需要，一旦损耗发生就要及时考虑设立可再生资源替代的实际成本。事实上，这也是伊·赛拉斐使用者成本方法背后的基础。

有人可能会说，我们在这里似乎有点自相矛盾，我们支持使用替代成本法，但同时也非常赞同伊·赛拉斐的使用者成本公式，而伊·赛拉斐的使用者成本公式又常被视为执行资源租金法的情形之一。

伊·赛拉斐使用者成本公式的妙处在于，它既可用于计算资源租金，又能用于计算替代成本。在使用资源租金法时，资源开采所得收益并不构成使用者成本的部分，恰好就是真正的资源租金（X）。在使用替代成本法时，资源开采所得收益构成使用者成本的部分，实际上就是替代性资源资产的真实成本（R－X）。既然在计算 GPI 时，需要扣减使用者成本，伊·赛拉斐使用者成本公式客观上就相当于估算资源损耗成本的替代成本法。因而，我们不能说使用者成本法完全排斥资源租金法。

假定资源价格持续上升

上文已指出，计算不可再生资源损耗成本时，通常假定考察期内资源价格持续上升。由于大部分商品实际价格是随着时间持续下降的，因此，这个假定也饱受批评（Neumayer，2000）。

纽梅尔观察到大部分商品实际价格没有上升是完全正确的。既然如此，我们又为何作出这样富有争议的假定呢？从许多不可再生资源的预期使用年限和正常损耗率来看，不可再生资源价格本来一开始就应该上升以反映其绝对稀缺特征。虽然市场价格信号擅长反映相对稀缺性（比如石油相对于煤炭的稀缺性），但远不能反映那些用于当前和未来生产的资源的绝对稀缺性（Howarth and Norgaard，

1990；Norgaard，1990；Bishop，1993；Daly，1996；and Lawn，2004b）。

如果这些价格不能反映不可再生资源日益紧迫的绝对稀缺性，GPI 计算中应该使用不可再生资源的实际市场价格吗？我们认为，不可以。若要精确测度可持续福利，应该更好地估算不断上升的不可再生资源价格，许多研究中使用了 3% 的年度增长率，我们在计算维多利亚州、澳大利亚和澳大利亚其他地区 GPI 时，假定了 2% 的年度增长率。总之，以我们的理解，假定不可再生资源价格持续上涨是合理的。

累积环境成本

最后一个关于估算方法问题的争议就是这些成本减项，即农地流失成本、灌溉用水成本和长期环境损害成本，是否应该计算每种成本的累积值？累积值是每年扣减量等于当年成本加上此前年份中的累积成本。纽梅尔（2000）认为，这种方法是有缺陷的，因为它出现了重复计算的问题，他认为应该只扣减当前成本。

纽梅尔关于这个问题的观点很有道理。除非有人可以充分论证累积成本的合理性，否则，就应该抛弃使用累积成本。但我们认为，累积成本可能是合理的，因为 GPI 试图测度国家或州的跨期可持续福利，在农地流失、灌溉用水和长期环境损害的情况下，在特定年份中这些因素对可持续福利的影响很大程度上取决于过去的行为。因而，任何给定年份的总成本必须足以反映因当年和过去经济活动累积的影响对国家或州居民的补偿金额。

7.1.4 GPI 不是"可持续"福利的真实测度

尽管 GPI 的根本目的是测度国家或州的可持续福利，但有人认为，GPI 并没有测度出硬币"可持续性"的这一面。若要理解具体原因，我们有必要重新回忆一下本书第 2 章和第 3 章中介绍过的希克斯可持续性概念。

在可持续福利的特定例子中，希克斯可持续性概念的关键之处在于必须保持福利创造类资本的完整性。本报告已经多次提到资本主要有两种形式：(a)人造资本，如生产资料(厂房、机器和设备)和耐用消费品；(b)自然资本，如森林、地下石油资产、渔业资源、水资源以及重要生态系统。

然而，对于"维持"国家或州居民可持续福利究竟需要保持哪种资本的完整性，有两个思想流派：第一类通常被称为"弱"可持续性流派，他们认为实现弱可持续性只需要人造资本和自然资本的总量维持不变就可以了。由于它假设两种形式的资本完全可以相互替代，所以两类资本中的一类是否下降并不太重要(Pearce and Turner, 1990; Daly, 1996)。

第二类被称为"强"可持续性流派，他们认为自然资本可以提供很多人造资本不能完全代替的关键可持续性服务，人造资本和自然资本是互补品，而不是替代品，要想实现可持续性，两类资本形式都必须保持完整，尤其是自然资本。

我们属于强可持续性思想流派，原因很简单，因为我们相信人造资本和自然资本就是相互补充的资本形式。不可否认，人造资本领域的技术进步至少在某些时候可以减少生产特定数量产品所需的自然资本及其提供的资源流。然而这并不等于替代，原因有三(Lawn, 1999)：首先，技术进步只是减少了自然资本向人造资本转化过程所产生的高熵废弃物。① 它并不认可人造资本代替自然资本。其次，由于热力学第一定律和第二定律，技术进步所能减少的垃圾产生量是有限的。这是因为，不可能存在 100% 的生产效率，物质不能够 100% 被回收，也绝不可能回收能源。最后，若想充分说明人造

---

① 要想理解什么叫低熵物质能量和高熵物质能量，了解热力学第一定律和第二定律非常重要。热力学第一定律是物质与能量的守恒定律，它宣称物质和能量永远不能被创造或破坏。第二定律是熵定律，它宣称任何时候只要能源用于物理转换过程，则可用的或"可得的"能源数量总会下降。虽然第一定律确保了既定的物质和能量水平，然而熵定律决定究竟哪种物质和能量是可用的。这很关键，因为，从物理学的角度来看，最为关注的并非物质能量总和，而是以方便、可用形式存在的物质能量水平。

资本与自然资本之间的长期替代性,就必须知道二者间的替代弹性值。近期有研究表明,从符合热力学第一和第二定律生产函数中计算得出的替代弹性值总小于1(Lawn,2004c)。所以,生产特定数量的人造资本需要少量资源,也就是需要少量能够提供资源的自然资本(Meadows et al.,1972;Pearce et al.,1989;Costanza et al.,1991;Folke et al.,1994;Daly,1996)。基于这些原因,我们认为,确保经济活动的生态可持续就必须要维护自然资本。

GPI只计算各类自然资本服务在提供福利创造类商品过程中损失的成本,这不但有助于通过扣减环境损害成本,更好地测度福利,而且还有助于研判国家或州的自然资本存量究竟何时会下降到可能导致其福利不可持续的水平。GPI并不提供这种信息,因此,需要一些信息量更大的补充数据才能更精确解释国家或州的"可持续"福利。

我们认为,既然需要维持自然资本完整性,就应该对资源存量和重要生态系统采取生态物理学评价方法,并在类似于自然资本的账户中呈现这些信息。自然资本跨期递减表明,国家或州的福利无论上升还是下降,越来越不可持续。

作为自然资本账户的补充,比较国家或州生态足迹与生态容量动态变化的信息也应予以提供(Wackenagel et al.,1999)。生态赤字超过生态容量也反映出经济活动不可持续的特征。

7.1.5 GPI未能反映当前活动对未来的潜在影响

GPI的最后一个缺点与其未能反映当前活动与政策的潜在影响有关。例如,虽然GPI传递了关于过去与当前活动在现阶段的表现及效果,但如果这些活动有潜在影响的话,这会削弱GPI的政策指导价值。

因此,权宜之计就是再计算一个补充GPI值,考虑当前活动对未来可能产生的收益和成本(即把未来收益和成本归于现阶段GPI的计算中),使用阿西姆(Asheim,1994 and 1996)、佩佐(Pezzey,1993)、佩佐和维尔塔基(Pezzey and Wiltage,1998)提出的预测方法能够做到。理想的情况是,如果一个国家或州实施的政策旨在促使经济转向更可持续、公平、有效的模式,补充GPI值要比标准GPI

值更能准确反映预期净收益。如果相应的经济福利测度值更低，说明当前政策是失败的。事实上，如果我们的证据的确关注经济高速增长对可持续福利的潜在危害，则实施增长导向的政策就会造成更低而不是更高的补充 GPI 值。此外，若不实施着眼于提质增效的措施还会导致补充 GPI 值和标准 GPI 值之间的差距逐渐被拉大。

7.2 需要信息量更大的指标和数据收集框架

由于缺少合适的数据来源，我们对维多利亚州和澳大利亚其他地区经济绩效的评估非常困难，不仅迫使我们只能将研究范围局限于 1986 年至 2003 年（我们本来是希望可以追溯到 20 世纪 60 年代的），还意味着很多项目不能使用我们所偏好的估算方法。例如，在统一的数据收集过程中，必须同时获得并且使用澳大利亚和维多利亚州的数据。虽然我们可以找到满足此类要求的数据，但质量不高，并不总像我们所偏好的数据那样具有广泛性。通常的情况是，更合适也更易于估算的数据形式并不一致，或者只有国家层面的数据。

数据方面的局限性对我们研究的影响非常明显——我们经常被迫做出一些夸张的估算假设，这意味着一些项目注定会偏离其实际值。说到这里，我们使用每种估算方法，在整个考察期内始终保持一致，尽力确保我们对社会和环境成本的估计值，只会出现过于保守的错误。因此，虽然 GPI 总值可能并不完全精确，但我们相对有把握的是，维多利亚州和澳大利亚其他地区人均 GPI(3) 的变化趋势能够反映考察期内维多利亚州和澳大利亚其他地区居民的福利变化。既然没有提供维多利亚州和澳大利亚其他地区的生态赤字估计值或者自然资本账户，我们也就不会那么自信地认为，各自 GPI 值所反映出的福利水平在遥远的未来仍是生态可持续的。然而，我们坚持主张，较之人均 GSP（维多利亚州）和人均 GDP（澳大利亚和澳大利亚其他地区），人均 GPI(3) 是更好的可持续福利测度指标。

若要进一步提高未来 GPI 估计值的可靠性，最好能建立一套更为精心设计、信息量更大的指标框架，在此框架下，每一个组成项目值都能被更准确地测度。这种指标框架将会倍加珍贵，因为它将：(1) 为研究者和决策者提供关于每一个项目更详细的统计信息；(2) 通过形成合适的补救措施，提升其解决相关问题的能力。①

整体来看，在澳大利亚，国家层面和州层面都有非常详细的经济数据。然而，必须要说，州层面的消费品存量价值数据仍不可得。为了保持一致性，我们只好放弃澳大利亚全国范围的数据，转而使用我们自己的方法去估算维多利亚州和澳大利亚的对应数值。

社会与环境成本的数据形式并不一致，特别是后者，对于这两个领域的政策制定而言，只能反映零星碎片化的内容。很难获得州这一层面数据。澳大利亚统计局为了进一步增强自身信誉，在社会与环境成本数据的收集方面已经做了很大改进，然而，它们多是一些研究成果的汇编，其数据收集过程和估算方法还经常随时间变化而有所不同，这显然对于跨期的数据使用毫无帮助，恰好也是为何在我们的研究中，经常选择对某个收益或成本项目进行点估计，并且设定一个指数以加权计算该项目在整个考察期的值。

从环境数据的角度来看，亟待设立各种资源类型和其他自然资本的存量、流量账户，既包括国家层面也包括州层面。定期的生态系统监管和年度的生态健康调查及其修订也非常关键，我们发现，根本找不到既全面又便于使用的此类数据。

同样急需的还有：开展定期估算和研究，估计经济增长造成的各类社会与环境收益、成本项目。当然，若想有价值的话，这些研究最好能使用年度更新数据，以确保跨期估值的一致性。我们也认为，相关政府部门不定期且过于谨慎估计的诸如本地植被清除、原始森林流失、旱地盐碱化之类的成本令人相当困惑。总之，若想更精确估计 GPI 与其他关于可持续性和人类福利的替代指标，还有很多需要而且应该做的工作。

---

① 说到这里，由于许多项目之间相互影响，因此，从政策的角度来看，这些项目不能孤立地处理。考虑到经济高速增长是环境成本不断攀升的主要原因，因此，旨在削减环境损害的政策就需要聚焦于那些"与规模有关"的问题，而不是在如何改善环境管理的问题上。

第8章 概要与结论

若要了解政策制定者对我们自身可持续福利的影响,则测度真实进步就非常重要。修订完善后的真实进步指标有助于让决策者评估以往政策的效力,并找出它们失败或成功的原因。

不幸的是,决策者继续使用国内生产总值(GDP)和州生产总值(GSP)作为真实进步的罗盘去驾驭国家和州的经济发展。GDP和GSP无法囊括国家或州经济增长对可持续福利所产生的全部影响。GDP和GSP不仅忽略了非市场类生产,还忽略了许多社会成本,也没有考虑收入分配变化对总福利水平的影响。

GDP和GSP在计算过程中假定当前所有消费支出都有助于提高当前福利,这是有问题的。事实上,当前用于耐用消费品的支出会在未来数年中持续提供福利收益。类似问题同样适应于公共服务资本和净资本投资。

我们认为,决策者在设计政策、提高福利时,急需更合适的罗盘,真实进步指标(GPI)会是有益的尝试。GPI包括经济、社会、环境三大领域中的成本和收益项目,它将经济增长所产生的广泛影响合成单一、货币化的指标。虽然GPI也沿用了GDP和GSP计算过程中用到过的一些国民核算数据与方法,但它还计算了很多非市场类的成本和收益。

我们不否认,GPI仍有瑕疵。然而,GPI有正确的理论基础,也是目前为止最理想的可持续福利测度指标。一旦有了信息量更大的指标框架、更好的数据来源、更优的估值方法,我们确信,GPI现存的缺点都将会被克服。

我们的 GPI 研究结果表明，在考察期内(1986—2003 年)，维多利亚州的人均 GPI(3)持续波动，但总体上适度增长，从 1986 年的 18 839 美元增加到 2003 年的 22 951 美元，相当于考察期内，维多利亚州居民可持续福利增长了 21.8% 或者说年均增长 1.46%。

很显然，维多利亚州的人均 GSP 夸大了其人均可持续福利。例如，研究表明，在考察期内，维多利亚州人均 GSP 和人均 GPI(3)之间的差距约为 9 500 美元。具体而言，维多利亚州人均 GSP 和人均 GPI(3)之间的差距从 1986 年的 7 095 美元增加到 2003 年的 16 116 美元。

有趣的是，虽然 1989 年至 1992 年维多利亚州经济增速显著下降，但在这一时期维多利亚州的人均 GPI(3)却并没有减少(1989 年为 19 957 美元，1992 年为 20 535 美元)。此外，维多利亚州人均 GPI(3)增长幅度最快的年份之一是 1994 年，但当年维多利亚州的经济则延续了之前 3 年的低速增长态势。相反，1995 年至 2000 年，维多利亚州经济的高速增长并未显著提升维多利亚州的人均 GPI(3)(1995 年为 25 335 美元，2000 年为 26 499 美元)。实际上，2000 年维多利亚州的人均 GPI(3)下降了。

过去十年，维多利亚州经济的高速增长未能有效转化为维多利亚人民的可持续福利。这说明，高速增长带来的额外收益在很大程度上被持续增长的社会与环境成本抵消了。因而，我们相信，如果早先维多利亚经济的物理规模更小但质量更优(生产更好而非更多的产品)，2003 年维多利亚州的人均 GPI(3)本来会更高。

在考察期内，对维多利亚州人均 GPI(3)略有影响的因素有：
- 1996 年以后，耐用消费品提供的服务(SCD)上升；
- 1992 年至 1997 年，公共服务资本提供的福利(WPPSC)下降；
- 1996 年以后，犯罪和家庭破裂的总成本增加。

考察期内，对维多利亚州人均 GPI(3)影响较大的因素有：
- 加权后的 CON(3)绝对量自 1997 年之后持续增长；
- 1992 年至 1997 年，分配指数(DI)骤增；
- 无偿工作(无偿家务劳动和志愿者工作)的价值；

•尽管官方失业率显著下降，但1990年至1994年，失业(广义失业)成本快速增加，1996年至2003年失业成本相对过高；

•考察期内，维多利亚州在澳大利亚外债变化中的份额大幅波动；

•环境损害(自然资本服务流失或LNCS)的成本持续增长——特别是因维多利亚过量能源消费导致的长期环境损害成本上升。

关于维多利亚州和澳大利亚其他地区(澳大利亚除维多利亚州以外的所有地区)的绩效比较，我们的研究表明，维多利亚州人均可持续福利一直高于澳大利亚其他地区。例如，维多利亚州和澳大利亚其他地区人均GPI(3)的差距在1986年仅为2 105美元，但到了2003年，差距已增长1倍以上，达4 331美元。考察期内，维多利亚州人均GPI(3)的增长率为21.8%，而澳大利亚其他地区人均GPI(3)的增长率为11.3%。维多利亚州与澳大利亚其他地区人均GPI(3)的差距，主要是在2000年至2003年进一步扩大的。

我们发现，与维多利亚州现存的问题相似，澳大利亚其他地区经济持续高速增长，也是有损于可持续福利的。事实上，维多利亚州和澳大利亚其他地区人均GPI(3)与经济增速之间关系的相似性再次印证了我们的推测，即如果政策重点关注收入分配差距、资源效率和自然资本维护，澳大利亚居民的可持续福利水平还会更高。

对维多利亚州和澳大利亚其他地区人均GPI(3)差距略有影响的因素有：

•由于维多利亚州能够创造大量全职工作岗位，因此在考察期的最后几年中，维多利亚州的人均失业(广义失业)成本更低；

•在整个考察期内，维多利亚州本地植被清除率越小，其生态健康指数(EHI)越高。

造成维多利亚州人均GPI(3)更高的主要影响因素包括：

•维多利亚州不可再生资源损耗的人均成本更低，尤其是1993年以后；

•维多利亚州农地流失的人均成本更低；

•总体来看，在考察期内维多利亚州和澳大利亚其他地区与消费相关的福利水平大致相当，维多利亚州社会和环境成本更低。维多利亚州更好的环境绩效，表现为其自然资本服务损失的人均成本更低。

然而，在以下几个方面维多利亚州的表现差于澳大利亚其他地区：

• 灌溉用水状况；

• 人均能源消费；

• 空气污染。

从政策角度来看，我们承认，维多利亚州政府在提高 GPI 方面的能力有限，因为影响维多利亚州经济的主要因素取决于联邦政府政策。但我们相信，维多利亚州政府在提升居民可持续福利、保持维多利亚州相对优越的绩效等方面仍然大有可为。

关于维多利亚州政府近期发布的经济声明《维多利亚：一路领先》，我们感觉其主要目的还是提升本州的 GSP。既然我们对 GSP 增长和可持续福利之间的关系持保留意见，故我们认为，维多利亚州政府应该重点整合与统筹考虑经济、社会、环境政策，而不是孤立对待每类政策，还需同等对待所有成本和收益项目，无论其来源于何处，或者未被维多利亚州 GSP 反映出来，但它们对维多利亚州的可持续福利会产生相同影响。

我们认为，有助于提升维多利亚州 GPI 的政策主要有：

• 引入税收激励或补贴，以鼓励绿色技术研发；

• 更好定位基础设施投资，助推未来关键产业的兴起与发展——这些产业将会显著提高生产率，增加维多利亚州能源效率，提升精益生产标准；

• 围绕有竞争力的产业基地实施进口替代政策，大力发展高新技术、高附加值和资源节约型产业；

• 保持世界一流的大学水准，尽量避免降低标准之类的恶性竞争；

• 推进制度改革，在不减少政策保护的福利水平情况下，尽可能降低维多利亚州企业的守约成本；

•推进劳资关系改革,包括建立真正有弹性的劳动力市场,丰富工人们工作—休闲—家庭的选择,同时保障全职工作岗位。劳资关系改革还必须要求更高程度的工厂信任,通过雇主—雇员双方承诺进行在岗培训,来建立良好的内部职业发展规划;

•推进生态税改革,要求税收系统这样运行:(1)奖励"福利创造"类的企业行为(如生产过程提高了产品附加值);(2)鼓励资源节约型技术的开发和应用;(3)减少私人部门用于非生产性、寻租行为的投资比例;(4)惩罚破坏环境的行为(比如高能耗、高污染类的活动)。若想确保维多利亚州生态足迹始终与其自然环境的生态容量相适应,生态税改革最终需要引入可交易的许可证体系作为配套措施;

•最后,工作保障项目有助于重新实现充分就业目标,不仅可以减少经济社会中的不平等现象,还可利于减少或消除失业、就业不足和劳动力未被充分利用所带来的破坏性社会成本。

第 9 章 GPI 的计算与数据来源

9.1 简 介

本章主要是想呈现 GPI 各构成项目最终数值的估算方法和数据来源，本章末尾，会有很多表格，分别展示每个项目的最终值是如何计算得出的。这里将会讨论的项目，与表 4.1（维多利亚州）、表 5.1（澳大利亚其他地区）和表 9.1（澳大利亚）相对应。需要强调的是，表 4.1、表 5.1 和表 9.1 中显示的每个项目最终值是在本章后面表格中以"粗体"形式给出的数字。

9.2 GPI 项目的计算

有些项目不需要推导计算年度值——可从澳大利亚统计局（ABS）提供的国家和州核算数据中直接获得，这些大部分都是经济类项目。相反，社会和环境类的收益、成本项目，一般则需要计算，并给予货币估值。在很多情况下，我们使用社会或环境成本的前期点估计，并建立一个指数，去加权估算考察期内该成本的变化情况。当然，这并不是最理想的计算方法。然而，由于数据所限，此前第 7 章已讨论过，这通常也是我们目前所能使用的唯一办法。

9.2.1 项目 a、b、c：消费支出（私人和公共）—CON(1)、CON(2)、CON(3)

有关消费支出的数据直接来源于 ABS 国家和州账户。CON(1)、

CON(2)、CON(3)是通过对表3.2中每个消费支出项目进行调整获得。这些数据的完整形式以及每个消费项目的调整,详见表9.2(澳大利亚)、表9.3(维多利亚州)和表9.4(澳大利亚其他地区)。澳大利亚其他地区的数据是用澳大利亚消费支出减去维多利亚州的消费支出计算得出。

数据来源于:

ABS Catalogue No. 5204.0

ABS Catalogue No. 5220.0

Foster, R. (1996), Australian Economic Statistics: 1949—1950 to 1994—1995, Reserve Bank of Australia Ocacasional Paper No. 8.

9.2.2 项目d:耐用消费品支出(ECD)

与此前项目类似,耐用消费品支出(ECD)也是源于ABS国家和州账户。用于不同类耐用消费品(比如服装和鞋类、家居装饰、买车)的支出金额,详见表9.2(澳大利亚)、表9.3(维多利亚州)和表9.4(澳大利亚其他地区)。每年最终ECD值为各表中斜体数值的加总。同样,澳大利亚其他地区的数据是用澳大利亚减去维多利亚州的对应数据计算得出。

数据来源同项目a、b、c。

9.2.3 项目e:耐用消费品存量

确定耐用消费品每年提供的服务,首先需要估计当前存量。我们假定,耐用消费品平均可用10年。为计算当前存量的价值,我们进一步假定,其价值就等于此前10年用于耐用消费品(即假定购买11年或更长时间的耐用消费品已经被完全"消费"掉了)上的支出总和。表9.5给出了历年耐用消费品存量值。

数据来源:同项目d。

9.2.4 项目f:耐用消费品服务(SCD)

耐用消费品每年提供的服务(SCD)价值,是用初始年份存量值乘0.1(10%),详见表9.5。

数据来源:同项目d。

表9.1 1986—2003年澳大利亚真实进步指标(GPI)和实际生产总值

年份	CON(1)(百万美元)	CON(2)(百万美元)	CON(3)(百万美元)	ECD(百万美元)	耐用消费品(百万美元)	SCD(百万美元)	调整后的CON(1)(百万美元)	调整后的CON(2)(百万美元)	调整后的CON(3)(百万美元)	分配指数	加权后的CON(1)(百万美元)	加权后的CON(2)(百万美元)	加权后的CON(3)(百万美元)
	a	b	c	d	e	f	g	h	i	j	k	l	m
						(e×0.1)	(a−d+f)	(b−d+f)	(c−d+f)	1986 =100.0	(g/j)×100	(h/j)×100	(i/j)×100
1985					321 874.8								
1986	347 090.0	284 441.8	216 911.6	−37 124.0	328 677.5	32 187.5	342 153.5	279 505.3	211 975.1	100.0	342 153.5	279 505.3	211 975.1
1987	352 549.0	288 815.3	219 224.6	−34 753.0	333 147.7	32 867.8	350 663.8	286 930.1	217 339.4	98.9	354 564.0	290 121.4	219 756.7
1988	364 010.0	298 176.3	226 434.5	−35 493.0	339 078.4	33 314.8	361 831.8	295 998.1	224 256.3	102.3	353 696.8	289 343.2	219 214.3
1989	378 490.0	310 179.1	236 498.3	−37 570.0	346 213.3	33 907.8	374 827.8	306 516.9	232 836.1	105.9	353 945.1	289 440.0	219 864.2
1990	395 052.0	323 966.1	247 125.1	−39 244.0	354 631.6	34 621.3	390 429.3	319 343.4	242 502.4	106.0	368 329.6	301 267.4	228 775.9
1991	400 592.0	327 902.3	249 570.3	−37 708.0	359 489.5	35 463.2	398 347.2	325 657.5	247 325.5	101.8	391 303.7	319 899.3	242 952.3
1992	408 219.0	334 322.3	254 829.3	−38 094.0	363 647.3	35 949.0	406 074.0	332 177.3	252 684.3	101.0	402 053.4	328 888.4	250 182.4
1993	415 385.0	340 306.8	259 893.8	−38 920.0	369 180.6	36 364.7	412 829.7	337 751.5	257 338.5	103.0	400 805.6	327 914.1	249 843.2
1994	424 401.0	348 206.0	266 899.6	−39 713.0	374 777.0	36 918.1	421 606.1	345 411.1	264 104.7	105.0	401 529.6	328 962.9	251 528.2
1995	442 345.0	363 922.5	279 371.0	−41 784.0	380 403.0	37 477.7	438 038.7	359 616.2	275 064.7	107.6	407 099.2	334 215.8	255 636.3
1996	460 225.0	379 175.3	291 306.0	−42 890.0	386 189.0	38 040.3	455 375.3	374 325.6	286 456.3	111.6	408 042.4	335 417.2	256 681.3

第9章 GPI的计算与数据来源 131

续表

年份	CON(1) (百万美元) a	CON(2) (百万美元) b	CON(3) (百万美元) c	ECD (百万美元) d	耐用 消费品 (百万美元) e	SCD (百万美元) f (e×0.1)	调整 后的 CON(1) (百万美元) g (a−d+f)	调整 后的 CON(2) (百万美元) h (b−d+f)	调整 后的 CON(3) (百万美元) i (c−d+f)	分配 指数 j 1986 =100.0	加权 后的 CON(1) (百万美元) k (g/j)×100	加权 后的 CON(2) (百万美元) l (h/j)×100	加权 后的 CON(3) (百万美元) m (i/j)×100
1997	472 111.0	389 060.3	299 263.8	−44 120.0	395 536.0	38 618.9	466 609.9	383 559.2	293 762.7	109.9	424 576.8	349 007.5	267 300.0
1998	493 282.0	407 433.8	313 995.8	−47 399.0	407 442.0	39 553.6	485 436.6	399 588.4	306 150.4	109.4	443 726.3	365 254.5	279 845.6
1999	515 843.0	426 712.6	328 804.1	−49 846.0	419 718.0	40 744.2	506 741.2	417 610.8	319 702.3	108.4	467 473.4	385 249.8	294 928.3
2000	535 894.0	443 963.3	341 834.8	−51 816.0	432 290.0	41 971.8	526 049.8	434 119.1	331 990.6	108.1	486 632.6	401 590.3	307 114.3
2001	549 805.0	454 876.5	350 098.5	−52 345.0	446 927.0	43 229.0	540 689.0	445 760.5	340 982.5	109.3	494 683.4	407 832.1	311 969.4
2002	566 553.0	468 399.8	361 073.5	−54 543.0	463 376.0	44 692.7	556 702.7	458 549.5	351 223.0	110.1	505 633.7	416 484.6	319 003.6
2003	589 067.0	486 963.8	376 237.5	−58 483.0	482 939.0	46 337.6	576 921.6	474 818.4	364 091.9	110.1	523 997.8	431 261.0	330 692.0

年份	WPPSC (百万美元) n	家务劳 动价值 (百万美元) o	志愿者 劳动价值 (百万美元) p	失业或 就业不 足成本 (百万美元) q	犯罪 成本 (百万美元) r	家庭破 裂成本 (百万美元) s	外债变 化总量 (百万美元) t	不可再 生资源 损耗成本 (百万美元) u	农地流 失成本 (百万美元) v	灌溉用 水成本 (百万美元) w	木材损 耗成本 (百万美元) x	空气污 染成本 (百万美元) y	城市 废水污 染成本 (百万美元) z
1985													
1986	15 697.4	225 124.2	16 950.3	−20 263.0	−10 782.7	−3 226.7	−43 624.0	−15 339.5	−34 622.1	−13 702.3	141.6	−5 941.9	−4 186.5

续表

年份	WPPSC(百万美元) n	家务劳动价值(百万美元) o	志愿者劳动价值(百万美元) p	失业或就业不足成本(百万美元) q	犯罪成本(百万美元) r	家庭破裂成本(百万美元) s	外质变化总量(百万美元) t	不可再生资源损耗成本(百万美元) u	农地流失成本(百万美元) v	灌溉用水成本(百万美元) w	木材损耗成本(百万美元) x	空气污染成本(百万美元) y	城市废水污染成本(百万美元) z
1987	16 460.9	228 378.8	17 905.3	−21 685.3	−11 904.8	−3 312.9	−15 398.1	−14 486.7	−34 935.5	−14 004.2	139.3	−6 022.4	−4 186.2
1988	13 497.5	231 547.0	18 859.9	−19 828.6	−11 788.6	−3 399.0	−12 685.2	−17 029.6	−35 254.6	−14 507.5	139.3	−6 282.8	−4 217.4
1989	12 642.3	234 630.1	19 814.6	−16 786.6	−11 978.5	−3 485.1	−23 858.6	−17 882.3	−35 579.5	−14 786.9	143.8.0	−6 470.8	−4 248.7
1990	15 543.6	237 629.4	20 769.2	−18 365.2	−12 593.2	−3 571.2	−21 762.1	−19 808.4	−35 910.0	−15 156.0	237.5	−6 645.8	−4 268.3
1991	17 311.8	240 546.3	21 723.8	−28 249.4	−13 103.8	−3 657.3	−15 445.1	−21 066.7	−36 246.3	−16 659.2	15.7	−6 573.6	−4 286.1
1992	18 942.2	246 934.1	22 678.4	−33 733.6	−13 510.2	−3 743.4	−23 702.4	−22 097.1	−36 588.3	−16 184.7	123.3	−6 526.0	−4 298.0
1993	17 392.8	253 171.8	23 561.6	−33 852.5	−13 812.5	−3 959.1	−18 197.2	−22 229.2	−36 934.9	−16 374.8	128.0	−6 698.0	−4 300.8
1994	16 005.8	259 261.8	24 479.0	−31 823.9	−13 653.3	−3 954.9	−3 804.7	−22 622.8	−37 283.7	−16 710.3	−64.7	−6 889.7	−4 306.1
1995	16 874.2	265 206.3	25 432.4	−28 242.9	−13 803.0	−4 069.5	−23 155.7	−24 179.9	−37 637.1	−17 228.1	−65.1	−7 110.1	−4 331.8
1996	16 178.0	271 007.3	26 422.6	−28 630.2	−14 165.4	−4 294.9	−3 577.1	−26 041.3	−37 996.3	−17 707.2	−28.0	−7 338.9	−4 342.3
1997	14 925.6	272 227.5	27 451.5	−30 131.1	−15 321.1	−4 198.5	−16 878.1	−26 468.6	−38 361.2	−18 243.8	−28.0	−7 538.8	−4 348.7
1998	12 718.4	273 396.4	28 406.1	−29 515.8	−16 236.4	−4 205.3	−21 595.6	−27 342.4	−38 729.5	−18 738.4	463.8	−7 797.0	−4 353.3
1999	15 401.1	274 515.3	29 360.7	−27 692.8	−16 829.5	−4 303.2	−3 274.0	−27 227.6	−39 096.7	−19 172.5	463.8	−8 129.7	−4 363.5
2000	14 671.3	275 585.5	30 315.4	−26 308.4	−18 034.5	−4 085.4	−46 330.1	−28 765.5	−39 469.6	−19 400.7	463.8	−8 351.5	−4 376.3
2001	16 602.9	276 607.5	31 270.0	−27 891.7	−18 741.9	−4 529.5	−31 467.5	−30 907.6	−39 857.3	−19 906.5	463.8	−8 437.8	−4 366.0
2002	17 275.3	277 582.2	32 224.6	−27 289.3	−17 687.4	−4 420.8	−21 162.3	−30 815.5	−40 259.9	−20 361.3	161.9	−8 678.0	−4 408.1
2003	16 080.0	278 510.5	33 179.2	−27 923.9	−18 717.7	−4 506.1	−33 991.0	−30 926.7	−40 677.4	−20 782.4	463.8	−8 830.7	−4 421.6

续表

年份	长期环境损害成本(百万美元)	LNCS(百万美元)	EHI	加权后的LNCS(百万美元)	GPI(1)(百万美元)	GPI(2)(百万美元)	GPI(3)(百万美元)	实际GSP(百万美元)	澳大利亚人口(千人)	人均GPI(1)(美元)	人均GPI(2)(美元)	人均GPI(3)(美元)	人均实际GSP(美元)
	aa	bb	cc	dd	ee	ff	gg	hh	ii	jj	kk	ll	mm
		u 至 aa	1986=100.0	(bb/cc)×100						(ee/ii)	(ff/ii)	(gg/ii)	(hh/ii)
1986	−41 390.1	−115 040.7	100.0	−115 040.7	406 988.5	344 340.3	276 810.1	427 989.7	16 018.4	25 407.6	21 496.5	17 280.8	26 718.6
1987	−42 825.6	−116 321.3	99.8	−116 554.4	448 483.6	384 039.1	313 671.7	438 130.5	16 263.9	27 575.4	23 613.0	19 286.4	26 938.8
1988	−44 305.2	−121 457.8	99.5	−122 068.1	447 872.8	383 524.8	313 401.5	461 644.7	16 532.2	27 090.9	23 198.7	18 957.0	27 924.0
1989	−45 870.5	−124 694.9	99.3	−125 573.9	439 556.4	375 030.4	305 431.0	480 208.1	16 814.5	26 141.5	22 304.0	18 164.7	28 559.2
1990	−47 482.1	−129 033.0	99.1	−130 204.8	454 226.3	387 448.9	315 275.1	498 126.1	17 065.1	26 617.3	22 704.2	18 474.8	29 189.8
1991	−49 094.0	−133 910.1	98.9	−135 399.5	476 231.9	404 824.9	327 871.1	497 644.8	17 284.1	27 553.2	23 421.8	18 969.5	28 792.1
1992	−50 729.2	−136 300.0	98.8	−137 955.5	478 158.6	404 990.5	326 266.0	498 980.8	17 494.7	27 331.6	23 149.3	18 649.4	28 521.8
1993	−52 396.7	−138 806.4	98.7	−140 634.7	484 668.9	411 765.1	333 679.8	517 252.8	17 667.1	27 433.4	23 306.9	18 887.1	29 277.7
1994	−54 105.0	−141 982.3	98.5	−144 144.5	515 140.1	442 607.3	365 208.7	537 379.8	17 854.8	28 851.6	24 789.3	20 454.4	30 097.2
1995	−55 888.5	−146 440.6	98.4	−148 821.8	496 685.9	423 812.7	345 243.7	560 111.8	18 071.8	27 484.0	23 451.6	19 104.0	30 993.7
1996	−57 729.1	−151 183.1	98.2	−153 954.3	517 525.6	444 866.2	366 089.5	583 922.2	18 310.8	28 263.4	24 295.3	19 993.1	31 889.5
1997	−59 612.7	−154 601.9	98.0	−157 757.0	515 363.8	439 780.2	358 056.1	605 823.3	18 517.6	27 831.0	23 749.3	19 336.0	32 716.1

续表

年份	长期环境损害成本(百万美元)	LNCS(百万美元)	EHI	加权后的LNCS(百万美元)	GPI(1)(百万美元)	GPI(2)(百万美元)	GPI(3)(百万美元)	实际GSP(百万美元)	澳大利亚人口(千人)	人均GPI(1)(美元)	人均GPI(2)(美元)	人均GPI(3)(美元)	人均实际GSP(美元)
	aa	bb	cc	dd	ee	ff	gg	hh	ii	jj	kk	ll	mm
			1986=100.0	(bb/cc)×100						(ee/ii)	(ff/ii)	(gg/ii)	(hh/ii)
1998	−61 564.5	−158 061.4	97.9	−161 451.9	525 752.4	447 245.6	361 796.3	632 841.9	18 711.3	28 098.1	23 902.4	19 335.7	33 821.4
1999	−63 595.0	−161 121.1	97.7	−164 914.1	570 047.9	487 841.4	397 533.8	666 438.3	18 925.9	30 120.0	25 776.4	21 004.8	35 213.0
2000	−65 677.9	−165 577.5	97.5	−169 823.1	543 084.3	458 052.9	363 587.4	691 466.5	19 153.3	28 354.6	23 915.1	18 983.0	36 101.7
2001	−67 779.2	−170 790.6	97.4	−175 349.7	561 728.6	474 863.8	378 983.8	705 600.7	19 413.2	28 935.4	24 460.9	19 522.0	36 346.4
2002	−69 936.7	−174 297.7	97.2	−179 318.6	583 438.2	494 282.5	396 791.1	732 943.6	19 641.0	29 705.1	25 165.9	20 202.2	37 317.0
2003	−72 128.4	−177 303.4	97.1	−182 598.8	584 637.8	491 881.9	391 292.3	753 298.4	19 872.6	29 419.3	24 751.8	19 690.0	37 906.4

	人均GPI(1)指数值	人均GPI(2)指数值	人均GPI(3)指数值	人均实际GSP指数值	INV(百万美元)	INV*(百万美元)	DEP(百万美元)	DEP*(百万美元)	NCI(百万美元)	NCI/DEP*	经济增长率
	nn	oo	pp	qq	rr	ss	tt	uu	vv	ww	xx
	1986=100.0	1986=100.0	1986=100.0	1986=100.0		(rr+d)		(u+n)	(ss−uu)	(vv/uu)	
1986	100.0	100.0	100.0	100.0	88 436.0	125 560.0	57 464.0	89 651.5	35 908.5	0.4	高速
1987	108.5	109.8	111.6	100.8	88 148.0	122 901.0	59 953.0	92 820.7	30 080.3	0.3	高速
1988	106.6	107.9	109.7	104.5	95 257.0	130 750.0	63 633.0	96 947.8	33 802.2	0.4	高速

续表

年份	人均GPI(1)指数值 nn	人均GPI(2)指数值 oo	人均GPI(3)指数值 pp	人均实际GSP指数值 qq	INV(百万美元) rr	INV*(百万美元) ss (rr+d)	DEP(百万美元) tt	DEP*(百万美元) uu (u+n)	NCI(百万美元) vv (ss-uu)	NCI/DEP* ww (vv/uu)	经济增长率 xx
	1986=100.0	1986=100.0	1986=100.0	1986=100.0							
1989	102.9	103.7	105.1	106.9	105 278.0	142 848.0	67 412.0	101 319.8	41 528.2	0.4	高速
1990	104.7	105.6	106.9	109.2	106 005.0	145 249.0	68 444.0	103 065.3	42 183.7	0.4	高速
1991	108.4	108.9	109.7	107.8	95 447.0	133 155.0	71 678.0	107 141.2	26 013.8	0.2	低速/高速
1992	107.5	107.6	107.9	106.7	90 690.0	128 784.0	74 530.0	110 479.0	18 305.0	0.2	低速
1993	107.9	108.4	109.2	109.6	96 679.0	135 599.0	76 811.0	113 175.7	22 423.3	0.2	低速
1994	113.5	115.3	118.3	112.6	103 042.0	142 755.0	79 880.0	116 798.1	25 956.9	0.2	高速
1995	108.1	109.0	110.5	116.0	114 406.0	156 190.0	82 520.0	119 997.7	36 192.3	0.3	高速
1996	111.2	112.9	115.6	119.4	116 673.0	159 563.0	85 124.0	123 164.3	36 398.7	0.3	高速
1997	109.5	110.4	111.8	122.4	125 824.0	169 944.0	88 950.0	127 566.9	42 377.1	0.3	高速
1998	110.5	111.1	111.8	126.6	137 876.0	185 275.0	93 773.0	133 326.6	51 948.4	0.4	高速
1999	118.4	119.8	121.4	131.8	146 202.0	196 048.0	97 990.0	138 734.2	57 313.8	0.4	高速
2000	111.5	111.1	109.7	135.1	158 349.0	210 165.0	103 794.0	145 765.8	64 399.2	0.4	高速
2001	113.8	113.7	112.8	136.0	147 247.0	199 592.0	103 535.1	150 942.0	48 650.0	0.3	高速
2002	116.8	116.9	116.7	139.7	162 553.0	217 096.0	114 217.0	158 909.7	58 186.3	0.4	高速
2003	115.7	115.0	113.8	141.9	184 802.0	243 285.0	119 407.0	165 744.6	77 540.4	0.47.0	高速

注：未做特殊说明，所有数值均用2002—2003年不变价计算。

表 9.2　1986—2003 年项目 a、b、c、d、rr 和 tt: 消费支出、耐用消费品支出(ECD)、生产资料投资(INV)和生产资料折旧(DEP)—澳大利亚

(单位: 百万美元)

	项目	1986(1)	1986(2)	1986(3)	1987(1)	1987(2)	1987(3)
消费支出(CON)构成	食品[在(3)中 50%视为防御性支出]	36 134	36 134	18 067	36 194	36 194	18 097
	烟草[在(2)和(3)中无助于增进福利]	13 749	0	0	13 463	0	0
	酒水饮料[在(2)和(3)中仅 50%能增进福利]	7 077	3 539	3 539	6 867	3 434	3 434
	服装[耐用消费品]	12 805	12 805	12 805	12 693	12 693	12 693
	房租和其他居住类服务[在(2)和(3)中 50%视为防御性支出]	46 957	23 479	23 479	48 451	24 271	24 271
	电、燃气和其他燃料[在(3)中 50%视为防御性支出]	5 709	5 709	2 855	5 967	5 967	2 984
	装饰和家用设备[耐用消费品]	15 424	15 424	15 424	15 196	15 916	15 916
	健康[在(2)和(3)中 50%视为防御性或恢复性支出]	12 947	6 474	6 474	13 675	6 838	6 838
	车辆购买[耐用消费品]	8 895	8 895	8 895	6 864	6 864	6 864
	车辆运营[在(3)中 50%视为防御性或恢复性支出]	17 713	17 713	8 857	18 339	18 339	9 170
	交通服务[在(3)中 50%视为防御性支出]	4 917	4 917	2 459	5 033	5 033	2 517
	通信[在(3)中 50%视为防御性支出]	2 747	2 747	1 374	2 879	2 879	1 440
	文化娱乐	22 675	22 675	22 675	22 921	22 921	22 921
	教育服务	6 498	6 498	6 498	6 899	6 899	6 899
	宾馆、咖啡馆和餐馆[在(3)中 25%视为防御性支出]	22 768	22 768	17 076	22 286	22 286	16 715
	保险和其他金融服务[在(3)中 25%视为防御性支出]	13 429	13 429	6 715	15 386	15 386	7 693

续表

项目		1986(1)	1986(2)	1986(3)	1987(1)	1987(2)	1987(3)
消费支出(CON)构成	其他产品和服务	16 696	16 696	16 696	17 256	17 256	17 256
	家庭最终消费支出总额	261 035	219 901	173 884	264 068	222 455	174 984
	政府最终消费支出总额[在(2)(3)中25%为防御性支出;在(3)中25%为恢复性支出]	86 055	64 541	43 028	88 481	66 361	44 241
	消费支出(私人+公共)	347 090	284 442	216 912	352 549	288 815	219 225
投资(INV)	私人部门固定资本形成总额		64 825			64 526	
	公共部门固定资本形成总额		23 611			23 622	
	固定资本形成总额(INV)		88 436			88 148	
	固定资本消费(DEP)		57 464			59 953	
耐用消费品	耐用消费品支出(ECD)		37 124			34 753	

第9章　GPI的计算与数据来源　139

续表

项目		1991(1)	1991(2)	1991(3)	1992(1)	1992(2)	1992(3)	1993(1)	1993(2)	1993(3)
消费支出(CON)构成	食品	37 804	37 804	18 902	38 628	38 628	19 314	38 951	38 951	19 476
	烟草	12 977	0	0	12 103	0	0	11 277	0	0
	酒水饮料	7 231	3 616	3 616	7 141	3 571	3 571	7 041	3 521	3 521
	服装	12 500	12 500	12 500	12 867	12 867	12 867	12 668	12 668	12 668
	房租和其他居住类服务	55 758	27 879	27 879	57 453	28 727	28 727	59 077	29 539	29 539
	电、燃气和其他燃料	6 633	6 633	3 317	6 717	6 717	3 359	6 963	6 963	3 482
	装饰和家用设备	16 186	16 186	16 186	16 685	16 685	16 685	17 243	17 243	17 243
	健康	16 075	8 038	8 038	16 814	8 407	8 407	17 369	8 685	8 685
	车辆购买	9 022	9 022	9 022	8 542	8 542	8 542	9 009	9 009	9 009
	车辆运营	19 559	19 559	9 780	20 141	20 141	10 071	20 709	20 709	10 355
	交通服务	6 498	6 498	3 249	7 231	7 231	3 616	7 401	7 401	3 701
	通信	3 716	3 716	1 858	4 070	4 070	2 035	4 638	4 638	2 319
	文化娱乐	28 243	28 243	28 243	29 152	29 152	29 152	30 110	30 110	30 110
	教育服务	8 025	8 025	8 025	8 065	8 065	8 065	8 090	8 090	8 090
	宾馆、咖啡馆和餐馆	23 881	23 881	17 911	23 993	23 993	17 995	23 441	23 441	17 581

续表

项目		1991(1)	1991(2)	1991(3)	1992(1)	1992(2)	1992(3)	1993(1)	1993(2)	1993(3)
消费支出 (CON) 构成	保险和其他金融服务	20 782	20 782	10 391	19 539	19 539	9 770	19 044	19 044	9 522
	其他产品和服务	20 924	20 924	20 924	21 993	21 993	21 993	23 197	23 197	23 197
	家庭最终消费支出总额	301 129	253 305	199 839	306 892	258 327	204 166	312 586	263 208	208 494
	政府最终消费支出总额	99 463	74 597	49 732	101 327	75 995	50 664	102 799	77 099	51 400
	消费支出(私人+公共)	400 592	327 902	249 570	408 219	334 322	254 829	415 385	340 307	259 894
投资 (INV)	私人部门固定资本形成总额		72 220			67 736			74 259	
	公共部门固定资本形成总额		23 257			22 954			22 420	
	固定资本形成总额 (INV)		95 477			90 690			96 679	
	固定资本消费 (DEP)		71 678			74 530			76 811	
耐用消费品	耐用消费品支出 (ECD)		37 708			38 094			38 920	

续表

项目		1994(1)	1994(2)	1994(3)	1995(1)	1995(2)	1995(3)	1996(1)	1996(2)	1996(3)
消费支出(CON)构成	食品	39 053	39 053	19 527	40 286	40 286	20 143	41 792	41 792	20 896
	烟草	10 388	0	0	9 772	0	0	9 716	0	0
	酒水饮料	6 794	3 397	3 397	6 825	3 413	3 413	6 797	3 399	3 399
	服装	12 782	12 782	12 782	13 198	13 198	13 198	13 597	13 597	13 597
	房租和其他居住类服务	61 096	30 548	30 548	63 298	31 649	31 649	65 560	32 780	32 780
	电、燃气和其他燃料	6 966	6 966	3 483	7 304	7 304	3 652	7 493	7 493	3 747
	装饰和家用设备	17 884	17 884	17 884	18 402	18 402	18 402	18 866	18 866	18 866
	健康	18 110	9 055	9 055	18 247	9 124	9 124	18 024	9 012	9 012
	车辆购买	9 047	9 047	9 047	10 184	10 184	10 184	10 427	10 427	10 427
	车辆运营	21 395	21 395	10 698	21 844	21 844	10 922	22 102	22 102	11 051
	交通服务	7 300	7 300	3 650	7 663	7 663	3 832	8 218	8 218	4 109
	通信	5 232	5 232	2 616	5 725	5 725	2 863	6 531	6 531	3 266
	文化娱乐	32 373	32 373	32 373	35 082	35 082	35 082	38 009	38 009	38 009
	教育服务	8 286	8 286	8 286	8 434	8 434	8 434	8 746	8 746	8 746
	宾馆、咖啡馆和餐馆	24 652	24 652	18 489	26 756	26 756	20 067	27 640	27 640	20 730
	保险和其他金融服务	18 325	18 325	9 163	19 416	19 416	9 708	19 860	19 860	9 930

续表

项目			1994(1)	1994(2)	1994(3)	1995(1)	1995(2)	1995(3)	1996(1)	1996(2)	1996(3)
消费支出(CON)构成		其他产品和服务	23 887	23 887	23 887	25 213	25 213	25 213	26 820	26 820	26 820
		家庭最终消费支出总额	320 369	270 182	214 884	335 371	283 692	225 884	348 380	295 292	235 384
		政府最终消费支出总额	104 032	78 024	52 016	106 974	80 231	53 487	111 845	83 884	55 923
		消费支出(私人+公共)	424 401	348 206	266 900	442 345	363 923	279 371	460 225	379 176	291 307
投资(INV)		私人部门固定资本形成总额		81 317			89 896			93 085	
		公共部门固定资本形成总额		21 725			24 510			23 588	
		固定资本形成总额(INV)		103 042			114 406			116 673	
		固定资本消费(DEP)		79 880			82 520			85 124	
耐用消费品		耐用消费品支出(ECD)		39 713			41 784			42 890	

第9章 GPI的计算与数据来源 143

续表

项目		1997(1)	1997(2)	1997(3)	1998(1)	1998(2)	1998(3)	1999(1)	1999(2)	1999(3)
消费支出(CON)构成	食品	41 566	41 566	20 783	42 686	42 686	21 343	43 338	43 338	21 669
	烟草	9 789	0	0	9 946	0	0	10 042	0	0
	酒水饮料	6 974	3 487	3 487	7 251	3 626	3 626	7 749	3 875	3 875
	服装	13 501	13 501	13 501	14 079	14 079	14 079	15 429	15 429	15 429
	房租和其他居住类服务	67 605	33 803	33 803	69 703	34 852	34 852	72 127	36 064	36 064
	电、燃气和其他燃料	7 669	7 669	3 835	8 112	8 112	4 056	8 503	8 503	4 252
	装饰和家用设备	19 256	19 256	19 256	19 655	19 655	19 655	20 013	20 013	20 013
	健康	17 445	8 723	8 723	16 640	8 320	8 320	17 962	8 981	8 981
	车辆购买	11 363	11 363	11 363	13 665	13 665	13 665	14 404	14 404	14 404
	车辆运营	22 398	22 398	11 199	22 914	22 914	11 457	23 670	23 670	11 835
	交通服务	8 860	8 860	4 430	9 275	9 275	4 638	10 125	10 125	5 063
	通信	7 289	7 289	3 645	7 912	7 912	3 956	8 981	8 981	4 491
	文化娱乐	40 052	40 052	40 052	42 987	42 987	42 987	45 430	45 430	45 430
	教育服务	9 220	9 220	9 220	9 664	9 664	9 664	9 934	9 934	9 934
	宾馆、咖啡馆和餐馆	27 131	27 131	20 348	28 371	28 371	21 278	31 276	31 276	23 457
	保险和其他金融服务	21 588	21 588	10 794	23 007	23 007	11 504	24 567	24 567	12 284

续表

	项目	1997(1)	1997(2)	1997(3)	1998(1)	1998(2)	1998(3)	1999(1)	1999(2)	1999(3)
消费支出(CON)构成	其他产品和服务	28 169	28 169	28 169	30 133	30 133	30 133	30 631	30 631	30 631
	家庭最终消费支出总额	358 796	304 074	242 606	375 713	319 257	255 211	393 853	335 220	267 809
	政府最终消费支出总额	113 315	84 986	56 658	117 569	88 177	58 785	121 990	91 493	60 995
	消费支出(私人＋公共)	472 111	389 060	299 264	493 282	407 434	313 996	515 843	426 713	328 804
投资(INV)	私人部门固定资本形成总额		102 820			116 761			120 872	
	公共部门固定资本形成总额		23 004			21 115			25 330	
	固定资本形成总额(INV)		125 824			137 876			146 202	
	固定资本消费(DEP)		88 950			93 773			97 990	
耐用消费品	耐用消费品支出(ECD)		44 120			47 399			49 846	

第 9 章　GPI 的计算与数据来源　145

续表

项目		2000(1)	2000(2)	2000(3)	2001(1)	2001(2)	2001(3)	2002(1)	2002(2)	2002(3)
消费支出(CON)构成	食品	44 837	44 837	22 419	45 792	45 792	22 896	46 563	46 563	23 282
	烟草	9 985	0	0	9 911	0	0	9 910	0	0
	酒水饮料	8 176	4 088	4 088	8 450	4 225	4 225	8 655	4 328	4 328
	服装	16 317	16 317	16 317	15 604	15 604	15 604	16 520	16 520	16 520
	房租和其他居住类服务	74 448	37 224	37 224	76 942	38 471	38 471	79 405	39 703	39 703
	电、燃气和其他燃料	8 741	8 741	4 371	9 040	9 040	4 520	9 100	9 100	4 550
	装饰和家用设备	21 695	21 695	21 695	22 096	22 096	22 096	23 673	23 673	23 673
	健康	18 622	9 311	9 311	20 648	10 324	10 324	23 021	11 511	11 511
	车辆购买	13 804	13 804	13 804	14 645	14 645	14 645	14 350	14 350	14 350
	车辆运营	24 330	24 330	12 165	24 145	24 145	12 073	25 270	25 270	12 635
	交通服务	10 577	10 577	5 289	11 371	11 371	5 686	11 178	11 178	5 589
	通信	10 120	10 120	5 060	11 299	11 299	5 650	12 083	12 083	6 042
	文化娱乐	48 190	48 190	48 190	49 947	49 947	49 947	51 742	51 742	51 742
	教育服务	10 102	10 102	10 102	10 273	10 273	10 273	10 527	10 527	10 527
	宾馆、咖啡馆和餐馆	32 991	32 991	24 743	32 906	32 906	24 680	33 051	33 051	24 788
	保险和其他金融服务	26 187	26 187	13 094	27 245	27 245	13 623	28 410	28 410	14 205

续表

项目		2000(1)	2000(2)	2000(3)	2001(1)	2001(2)	2001(3)	2002(1)	2002(2)	2002(3)
消费支出(CON)构成	其他产品和服务	30 995	30 995	30 995	31 177	31 177	31 177	32 107	32 107	32 107
	家庭最终消费支出总额	409 955	349 509	278 865	421 383	358 560	285 888	435 506	370 115	295 550
	政府最终消费支出总额	125 939	94 454	62 970	128 422	96 317	64 211	131 047	98 285	65 524
	消费支出(私人+公共)	535 894	443 963	341 835	549 805	454 877	350 099	566 553	468 400	361 073
投资(INV)	私人部门固定资本形成总额		133 238			122 144			135 273	
	公共部门固定资本形成总额		25 111			25 103			27 280	
	固定资本形成总额(INV)		158 349			147 247			162 553	
	固定资本消费(DEP)		103 794			107 713			114 217	
耐用消费品	耐用消费品支出(ECD)		51 816			52 345			54 543	

第 9 章 GPI 的计算与数据来源　147

续表

项目		2003(1)	2003(2)	2003(3)
消费支出(CON)构成	保险和其他金融服务	29 314	29 314	14 657
	其他产品和服务	33 224	33 224	33 224
	家庭最终消费支出总额	452 238	384 342	307 823
	政府最终消费支出总额	136 829	102 622	68 415
	消费支出(私人+公共)	589 067	486 964	376 238
投资(INV)	私人部门固定资本形成总额		156 671	
	公共部门固定资本形成总额		28 131	
	固定资本形成总额(INV)		184 802	
	固定资本消费(DEP)		119 407	
耐用消费品	耐用消费品支出(ECD)		58 483	

注：未做特殊说明，所有数值均用 2002—2003 年不变价计算。

续表

项目		2003(1)	2003(2)	2003(3)
消费支出(CON)构成	食品	47 569	47 569	23 785
	烟草	9 910	0	0
	酒水饮料	8 901	4 451	4 451
	服装	17 553	17 553	17 553
	房租和其他居住类服务	82 499	82 499	82 499
	电、燃气和其他燃料	9 455	9 455	4 728
	装饰和家用设备	25 362	25 362	25 362
	健康	24 562	12 281	12 281
	车辆购买	15 568	15 568	15 568
	车辆运营	25 714	25 714	12 857
	交通服务	11 279	11 279	5 640
	通信	12 678	12 678	6 339
	文化娱乐	53 884	53 884	53 884
	教育服务	10 702	10 702	10 702
	宾馆、咖啡馆和餐馆	34 059	34 059	25 544

表 9.3 1986—2003 年项目 a、b、c、d、rr 和 tt：消费支出、耐用消费品支出(ECD)、生产资料投资(INV)和生产资料折旧(DEP)——维多利亚州

(单位：百万美元)

	项目	1986(1)	1986(2)	1986(3)	1987(1)	1987(2)	1987(3)
消费支出(CON)构成	食品[在(3)中50%视为防御性支出]	9 593	9 593	4 797	9 682	9 682	4 841
	烟草[在(2)和(3)中无助于增进福利]	3 534	0	0	3 523	0	0
	酒水饮料[在(2)和(3)中仅50%能增进福利]	1 549	775	775	1 545	773	773
	服装[耐用消费品]	3 659	3 659	3 659	3 751	3 751	3 751
	房租和其他居住类服务[在(2)和(3)中50%视为防御性支出]	11 484	5 742	5 742	11 817	5 909	5 909
	电、燃气和其他燃料[在(3)中50%视为防御性支出]	1 834	1 834	917	1 918	1 918	959
	装饰和家用设备[耐用消费品]	4 118	4 118	4 118	4 103	4 103	4 103
	健康[在(2)和(3)中50%视为防御或恢复性支出]	3 872	1 936	1 936	3 990	1 995	1 995
	车辆购买(耐用消费品)	2 367	2 367	2 367	1 847	1 847	1 847
	车辆运营[在(3)中50%视为防御性或恢复性支出]	4 420	4 420	2 210	4 565	4 565	2 283
	交通服务[在(3)中50%视为防御性支出]	1 275	1 275	638	1 328	1 328	664
	通信服务[在(3)中50%视为防御性支出]	702	702	351	722	722	361
	文化娱乐	5 776	5 776	5 776	5 873	5 873	5 873
	教育服务	2 178	2 178	2 178	2 246	2 246	2 246
	宾馆、咖啡馆和餐馆[在(3)中25%视为防御性支出]	5 469	5 469	4 102	5 357	5 357	4 018

续表

	项目	1986(1)	1986(2)	1986(3)	1987(1)	1987(2)	1987(3)
消费支出 (CON) 构成	保险和其他金融服务[在(3)中25%视为防御性支出]	3 647	3 647	1 824	4 205	4 205	2 103
	其他产品和服务	4 365	4 365	4 365	4 584	4 584	4 584
	州际间净支出	1 063	532	532	988	494	494
	家庭最终消费支出总额	69 044	58 387	46 284	70 119	59 351	46 802
	政府最终消费支出总额[在(2)(3)中25%为防御性支出；在(3)中25%为恢复性支出]	22 637	16 978	11 319	23 191	17 393	11 596
	消费支出(私人+公共)	91 681	75 365	57 603	93 310	76 744	58 398
投资 (INV)	私人部门固定资本形成总额		15 445			16 277	
	公共部门固定资本形成总额		5 341			4 999	
	固定资本形成总额(INV)		20 786			21 276	
	固定资本消费(DEP)		13 441			14 344	
耐用消费品	耐用消费品支出(ECD)		10 144			9 701	

续表

项目		1988(1)	1988(2)	1988(3)	1989(1)	1989(2)	1989(3)	1990(1)	1990(2)	1990(3)
消费支出(CON)构成	食品	9 718	9 718	4 859	9 984	9 984	4 992	9 969	9 969	4 985
	烟草	3 460	0	0	3 491	0	0	3 517	0	0
	酒水饮料	1 594	797	797	1 684	842	842	1 683	842	842
	服装	3 855	3 855	3 855	3 783	3 783	3 783	3 494	3 494	3 494
	房租和其他居住类服务	12 170	6 085	6 085	12 605	6 303	6 303	13 027	6 514	6 514
	电、燃气和其他燃料	1 900	1 900	1 900	1 967	1 967	1 967	2 100	2 100	2 100
	装饰和家用设备	4 148	4 148	4 148	4 254	4 254	4 254	4 186	4 186	4 186
	健康	3 889	1 945	1 945	4 145	2 073	2 073	4 333	2 167	2 167
	车辆购买	1 725	1 725	1 725	2 028	2 028	2 028	2 529	2 529	2 529
	车辆运营	4 710	4 710	2 355	4 800	4 800	2 400	4 981	4 981	2 491
	交通服务	1 398	1 398	699	1 489	1 489	745	1 519	1 519	760
	通信	759	759	380	818	818	409	886	886	443
	文化娱乐	6 103	6 103	6 103	6 630	6 630	6 630	7 154	7 154	7 154
	教育服务	2 205	2 205	2 205	2 358	2 358	2 358	2 510	2 510	2 510
	宾馆、咖啡馆和餐馆	5 510	5 510	4 133	5 872	5 872	4 404	5 993	5 993	4 495

第9章 GPI 的计算与数据来源 151

续表

	项目	1988(1)	1988(2)	1988(3)	1989(1)	1989(2)	1989(3)	1990(1)	1990(2)	1990(3)
消费支出 (CON) 构成	保险和其他金融服务	4 504	4 504	2 252	4 872	4 872	2 436	5 499	5 499	2 750
	其他产品和服务	4 809	4 809	4 809	5 087	5 087	5 087	5 200	5 200	5 200
	州际间净支出	1 188	594	594	1 213	607	607	975	488	488
	家庭最终消费支出总额	71 818	60 765	47 893	75 308	63 766	50 333	77 958	66 029	52 054
	政府最终消费支出总额	24 094	18 071	12 047	24 605	18 454	12 303	24 719	18 539	12 360
	消费支出（私人＋公共）	95 912	78 835	59 940	99 913	82 220	62 636	102 677	84 568	64 414
投资 (INV)	私人部门固定资本形成总额		17 648			20 207			18 978	
	公共部门固定资本形成总额		4 620			4 665			5 743	
	固定资本形成总额 (INV)		22 268			24 872			24 721	
	固定资本消费 (DEP)		14 831			15 776			15 802	
耐用消费品	耐用消费品支出 (ECD)		9 728			10 065			10 209	

续表

项目		1991(1)	1991(2)	1991(3)	1992(1)	1992(2)	1992(3)	1993(1)	1993(2)	1993(3)
消费支出(CON)构成	食品	9 884	9 884	4 942	10 089	10 089	5 045	9 944	9 944	4 972
	烟草	3 385	0	0	3 167	0	0	2 948	0	0
	酒水饮料	1 661	831	831	1 721	861	861	1 687	844	844
	服装	3 332	3 332	3 332	3 416	3 416	3 416	3 375	3 375	3 375
	房租和其他居住类服务	13 458	6 729	6 729	13 861	6 931	6 931	14 177	7 089	7 089
	电、燃气和其他燃料	2 104	2 104	2 104	2 162	2 162	2 162	2 232	2 232	1 116
	装饰和家用设备	3 804	3 804	3 804	3 873	3 873	3 873	4 084	4 084	4 084
	健康	4 367	2 184	2 184	4 632	2 316	2 316	5 253	2 627	2 627
	车辆购买	2 153	2 153	2 153	1 916	1 916	1 916	2 123	2 123	2 123
	车辆运营	4 834	4 834	2 417	4 934	4 934	2 467	5 088	5 088	2 544
	交通服务	1 686	1 686	843	1 871	1 871	936	1 945	1 945	973
	通信	930	930	465	1 022	1 022	511	1 175	1 175	588
	文化娱乐	6 776	6 776	6 776	6 759	6 759	6 759	7 008	7 008	7 008
	教育服务	2 254	2 254	2 254	2 319	2 319	2 319	2 387	2 387	2 387
	宾馆、咖啡馆和餐馆	5 787	5 787	4 340	5 951	5 951	4 463	5 587	5 587	4 190

第 9 章 GPI 的计算与数据来源 153

续表

	项目	1991(1)	1991(2)	1991(3)	1992(1)	1992(2)	1992(3)	1993(1)	1993(2)	1993(3)
消费支出(CON)构成	保险和其他金融服务	5 578	5 578	2 789	5 186	5 186	2 593	5 042	5 042	2 521
	其他产品和服务	5 182	5 182	5 182	5 389	5 389	5 389	5 697	5 697	5 697
	州际间净支出	1 104	552	552	1 085	543	543	1 098	549	275
	家庭最终消费支出总额	76 681	64 599	50 644	77 766	65 537	51 417	79 408	66 795	52 685
	政府最终消费支出总额	25 308	18 981	12 654	25 783	19 337	12 892	25 143	18 857	12 572
	消费支出(私人+公共)	101 989	83 580	63 298	103 549	84 874	64 308	104 551	85 652	65 257
投资(INV)	私人部门固定资本形成总额		15 304			14 030			16 440	
	公共部门固定资本形成总额		4 855			4 730			4 031	
	固定资本形成总额(INV)		20 159			18 760			20 471	
	固定资本消费(DEP)		15 042			15 337			16 217	
耐用消费品	耐用消费品支出(ECD)		9 289			9 205			9 582	

续表

项目		1994(1)	1994(2)	1994(3)	1995(1)	1995(2)	1995(3)	1996(1)	1996(2)	1996(3)
消费支出(CON)构成	食品	9 929	9 929	4 965	10 238	10 238	5 119	10 537	10 537	5 269
	烟草	2 738	0	0	2 561	0	0	2 515	0	0
	酒水饮料	1 663	832	832	1 739	870	870	1 738	869	869
	服装	3 205	3 205	3 205	3 174	3 174	3 174	3 117	3 117	3 117
	房租和其他居住类服务	14 575	7 288	7 288	14 970	7 485	7 485	15 373	7 687	7 687
	电、燃气和其他燃料	2 181	2 181	1 091	2 303	2 303	1 152	2 412	2 412	1 206
	装饰和家用设备	4 079	4 079	4 079	4 114	4 114	4 114	4 288	4 288	4 288
	健康	5 601	2 801	2 801	5 543	2 772	2 772	5 439	2 720	2 720
	车辆购买	2 152	2 152	2 152	2 401	2 401	2 401	2 438	2 438	2 438
	车辆运营	5 202	5 202	2 601	5 338	5 338	2 669	5 403	5 403	2 702
	交通服务	1 883	1 883	942	1 991	1 991	996	2 189	2 189	1 095
	通信	1 316	1 316	658	1 447	1 447	724	1 645	1 645	823
	文化娱乐	7 663	7 663	7 663	8 973	8 973	8 973	9 780	9 780	9 780
	教育服务	2 443	2 443	2 443	2 450	2 450	2 450	2 540	2 540	2 540
	宾馆、咖啡馆和餐馆	5 641	5 641	4 231	5 972	5 972	4 479	5 628	5 628	4 221

续表

项目		1994(1)	1994(2)	1994(3)	1995(1)	1995(2)	1995(3)	1996(1)	1996(2)	1996(3)
消费支出(CON)构成	保险和其他金融服务	4 805	4 805	2 403	5 106	5 106	2 553	5 159	5 159	2 580
	其他产品和服务	5 690	5 690	5 690	6 058	6 058	6 058	6 297	6 297	6 297
	州际间净支出	1 111	556	556	1 182	591	591	1 261	631	631
	家庭最终消费支出总额	80 512	67 664	53 596	84 523	71 282	56 578	86 925	73 339	58 259
	政府最终消费支出总额	24 544	18 408	12 272	25 328	18 996	12 664	26 410	19 808	13 205
	消费支出（私人＋公共）	105 056	86 072	65 868	109 851	90 278	69 242	113 335	93 147	71 464
投资(INV)	私人部门固定资本形成总额		17 887			18 407			21 103	
	公共部门固定资本形成总额		4 619			5 482			4 754	
	固定资本形成总额(INV)		22 506			23 889			25 857	
	固定资本消费(DEP)		17 338			17 067			18 729	
耐用消费品	耐用消费品支出(ECD)		9 436			9 689			9 843	

续表

项目		1997(1)	1997(2)	1997(3)	1998(1)	1998(2)	1998(3)	1999(1)	1999(2)	1999(3)
消费支出(CON)构成	食品	10 596	10 596	5 298	10 837	10 837	5 419	11 173	11 173	5 587
	烟草	2 520	0	0	2 538	0	0	2 568	0	0
	酒水饮料	1 757	879	879	1 797	899	899	1 949	975	975
	服装	3 103	3 103	3 103	3 390	3 390	3 390	3 955	3 955	3 955
	房租和其他居住类服务	15 760	7 880	7 880	16 225	8 113	8 113	16 805	8 403	8 403
	电、燃气和其他燃料	2 442	2 442	1 221	2 610	2 610	1 305	2 701	2 701	1 351
	装饰和家用设备	4 584	4 584	4 584	4 829	4 829	4 829	4 993	4 993	4 993
	健康	5 335	2 668	2 668	5 091	2 546	2 546	5 440	2 720	2 720
	车辆购买	2 731	2 731	2 731	3 351	3 351	3 351	3 714	3 714	3 714
	车辆运营	5 516	5 516	2 758	5 670	5 670	2 835	5 852	5 852	2 926
	交通服务	2 315	2 315	1 158	2 394	2 394	1 197	2 630	2 630	1 315
	通信	1 848	1 848	924	1 989	1 989	995	2 261	2 261	1 131
	文化娱乐	10 458	10 458	10 458	11 239	11 239	11 239	11 922	11 922	11 922
	教育服务	2 654	2 654	2 654	2 798	2 798	2 798	2 930	2 930	2 930
	宾馆、咖啡馆和餐馆	5 465	5 465	4 099	5 558	5 558	4 169	6 251	6 251	4 688

续表

项目		1997(1)	1997(2)	1997(3)	1998(1)	1998(2)	1998(3)	1999(1)	1999(2)	1999(3)
消费支出(CON)构成	保险和其他金融服务	5 603	5 603	2 802	5 896	5 896	2 948	6 274	6 274	3 137
	其他产品和服务	6 476	6 476	6 476	7 567	7 567	7 567	7 127	7 127	7 127
	州际间净支出	1 337	669	669	1 275	638	638	1 152	576	576
	家庭最终消费支出总额	89 917	75 886	60 359	94 753	80 322	64 235	99 492	84 456	67 448
	政府最终消费支出总额	26 500	19 875	13 250	26 850	20 138	13 425	27 943	20 957	13 972
	消费支出（私人＋公共）	116 417	95 761	73 609	121 603	100 460	77 660	127 435	105 413	81 420
投资(INV)	私人部门固定资本形成总额		26 467			27 302			31 008	
	公共部门固定资本形成总额		3 416			4 269			5 243	
	固定资本形成总额(INV)		29 883			31 571			36 251	
	固定资本消费(DEP)		21 202			21 765			24 259	
耐用消费品	耐用消费品支出(ECD)		10 418			11 570			12 662	

续表

项目		2000(1)	2000(2)	2000(3)	2001(1)	2001(2)	2001(3)	2002(1)	2002(2)	2002(3)
消费支出(CON)构成	食品	11 438	11 438	5 719	11 725	11 725	5 863	11 714	11 714	5 857
	烟草	2 566	0	0	2 557	0	0	2 573	0	0
	酒水饮料	2 019	1 010	1 010	2 067	1 034	1 034	2 076	1 038	1 038
	服装	4 493	4 493	4 493	3 994	3 994	3 994	4 314	4 314	4 314
	房租和其他居住类服务	17 348	8 674	8 674	17 937	8 969	8 969	18 505	9 253	9 253
	电、燃气和其他燃料	2 779	2 779	1 390	2 938	2 938	1 469	2 855	2 855	1 428
	装饰和家用设备	5 412	5 412	5 412	5 384	5 384	5 384	6 214	6 214	6 214
	健康	5 620	2 810	2 810	6 034	3 017	3 017	6 548	3 274	3 274
	车辆购买	3 469	3 469	3 469	4 093	4 093	4 093	3 984	3 984	3 984
	车辆运营	5 962	5 962	2 981	5 982	5 982	2 991	6 231	6 231	3 116
	交通服务	2 813	2 813	1 407	3 030	3 030	1 515	3 033	3 033	1 517
	通信	2 540	2 540	1 270	2 863	2 863	1 432	3 049	3 049	1 525
	文化娱乐	12 602	12 602	12 602	12 914	12 914	12 914	13 998	13 998	13 998
	教育服务	2 972	2 972	2 972	3 070	3 070	3 070	3 167	3 167	3 167
	宾馆、咖啡馆和餐馆	7 110	7 110	5 333	6 816	6 816	5 112	7 111	7 111	5 333

第 9 章　GPI 的计算与数据来源　159

续表

项目			2000(1)	2000(2)	2000(3)	2001(1)	2001(2)	2001(3)	2002(1)	2002(2)	2002(3)
消费支出(CON)构成	保险和其他金融服务		6 640	6 640	3 320	6 845	6 845	3 423	7 020	7 020	3 510
	其他产品和服务		7 211	7 211	7 211	7 231	7 231	7 231	7 618	7 618	7 618
	州际间净支出		1 161	581	581	1 273	637	637	1 246	623	623
	家庭最终消费支出总额		103 983	88 515	70 652	106 601	90 541	72 145	111 154	94 496	75 767
	政府最终消费支出总额		28 685	21 514	14 343	29 676	22 257	14 838	30 139	22 604	15 070
	消费支出(私人+公共)		132 668	110 029	84 995	136 277	112 798	86 983	141 293	117 100	90 836
投资(INV)	私人部门固定资本形成总额			34 154			33 350			36 676	
	公共部门固定资本形成总额			5 329			4 815			5 477	
	固定资本形成总额(INV)			39 483			38 165			42 153	
	固定资本消费(DEP)			26 358			27 731			29 626	
耐用消费品	耐用消费品支出(ECD)			13 374			13 471			14 512	

续表

项目	2003(1)	2003(2)	2003(3)
消费支出(CON)构成	食品	11 964	11 964	5 982
	烟草	2 563	0	0
	酒水饮料	2 054	1 027	1 027
	服装	4 638	4 638	4 638
	房租和其他居住类服务	19 223	9 612	9 612
	电、燃气和其他燃料	3 180	3 180	1 590
	装饰和家用设备	6 527	6 527	6 527
	健康	6 725	3 363	3 363
	车辆购买	4 213	4 213	4 213
	车辆运营	6 350	6 350	3 175
	交通服务	3 117	3 117	1 559
	通信	3 199	3 199	1 600
	文化娱乐	14 467	14 467	14 467
	教育服务	3 205	3 205	3 205
	宾馆、咖啡馆和餐饮	6 905	6 905	5 179

续表

项目	2003(1)	2003(2)	2003(3)
消费支出(CON)构成	保险和其他金融服务	7 332	7 332	3 666
	其他产品和服务	7 964	7 964	7 964
	州际间净支出	1 222	611	611
	家庭最终消费支出总额	114 847	97 673	78 376
	政府最终消费支出总额	31 635	23 726	15 818
	消费支出(私人+公共)	146 482	121 399	94 194
投资(INV)	私人部门固定资本形成总额		41 527	
	公共部门固定资本形成总额		6 329	
	固定资本形成总额(INV)		47 856	
耐用消费品	固定资本消费(DEP)		31 120	
	耐用消费品支出(ECD)		15 378	

注:未做特殊说明,所有数值均用2002—2003年不变价计算。

表 9.4 1986—2003 年项目 a、b、c、d、rr 和 tt：消费支出、耐用消费品支出（ECD）、生产资料投资（INV）和生产资料折旧（DEP）—澳大利亚其他地区

(单位：百万美元)

项目		1986(1)	1986(2)	1986(3)	1987(1)	1987(2)	1987(3)
消费支出（CON）构成	食品[在(3)中50%视为防御性支出]	26 541	26 541	13 271	26 512	26 512	13 256
	烟草[在(2)和(3)中无助于增进福利]	10 215	0	0	9 940	0	0
	酒水饮料[在(2)和(3)中仅50%能增进福利]	5 528	2 765	2 765	5 322	2 662	2 662
	服装[耐用消费品]	9 146	9 146	9 146	8 942	8 942	8 942
	房租和其他居住类服务[在(2)和(3)中50%视为防御性支出]	35 473	17 737	17 737	36 634	18 363	18 363
	电、燃气和其他燃料[在(3)中50%视为防御性支出]	3 875	3 875	1 938	4 049	4 049	2 025
	装饰和家用设备[耐用消费品]	11 306	11 306	11 306	11 093	11 813	11 813
	健康[在(2)和(3)中50%视为防御性或恢复性支出]	9 075	4 538	4 538	9 685	4 843	4 843
	车辆购买[耐用消费品]	6 528	6 528	6 528	5 017	5 017	5 017
	车辆运营[在(3)中50%视为防御性或恢复性支出]	13 293	13 293	6 647	13 774	13 774	6 888
	交通服务[在(3)中50%视为防御性支出]	3 642	3 642	1 822	3 705	3 705	1 853
	通信[在(3)中50%视为防御性支出]	2 045	2 045	1 023	2 157	2 157	1 079
	文化娱乐	16 899	16 899	16 899	17 048	17 048	17 048
	教育服务	4 320	4 320	4 320	4 653	4 653	4 653

续表

项目		1986(1)	1986(2)	1986(3)	1987(1)	1987(2)	1987(3)
消费支出 (CON) 构成	宾馆、咖啡馆和餐馆[在(3)中25%视为防御性支出]	17 299	17 299	12 974	16 929	16 929	12 697
	保险和其他金融服务[在(3)中25%视为防御性支出]	9 782	9 782	4 892	11 181	11 181	5 591
	其他产品和服务	12 331	12 331	12 331	12 672	12 672	12 672
	州际间净支出	−1 063	−532	−532	−988	−494	−494
	家庭最终消费支出总额	191 991	161 514	127 600	193 949	163 104	128 182
	政府最终消费支出总额[在(2)(3)中25%为防御性支出；在(3)中25%为恢复性支出]	63 418	47 563	31 709	65 290	48 968	32 645
	消费支出(私人+公共)	255 409	209 077	159 309	259 239	212 071	160 827
投资 (INV)	私人部门固定资本形成总额					—	—
	公共部门固定资本形成总额					—	—
	固定资本形成总额(INV)		68 079			67 651	
	固定资本消费(DEP)		44 023			45 609	
耐用消费品	耐用消费品支出(ECD)		26 980			25 052	

第9章 GPI的计算与数据来源　163

续表

项目		1988(1)	1988(2)	1988(3)	1989(1)	1989(2)	1989(3)	1990(1)	1990(2)	1990(3)
消费支出(CON)构成	食品	27 001	27 001	13 501	26 576	26 576	13 288	27 739	27 739	13 870
	烟草	9 930	0	0	9 892	0	0	9 871	0	0
	酒水饮料	5 358	2 679	2 679	5 354	2 677	2 677	5 601	2 801	2 801
	服装	9 116	9 116	9 116	9 218	9 218	9 218	9 407	9 407	9 407
	房租和其他居住类服务	37 966	18 983	18 983	39 452	19 726	19 726	40 919	20 460	20 460
	电、燃气和其他燃料	4 069	4 069	2 035	4 182	4 182	2 091	4 421	4 421	2 211
	装饰和家用设备	11 625	11 625	11 625	12 030	12 030	12 030	12 534	12 534	12 534
	健康	10 052	5 026	5 026	10 751	5 376	5 376	11 081	5 541	5 541
	车辆购买	5 024	5 024	5 024	6 257	6 257	6 257	7 094	7 094	7 094
	车辆运营	14 023	14 023	7 012	14 294	14 294	7 147	14 735	14 735	7 368
	交通服务	3 875	3 875	1 938	4 143	4 143	2 072	4 403	4 403	2 202
	通信	2 278	2 278	1 139	2 441	2 441	1 221	2 651	2 651	1 326
	文化娱乐	18 183	18 183	18 183	19 464	19 464	19 464	20 750	20 750	20 750
	教育服务	4 583	4 583	4 583	5 047	5 047	5 047	5 461	5 461	5 461
	宾馆、咖啡馆和餐馆	17 326	17 326	12 995	17 757	17 757	13 318	18 455	18 455	13 841

续表

	项目	1988(1)	1988(2)	1988(3)	1989(1)	1989(2)	1989(3)	1990(1)	1990(2)	1990(3)
消费支出(CON)构成	保险和其他金融服务	12 082	12 082	6 041	13 320	13 320	6 660	14 877	14 877	7 439
	其他产品和服务	13 510	13 510	13 510	14 521	14 521	14 521	15 380	15 380	15 380
	州际间净支出	−1 188	−594	−594	−1 213	−607	−607	−975	−488	−488
	家庭最终消费支出总额	200 695	168 789	132 794	209 860	176 422	139 505	220 938	185 820	146 993
	政府最终消费支出总额	67 403	50 552	33 702	68 717	51 538	34 359	71 437	53 578	35 719
	消费支出(私人+公共)	268 098	219 341	166 495	278 577	227 960	173 864	292 375	239 398	182 712
投资(INV)	私人部门固定资本形成总额									
	公共部门固定资本形成总额									
	固定资本形成总额(INV)	73 275	73 275		81 407	81 407		82 357	82 357	
	固定资本消费(DEP)	48 802	48 802		51 636	51 636		52 642	52 642	
耐用消费品	耐用消费品支出(ECD)	25 765	25 765		27 505	27 505		29 035	29 035	

续表

项目		1991(1)	1991(2)	1991(3)	1992(1)	1992(2)	1992(3)	1993(1)	1993(2)	1993(3)
消费支出(CON)构成	食品	27 920	27 920	13 960	28 539	28 539	14 270	29 007	29 007	14 504
	烟草	9 592	0	0	8 936	0	0	8 329	0	0
	酒水饮料	5 570	2 786	2 786	5 420	2 711	2 711	5 354	2 678	2 678
	服装	9 168	9 168	9 168	9 451	9 451	9 451	9 293	9 293	9 293
	房租和其他居住类服务	42 300	21 150	21 150	43 592	21 797	21 797	44 900	22 451	22 451
	电、燃气和其他燃料	4 529	4 529	1 213	4 555	4 555	1 197	4 731	4 731	2 366
	装饰和家用设备	12 382	12 382	12 382	12 812	12 812	12 812	13 159	13 159	13 159
	健康	11 708	5 855	5 855	12 182	6 091	6 091	12 116	6 059	6 059
	车辆购买	6 869	6 869	6 869	6 626	6 626	6 626	6 886	6 886	6 886
	车辆运营	14 725	14 725	7 363	15 207	15 207	7 604	15 621	15 621	7 811
	交通服务	4 812	4 812	2 406	5 360	5 360	2 681	5 456	5 456	2 729
	通信	2 786	2 786	1 393	3 048	3 048	1 524	3 463	3 463	1 732
	文化娱乐	21 467	21 467	21 467	22 393	22 393	22 393	23 102	23 102	23 102
	教育服务	5 771	5 771	5 771	5 746	5 746	5 746	5 703	5 703	5 703
	宾馆、咖啡馆和餐馆	18 094	18 094	13 571	18 042	18 042	13 532	17 854	17 854	13 391

续表

项目		1991(1)	1991(2)	1991(3)	1992(1)	1992(2)	1992(3)	1993(1)	1993(2)	1993(3)
消费支出(CON)构成	保险和其他金融服务	15 204	15 204	7 602	14 353	14 353	7 177	14 002	14 002	7 001
	其他产品和服务	15 742	15 742	15 742	16 604	16 604	16 604	17 500	17 500	17 500
	州际间净支出	−1 104	−552	−552	−1 085	−543	−543	−1 098	−549	−549
	家庭最终消费支出总额	224 448	188 706	149 195	229 126	192 790	152 749	233 178	196 413	155 809
	政府最终消费支出总额	74 155	55 616	37 078	75 544	56 658	37 772	77 656	58 242	38 828
	消费支出(私人+公共)	298 603	244 322	186 273	304 670	249 448	190 521	310 834	254 655	194 637
投资(INV)	私人部门固定资本形成总额									
	公共部门固定资本形成总额									
	固定资本形成总额(INV)	75 902			72 405			76 486		
	固定资本消费(DEP)	56 636			59 193			60 594		
耐用消费品	耐用消费品支出(ECD)	28 419			28 889			29 338		

续表

	项目	1994(1)	1994(2)	1994(3)	1995(1)	1995(2)	1995(3)	1996(1)	1996(2)	1996(3)
消费支出(CON)构成	食品	29 124	29 124	14 563	30 048	30 048	15 024	31 255	31 255	15 628
	烟草	7 650	0	0	7 211	0	0	7 201	0	0
	酒水饮料	5 131	2 566	2 566	5 086	2 544	2 544	5 059	2 530	2 530
	服装	9 577	9 577	9 577	10 024	10 024	10 024	10 480	10 480	10 480
	房租和其他居住类服务	46 521	23 261	23 261	48 328	24 164	24 164	50 187	25 094	25 094
	电、燃气和其他燃料	4 785	4 785	2 393	5 001	5 001	2 501	5 081	5 081	2 541
	装饰和家用设备	13 805	13 805	13 805	14 288	14 288	14 288	14 578	14 578	14 578
	健康	12 509	6 255	6 255	12 704	6 353	6 353	12 585	6 293	6 293
	车辆购买	6 895	6 895	6 895	7 783	7 783	7 783	7 989	7 989	7 989
	车辆运营	16 193	16 193	8 097	16 506	16 506	8 253	16 699	16 699	8 350
	交通服务	5 417	5 417	2 709	5 672	5 672	2 837	6 029	6 029	3 015
	通信	3 916	3 916	1 958	4 278	4 278	2 140	4 886	4 886	2 444
	文化娱乐	24 710	24 710	24 710	26 109	26 109	26 109	28 229	28 229	28 229
	教育服务	5 843	5 843	5 843	5 984	5 984	5 984	6 206	6 206	6 206
	宾馆、咖啡馆和餐馆	19 011	19 011	14 258	20 784	20 784	15 588	22 012	22 012	16 509

续表

	项目	1994(1)	1994(2)	1994(3)	1995(1)	1995(2)	1995(3)	1996(1)	1996(2)	1996(3)
消费支出(CON)构成	保险和其他金融服务	13 520	13 520	6 761	14 310	14 310	7 155	14 701	14 701	7 351
	其他产品和服务	18 197	18 197	18 197	19 155	19 155	19 155	20 523	20 523	20 523
	州际间净支出	−1 111	−556	−556	−1 182	−591	−591	−1 261	−631	−631
	家庭最终消费支出总额	239 857	202 518	161 288	250 848	212 410	169 306	261 455	221 953	177 125
	政府最终消费支出总额	79 488	59 616	39 744	81 646	61 235	40 823	85 435	64 076	42 718
	消费支出(私人+公共)	319 345	262 134	201 032	332 494	273 645	210 129	346 890	286 029	219 843
投资(INV)	私人部门固定资本形成总额									
	公共部门固定资本形成总额									
	固定资本形成总额(INV)	80 884				91 616		91 663		
	固定资本消费(DEP)	62 492				65 453		66 395		
耐用消费品	耐用消费品支出(ECD)	30 277				32 095		33 047		

续表

项目		1997(1)	1997(2)	1997(3)	1998(1)	1998(2)	1998(3)	1999(1)	1999(2)	1999(3)
消费支出(CON)构成	食品	30 970	30 970	15 485	31 849	31 849	15 924.5	32 165	32 165	16 082.5
	烟草	7 269	0	0	7 408	0	0	7 474	0	0
	酒水饮料	5 217	2 608.5	2 608.5	5 454	2 727.5	2 727.5	5 800	2 900.5	2 900.5
	服装	10 398	10 398	10 398	10 689	10 689	10 689	11 474	11 474	11 474
	房租和其他居住类服务	51 845	25 923	25 923	53 478	26 739.5	26 739.5	55 322	27 661.5	27 661.5
	电、燃气和其他燃料	5 227	5 227	2 614	5 502	5 502	2 751	5 802	5 802	2 901.5
	装饰和家用设备	14 672	14 672	14 672	14 826	14 826	14 826	15 020	15 020	15 020
	健康	12 110	6 055.5	6 055.5	11 549	5 774.5	5 774.5	12 522	6 261	6 261
	车辆购买	8 632	8 632	8 632	10 314	10 314	10 314	10 690	10 690	10 690
	车辆运营	16 882	16 882	8 441	17 244	17 244	8 622	17 818	17 818	8 909
	交通服务	6 545	6 545	3 272.5	6 881	6 881	3 441	7 495	7 495	3 748
	通信	5 441	5 441	2 721	5 923	5 923	2 961.5	6 720	6 720	3 360.5
	文化娱乐	29 594	29 594	29 594	31 748	31 748	31 748	33 508	33 508	33 508
	教育服务	6 566	6 566	6 566	6 866	6 866	6 866	7 004	7 004	7 004
	宾馆、咖啡馆和餐馆	21 666	21 666	16 249.25	22 813	22 813	17 109.5	25 025	25 025	18 768.75

续表

项目		1997(1)	1997(2)	1997(3)	1998(1)	1998(2)	1998(3)	1999(1)	1999(2)	1999(3)
消费支出(CON)构成	保险和其他金融服务	15 985	15 985	7 992.5	17 111	17 111	8 556	18 293	18 293	9 147
	其他产品和服务	21 693	21 693	21 693	22 566	22 566	22 566	23 504	23 504	23 504
	州际间净支出	−1 337	−669	−669	−1 275	−638	−638	−1 152	−576	−576
	家庭最终消费支出总额	268 879	228 188	182 247	280 960	238 935	190 976	294 361	250 764	200 361
	政府最终消费支出总额	86 815	65 111	43 408	90 719	68 039	45 360	94 047	70 536	47 023
	消费支出(私人+公共)	355 694	293 299	225 655	371 679	306 974	236 336	388 408	321 300	247 384
投资(INV)	私人部门固定资本形成总额									
	公共部门固定资本形成总额									
	固定资本形成总额(INV)	95 489			104 448			110 177		
	固定资本消费(DEP)	67 748			72 008			73 731		
耐用消费品	耐用消费品支出(ECD)	33 702			35 829			37 184		

续表

项目		2000(1)	2000(2)	2000(3)	2001(1)	2001(2)	2001(3)	2002(1)	2002(2)	2002(3)
消费支出(CON)构成	食品	33 399	33 399	16 700	34 067	34 067	17 033.5	34 849	34 849	17 425
	烟草	7 419	0	0	7 354	0	0	7 337	0	0
	酒水饮料	6 157	3 078.5	3 078.5	6 383	3 191.5	3 191.5	6 579	3 290	3 290
	服装	11 824	11 824	11 824	11 610	11 610	11 610	12 206	12 206	12 206
	房租和其他居住类服务	57 100	28 550	28 550	59 005	29 502.5	29 502.5	60 900	30 450.5	30 450.5
	电、燃气和其他燃料	5 962	5 962	2 981.5	6 102	6 102	3 051	6 245	6 245	3 122.5
	装饰和家用设备	16 283	16 283	16 283	16 712	16 712	16 712	17 459	17 459	17 459
	健康	13 002	6 501	6 501	14 614	7 307	7 307	16 473	8 237	8 237
	车辆购买	10 335	10 335	10 335	10 552	10 552	10 552	10 366	10 366	10 366
	车辆运营	18 368	18 368	9 184	18 163	18 163	9 082	19 039	19 039	9 519.5
	交通服务	7 764	7 764	3 882.5	8 341	8 341	4 171	8 145	8 145	4 072.5
	通信	7 580	7 580	3 790	8 436	8 436	4 218.5	9 034	9 034	4 517.5
	文化娱乐	35 588	35 588	35 588	37 033	37 033	37 033	37 744	37 744	37 744
	教育服务	7 130	7 130	7 130	7 203	7 203	7 203	7 360	7 360	7 360
	宾馆、咖啡馆和餐馆	25 881	25 881	19 410.5	26 090	26 090	19 568	25 940	25 940	19 454.75

续表

项目		2000(1)	2000(2)	2000(3)	2001(1)	2001(2)	2001(3)	2002(1)	2002(2)	2002(3)
消费支出(CON)构成	保险和其他金融服务	19 547	19 547	9 774	20 400	20 400	10 200.5	21 390	21 390	10 695
	其他产品和服务	23 784	23 784	23 784	23 946	23 946	23 946	24 489	24 489	24 489
	州际间净支出	−1 161	−581	−581	−1 273	−637	−637	−1 246	−623	−623
	家庭最终消费支出总额	305 972	260 994	208 213	314 782	268 019	213 743	324 352	275 619	219 783
	政府最终消费支出总额	97 254	72 940	48 627	98 746	74 060	49 373	100 908	75 681	50 454
	消费支出(私人＋公共)	403 226	333 934	256 841	413 528	342 079	263 116	425 260	351 300	270 237
投资(INV)	私人部门固定资本形成总额									
	公共部门固定资本形成总额									
	固定资本形成总额(INV)	115 998	115 998		110 076	110 076		120 357	120 357	
	固定资本消费(DEP)	77 436	77 436		75 804	75 804		84 591	84 591	
耐用消费品	耐用消费品支出(ECD)	38 442	38 442		38 874	38 874		40 031	40 031	

第9章 GPI的计算与数据来源 173

续表

项目		2003(1)	2003(2)	2003(3)
消费支出(CON)构成	保险和其他金融服务	21 982	21 982	10 991
	其他产品和服务	25 260	25 260	25 260
	州际间净支出	−1 222	−611	−611
	家庭最终消费支出总额	337 391	286 669	229 447
	政府最终消费支出总额	105 194	78 896	52 597
	消费支出（私人＋公共）	442 585	365 565	282 044
投资(INV)	私人部门固定资本形成总额			
	公共部门固定资本形成总额			
	固定资本形成总额(INV)		135 769	
	固定资产消费(DEP)		88 287	
耐用消费品	耐用消费品支出(ECD)		43 105	

注：未做特殊说明，所有数值均用 2002—2003 年不变价计算。

续表

项目		2003(1)	2003(2)	2003(3)
消费支出(CON)构成	食品	35 605	35 605	17 803
	烟草	7 347	0	0
	酒水饮料	6 847	3 424	3 424
	服装	12 915	12 915	12 915
	房租和其他居住类服务	63 276	72 888	72 888
	电、燃气和其他燃料	6 275	6 275	3 138
	装饰和家用设备	18 835	18 835	18 835
	健康	17 837	8 919	8 919
	车辆购买	11 355	11 355	11 355
	车辆运营	19 364	19 364	9 682
	交通服务	8 162	8 162	4 082
	通信	9 479	9 479	4 740
	文化娱乐	39 417	39 417	39 417
	教育服务	7 497	7 497	7 497
	宾馆、咖啡馆和餐馆	27 154	27 154	20 365

表 9.5　1986—2003 年项目 e 和 f：耐用消费品提供的服务 (SCD) —澳大利亚、维多利亚州和澳大利亚其他地区

年份	澳大利亚 ECD (百万美元) a	耐用消费品 (百万美元) b	SCD (百万美元) c	ECD (百万美元) d	耐用消费品 (百万美元) e	维多利亚州 SCD (百万美元) f	人口 (千人) g	人均 ECD (美元) h	人均 SCD (美元) i	澳大利亚其他地区 ECD (百万美元) j=a−d	SCD (百万美元) k=c−f
1976	−30 321.3	—	—	−8 233.2	—	—	—	—	—	—	—
1977	−30 282.7	—	—	−8 188.1	—	—	—	—	—	—	—
1978	−29 562.5	—	—	−7 954.7	—	—	—	—	—	—	—
1979	−30 435.1	—	—	−8 148.5	—	—	—	—	—	—	—
1980	−30 825.8	—	—	−8 211.0	—	—	—	—	—	—	—
1981	−32 850.0	—	—	−8 688.4	—	—	—	—	—	—	—
1982	−33 936.2	—	—	−8 924.1	—	—	—	—	—	—	—
1983	−33 386.7	—	—	−9 752.7	—	—	—	—	—	—	—
1984	−34 116.6	—	—	−8 002.9	—	—	—	—	—	—	—
1985	−36 158.0	321 874.8	—	−8 853.8	83 957.4	—	—	—	—	—	—
1986	−37 124.0	328 677.5	—	−10 144.0	85 868.1	8 395.7	4 160.9	−2 437.9	2017.8	−26 980.0	23 791.8
1987	−34 753.0	333 147.8	32 867.8	−9 701.0	87 381.0	8 586.8	4 210.1	−2 304.2	2 039.6	−25 052.0	24 281.0
1988	−35 493.0	339 078.4	35 314.8	−9 728.0	89 154.3	8 738.1	4 262.6	−2 282.2	2 049.9	−25 765.0	24 576.7
1989	−37 570.0	346 213.3	35 907.8	−10 065.0	91 070.8	8 915.4	4 320.2	−2 329.8	2 063.7	−27 505.0	24 992.4

第9章　GPI的计算与数据来源　175

续表

年份	澳大利亚 ECD (百万美元) a	耐用消费品 (百万美元) b	SCD (百万美元) c	维多利亚州 ECD (百万美元) d	耐用消费品 (百万美元) e	SCD (百万美元) f	人口 (千人) g	人均 ECD (美元) h	人均 SCD (美元) i	澳大利亚其他地区 ECD (百万美元) j=a-d	SCD (百万美元) k=c-f
1990	−39 244.0	354 631.6	34 621.3	−10 209.0	93 068.8	9 107.1	4 378.6	−2 331.6	2 079.9	−29 035.0	25 514.2
1991	−37 708.0	359 489.5	35 463.2	−9 289.0	93 669.4	9 306.9	4 420.4	−2 101.4	2 105.4	−28 419.0	26 156.3
1992	−38 094.0	363 647.3	35 949.0	−9 205.0	93 950.4	9 366.9	4 455.0	−2 066.2	2 102.6	−28 889.0	26 582.1
1993	−38 920.0	369 180.6	36 364.7	−9 582.0	94 779.7	9 395.0	4 472.4	−2 142.5	2 100.7	−29 338.0	26 969.7
1994	−39 713.0	374 777.0	36 918.1	−9 436.0	96 212.8	9 478.0	4 487.6	−2 102.7	2 112.0	−30 277.0	27 440.1
1995	−41 784.0	380 403.0	37 477.7	−9 689.0	97 048.0	9 621.3	4 517.4	−2 144.8	2 129.8	−32 095.0	27 856.4
1996	−42 890.0	386 189.0	38 040.3	−9 843.0	96 747.0	9 704.8	4 560.2	−2 158.5	2 128.2	−33 047.0	28 335.5
1997	−44 120.0	395 536.0	38 618.9	−10 418.0	97 464.0	9 674.7	4 597.2	−2 266.2	2 104.5	−33 702.0	28 944.2
1998	−47 399.0	407 442.0	39 553.6	−11 570.0	99 306.0	9 746.4	4 637.8	−2 494.7	2 101.5	−35 829.0	29 807.2
1999	−49 846.0	419 718.0	40 744.2	−12 662.0	101 903.0	9 930.6	4 686.4	−2 701.9	2 119.0	−37 184.0	30 813.6
2000	−51 816.0	432 290.0	41 971.8	−13 374.0	105 068.0	10 190.3	4 741.3	−2 820.7	2 149.3	−38 442.0	31 781.5
2001	−52 345.0	446 927.0	43 229.0	−13 471.0	109 250.0	10 506.8	4 804.7	−2 803.7	2 186.8	−38 874.0	32 722.2
2002	−54 543.0	463 376.0	44 692.7	−14 512.0	114 557.0	10 925.0	4 857.2	−2 987.7	2 249.2	−40 031.0	33 767.7
2003	−58 483.0	482 939.0	46 337.6	−15 378.0	120 353.0	11 455.7	4 911.4	−3 131.1	2 332.5	−43 105.0	34 881.9

注：未做特殊说明，所有数值均用2002—2003年不变价计算。

9.2.5 项目g、h和i：调整后的CON(1)、CON(2)、CON(3)

调整后的CON(1)、CON(2)、CON(3)值，依据式(3.1)计算得出。

9.2.6 项目j：收入分配指数

第3章已解释过，DI用于加权调整后的CON(1)、CON(2)、CON(3)，它的构建是基于如下假设，即年度收入中位数水平占人均GDP或GSP的比率下降，表示社会中的贫富收入差距扩大。

为构建澳大利亚的DI，我们一开始就收集1986年、1991年、1996年和2001年这4个普查年份的中位数周收入数据，然后用周收入数据乘52，得到上述4年中的每年度数据，对于中间年份，我们使用直线插补法，然后改变名义值，以2002—2003年不变价计算得到每年收入中位数的实际值。

完成这些步骤以后，我们又计算中位数年收入占人均实际GDP的比率，并将1986年的比率设定成值为100.0的指数，则1986年以后每年的DI就可依次计算得出，具体方法如下：(1)前一年的指数值乘前一年中位数年收入占人均实际GDP的比率；(2)再把(1)中的计算结果除以当前年份中位数年收入占人均实际GDP的比率（表9.6）。

对于维多利亚州，我们也是使用同样方法，当然，使用维多利亚本州数据的情况除外（表9.7）。对于澳大利亚其他地区，首先计算1986年、1991年、1996年和2001年这4年的中位数周收入数据，为此，我们计算维多利亚州人口占澳大利亚其他地区人口总和的比重，再将此比重代入下式：

$$\text{澳大利亚其他地区中位数收入} = \frac{\text{调整后的中位数收入} - \left[\text{维多利亚州中位数收入} \times \left(\frac{\text{维多利亚州人口}}{\text{澳大利亚其他地区人口}}\right)\right]}{1 - \left(\frac{\text{维多利亚州人口}}{\text{澳大利亚其他地区人口}}\right)}$$

(9.1)

我们使用与计算澳大利亚和维多利亚州 DI 相同的方法，计算澳大利亚其他地区的年度 DI 值(表 9.8)。

数据来源如下：

ABS, Census of Population and Housing(various), AGPS, Canberra

ABS Catalogue No. 5204.0

ABS Catalogue No. 5220.0

ABS Catalogue No. 3101.0

ABS Catalogue No. 3105.0.65.001.

ABS Catalogue No. 3311.2.55.001.

9.2.7 项目 k、l 和 m：加权后的 CON(1)、CON(2)、CON(3)

基于式(3.2)，将分配指数应用于加权调整后 CON(1)、CON(2)、CON(3)，就可计算得出加权后的 CON(1)、CON(2)、CON(3)年度值。

9.2.8 项目 n：公共服务资本提供的福利(WPPSC)

公共服务资本提供的福利(WPPSC)，等于公共服务资本(比如道路、桥梁、学校、医院和博物馆)的消费或折旧值，ABS 的国民和州账户没有提供这类数据。

为计算澳大利亚和维多利亚州的 WPPSC，我们首先估计公共部门的消费支出占其固定资产投资的份额(DEP)，具体来讲，我们先用固定资本的总消费乘公共部门投资与私人部门投资的比率，即可得到公共固定资本消费的估计值，再用其乘 0.75，并假设 75% 的政府投资支出用于服务资本，而不是生产资料。表 9.9 给出了澳大利亚、维多利亚州、澳大利亚其他地区 WPPSC 的年度值，以及它们详细的计算步骤。澳大利亚其他地区的数值同样是用澳大利亚减去维多利亚州的相应数值计算得出。

数据来源如下：

ABS Catalogue No. 5204.0

ABS Catalogue No. 5220.0

表 9.6 1986—2003 年项目 j：分配指数（DI）—澳大利亚

年份	中位数周收入（美元） a	中位数年收入名义值（美元） b=a×52	缩减指数（2003=100.0） c	中位数年收入实际值（美元） d=100×b/c	人均实际GDP（美元） e	中位数年收入与实际人均实际GDP的比率 f=d/e	分配指数（1986=100.0） g
1986	184	9 568	58.1	16 471.1	26 718.6	0.616	100.0
1987	—	10 441.6	62.2	16 791.7	26 938.8	0.623	98.9
1988	—	11 315.2	67.3	16 825.2	27 924.0	0.603	102.3
1989	—	12 188.8	73.3	16 629.9	28 559.2	0.582	105.9
1990	—	13 062.4	77.3	16 900.4	29 189.8	0.579	106.0
1991	268	13 936	79.9	17 437.0	28 792.1	0.606	101.8
1992	—	14 185.6	81.5	17 409.6	28 521.8	0.610	101.0
1993	—	14 435.2	82.4	17 527.2	29 277.7	0.599	103.0
1994	—	14 684.8	83.1	17 663.1	30 097.2	0.587	105.0
1995	—	14 934.4	84.1	17 755.1	30 993.7	0.573	107.6
1996	292	15 184	86.2	17 623.1	31 889.5	0.553	111.6
1997	—	15 047.2	87.4	18 335.0	32 716.1	0.560	109.9
1998	—	15 910.4	88.7	19 006.0	33 821.4	0.562	109.4
1999	—	17 773.6	88.8	20 017.2	35 213.0	0.568	108.4
2000	—	18 636.8	90.5	20 582.7	36 101.7	0.570	108.1
2001	375	19 500	95.1	20 449.0	36 346.4	0.563	109.3

续表

年份	中位数周收入（美元）a	中位数年收入名义值（美元）b=a×52	缩减指数（2003=100.0）c	中位数年收入实际值（美元）d=100×b/c	人均实际GDP（美元）e	中位数年收入实际值与人均实际GDP的比率 f=d/e	分配指数（1986=100.0）g
2002	—	20 363.2	97.5	20 892.6	37 317.0	0.560	110.1
2003	—	21 226.4	100	21 226.4	37 906.4	0.560	110.1

注：未做特殊说明，所有数值均用2002—2003年不变价计算。

表9.7 1986—2003年项目j：分配指数(DI)—维多利亚州

年份	中位数周收入（美元）a	中位数年收入名义值（美元）b=a×52	缩减指数（2003=100.0）c	中位数年收入实际值（美元）d=100×b/c	人均实际GDP（美元）e	中位数年收入实际值与人均实际GDP的比率 f=d/e	分配指数（1986=100.0）g
1986	184	9 568	58.1	16 471.1	26 743.9	0.616	100.0
1987	—	10 493.6	62.2	16 875.3	27 057.2	0.624	98.7
1988	—	11 419.2	67.3	16 979.9	28 158.5	0.603	102.1
1989	—	12 344.8	73.3	16 842.8	28 900.3	0.583	105.7
1990	—	13 270.4	77.3	17 169.5	30 086.6	0.571	107.9

续表

年份	中位数周收入（美元）a	中位数年收入名义值（美元）b=a×52	缩减指数（2003=100.0）c	中位数年收入实际值（美元）d=100×b/c	人均实际GDP（美元）e	中位数年收入实际值与人均实际GDP的比率 f=d/e	分配指数（1986=100.0）g
1991	273	14 196.0	79.9	17 762.3	29 156.6	0.609	101.1
1992	—	14 372.8	81.5	17 639.3	28 242.9	0.625	98.6
1993	—	14 594.6	82.4	17 666.1	29 340.9	0.602	102.3
1994	—	14 726.4	83.1	17 713.1	30 269.3	0.585	105.2
1995	—	14 903.2	84.1	17 718.1	31 125.6	0.569	108.2
1996	290	15 080.0	86.2	17 502.4	32 205.2	0.543	113.3
1997	—	16 016.0	87.4	18 319.3	32 858.4	0.558	110.5
1998	—	16 952.0	88.7	18 112.9	34 179.1	0.530	110.1
1999	—	17 888.0	88.8	20 146.1	36 211	0.556	110.7
2000	—	18 824.0	90.5	20 789.5	36 957	0.563	109.5
2001	380	19 760.0	95.1	20 722.3	37 544.6	0.552	111.3
2002	—	20 696.0	97.5	21 234.1	38 512.6	0.551	111.7
2003	—	21 632.0	100	21 632.0	39 067.1	0.554	111.2

注：未做特殊说明，所有数值均用2002—2003年不变价计算。

第9章 GPI 的计算与数据来源 181

表 9.8 1986—2003 年项目 j：分配指数（DI）—澳大利亚其他地区

年份	澳大利亚人口（千人）	维多利亚人口（千人）	澳大利亚其他地区人口（千人）	维多利亚州与澳大利亚其他地区人口比率	中位数周收入（美元）	中位数年收入名义值（美元）	缩减指数（2003=100.0）	中位数年收入实际值（美元） $h=100\times f/g$	人均实际GDP（美元）	中位数年收入实际值与实际人均GDP的比率 $j=h/i$	分配指数（1986=100.0）
	a	b	c=a−b	d=b/c	e	f=e×52	g		i		k
1986	16 018.4	4 160.9	11 857.5	0.351	184	9 568	58.1	16 471.1	26 709.9	0.617	100.0
1987	16 263.9	4 210.1	12 053.8	0.349		10 423.7	62.2	16 762.9	26 897.5	0.623	98.9
1988	16 532.2	4 262.6	12 269.6	0.347		11 279.5	67.3	16 772.1	27 842.6	0.602	102.4
1989	16 814.5	4 320.2	12 494.3	0.346		12 135.2	73.3	16 556.8	28 441.3	0.582	105.9
1990	17 065.1	4 378.6	12 686.5	0.345		12 990.9	77.3	16 807.9	28 880.2	0.582	106.0
1991	17 284.1	4 420.4	12 863.7	0.344	266	13 846.7	79.9	17 352.2	28 666.9	0.605	102.0
1992	17 494.7	4 455	13 039.7	0.342		14 121	81.5	17 330.3	28 617.1	0.606	101.8
1993	17 667.1	4 472.4	13 194.7	0.339		14 395.4	82.4	17 478.9	29 256.3	0.597	103.2
1994	17 854.8	4 487.6	13 367.2	0.336		14 669.8	83.1	17 645.0	30 039.5	0.587	105.0

续表

年份	澳大利亚人口（千人） a	维多利亚人口（千人） b	澳大利亚其他地区人口（千人） c=a−b	维多利亚州与澳大利亚其他地区人口比率 d=b/c	中位数周收入（美元） e	中位数年收入名义值（美元） f=e×52	缩减指数（2003=100.0） g	中位数年收入实际值（美元） h=100×f/g	人均实际GDP（美元） i	中位数年收入实际值与人均实际GDP的比率 j=h/i	分配指数（1986=100.0） k
1995	18 071.8	4 517.4	13 554.4	0.333		14 944.1	84.1	17 766.7	30 949.8	0.574	107.4
1996	18 310.8	4 560.2	13 750.6	0.332	293	15 218.5	86.2	17 663.1	31 784.9	0.556	111.0
1997	18 517.6	4 597.2	13 920.4	0.330		16 057.7	87.4	18 367.0	32 669.1	0.562	109.7
1998	18 711.3	4 637.8	14 073.5	0.330		16 896.9	88.7	19 050.8	33 703.5	0.565	109.1
1999	18 925.9	4 686.4	14 239.5	0.329		17 736.1	88.8	19 975.0	34 884.6	0.573	107.7
2000	19 153.3	4 741.3	14 412	0.329	373	18 575.3	90.5	20 514.8	35 820.2	0.573	107.7
2001	19 413.2	4 804.7	14 608.5	0.329		19 414.5	95.1	20 409.1	35 952.3	0.568	108.6
2002	19 641	4 857.2	14 783.8	0.329		20 253.7	97.5	20 780.3	36 924.1	0.563	109.6
2003	19 872.6	4 911.4	14 961.2	0.328		21 092.9	100	21 092.9	37 525.3	0.562	109.7

未做特殊说明，所有数值均用2002—2003年不变价计算。

9.2.9 项目 o：无偿家务劳动的价值

1997 年澳大利亚无偿家务劳动的总时长为 176.69 亿小时（ABS，2000，Catalogue No.5240.0）。考虑到 1997 年澳大利亚共有 699.8 万户家庭，这相当于澳大利亚每个家庭的无偿家务劳动时间为 2 524.7 小时。为估算考察期内其余年份的无偿家务劳动小时数，我们假定，体现于家用电器中的劳动节约型技术，每年以 1% 的速度进步，进而将 1997 年以前年份中的无偿家务劳动时间上调 1%，1997 年以后年份中的无偿家务劳动时间下调 1%，然后用每年、每个澳大利亚家庭无偿家务劳动小时数乘澳大利亚家庭户数的变化量，由此可以得出，考察期内每一年家务劳动总时长。

ABS 1997 年开展的一项关于无偿家务劳动的研究使用了多种估算方法，以计算无偿家务劳动的价值。其中一种方法就是净机会成本法。1997 年，1 小时家务劳动的净机会成本为 13.47 美元，这相当于以 2002—2003 不变价计算的 15.41 美元。假定考察期内，1 小时家务劳动的实际价值保持不变，我们最终计算得出了澳大利亚无偿家务劳动的总价值，具体方法是，用每年家务劳动总时长乘 15.41 美元/小时（表 9.10）。

数据来源如下：

ABS(1994)，Catalogue No.5240.0.

ABS(2000)，Catalogue No.5240.0.

9.2.10 项目 p：志愿者劳动价值

志愿者劳动价值的计算方法类似于无偿家务劳动，同样使用净机会成本法，也是假定 1997 年 1 小时志愿者劳动的净机会成本，为 2002—2003 年不变价计算的 15.41 美元，同样假定，在考察期内每小时志愿者劳动的净机会成本保持不变。

ABS 开展过 2 次关于志愿者工作价值的研究，一次是 1992 年，另外一次是 1997 年。据 ABS 估计，1992 年，澳大利亚人从事的志愿者工作总时长为 14.7 亿小时，1997 年为 17.8 亿小时。关于考察期内其他年份的志愿者工作小时数,我们使用直线插补法。如表9.11所示,澳大利亚志愿者劳动的总价值等于志愿者劳动总时长乘15.41美元/小时。

为计算维多利亚州志愿者劳动的价值,我们使用了1995年和2000年的时间调查,获得维多利亚州的志愿者劳动占整个澳大利亚志愿者劳动的份额,然后使用直线插补法得到每一年的志愿者劳动小时数,再用其年度值乘15.41美元/小时。澳大利亚其他地区的数值同样是用澳大利亚减去维多利亚州的相应数值计算得出。

数据来源如下:

ABS(2001),Catalogue No. 4441.0.

ABS(2000),Catalogue No. 5240.0.

9.2.11　项目q:失业、就业不足和劳动力未被充分利用的成本

失业(广义失业)成本估算,使用了充分就业与公平研究中心(CFEE)提出的基于一般小时数测度的劳动力未被充分利用状况。我们首先计算官方失业率与CFEE的CU8失业率的比值,其中,CU8失业率等于官方失业率加上CFEE对隐性失业和就业不足的估计值。然后,再用这个比率乘ABS官方估计的失业人数,得到符合CU8定义的失业总人数。我们进一步假定,每位失业人口的成本等于实际最低工资减失业救济金与租金援助补贴的总和(即以2002—2003不变计算,实际最低工资减去240.5美元)。CU8失业率的总成本就是用符合CU8定义的失业总人口乘每位失业人口的成本(表9.12)。

我们在计算CU8失业率总成本时,遇到的一个困难就是无法获得1996年以前名义最低周工资。因此,我们使用1986年至1996年的工资指数奖金率(award rates of pay indices)去估计1986年至1995年的名义最低周工资的变化。

维多利亚州CU8失业成本的计算方法同澳大利亚(表9.13)。澳大利亚其他地区的CU8失业成本是用澳大利亚成本减去维多利亚州成本计算得出的(表9.13)。

表9.9 1986—2003年项目n：公共服务资本提供的福利（WPPSC）—澳大利亚、维多利亚州与澳大利亚其他地区

年份	澳大利亚 固定资本消费(DEP)(百万美元) a	澳大利亚 公共部门投资(百万美元) b	澳大利亚 私人部门投资(百万美元) c	澳大利亚 公共与私人部门投资比率 d=b/c	澳大利亚 公共部门固定资本消费(百万美元) e=a×d	澳大利亚 WPPSC(百万美元) f=e×0.75	维多利亚州 固定资本消费(DEP)(百万美元) g	维多利亚州 公共部门投资(百万美元) h	维多利亚州 私人部门投资(百万美元) i	维多利亚州 公共与私人部门投资比率 j=h/i	维多利亚州 公共部门固定资本消费(百万美元) k=g×j	维多利亚州 WPPSC(百万美元) l=k×0.75	澳大利亚其他地区 WPPSC(百万美元) m=f−l
1986	57 464.0	23 611.0	64 825.0	0.36	20 929.9	15 697.4	13 441.1	5 341.0	15 445.0	0.35	4 648.0	3 486.0	12 211.4
1987	59 953.0	23 622.0	64 526.0	0.37	21 947.9	16 460.9	14 343.9	4 999.0	16 277.0	0.31	4 405.3	3 304.0	13 156.9
1988	63 633.0	21 001.0	74 255.0	0.28	17 996.7	13 497.5	14 830.8	4 620.0	17 648.0	0.26	3 882.5	2 911.9	10 585.6
1989	67 412.0	21 059.0	84 219.0	0.25	16 856.4	12 642.3	15 776.1	4 665.0	20 207.0	0.23	3 642.1	2 731.6	9 910.7
1990	68 444.0	24 638.0	81 367.0	0.30	20 724.8	15 543.6	15 801.6	5 743.0	18 978.0	0.30	4 781.7	3 586.3	11 957.3
1991	71 678.0	23 257.0	72 220.0	0.32	23 082.4	17 311.8	15 042.1	4 855.0	15 304.0	0.32	4 771.9	3 578.9	13 732.9

续表

	澳大利亚						维多利亚州					澳大利亚其他地区
年份	固定资本消费(DEP)(百万美元) a	公共部门投资(百万美元) b	私人部门投资(百万美元) c	公共与私人部门投资比率 d=b/c	公共部门固定资本消费(百万美元) e=a×d	WPPSC(百万美元) f=e×0.75	固定资本消费(DEP)(百万美元) g	公共部门投资(百万美元) h	私人部门投资(百万美元) i	公共与私人部门投资比率 j=h/i	公共部门固定资本消费(百万美元) k=g×j	WPPSC(百万美元) l=k×0.75	WPPSC(百万美元) m=f−l
1992	74 530.0	22 954.0	67 736.0	0.34	25 256.3	18 942.2	15 336.8	4 730.0	14 030.0	0.34	5 170.5	3 877.9	15 064.3
1993	76 811.0	22 420.0	74 259.0	0.30	23 190.4	17 392.8	16 217.5	4 031.0	16 440.0	0.25	3 976.4	2 982.3	14 410.5
1994	79 880.0	21 725.0	81 317.0	0.27	21 341.1	16 005.8	17 388.3	4 619.0	17 887.0	0.26	4 490.3	3 367.7	12 638.1
1995	82 520.0	24 510.0	89 896.0	0.27	22 498.9	16 874.2	17 067.0	5 482.0	18 407.0	0.30	5 082.9	3 812.2	13 062.0
1996	85 124.0	23 588.0	93 085.0	0.25	21 570.7	16 178.0	18 729.2	4 754.0	21 103.0	0.23	4 219.2	3 164.4	13 013.6
1997	88 950.0	23 004.0	102 820.0	0.22	19 900.8	14 925.6	21 201.6	3 416.0	26 467.0	0.13	2 736.4	2 052.3	12 873.3
1998	93 773.0	21 115.0	116 761.0	0.18	16 957.9	12 718.4	21 765.4	4 269.0	27 302.0	0.16	3 403.3	2 552.5	10 165.9

续表

	澳大利亚						维多利亚州						澳大利亚其他地区
年份	固定资本消费(DEP)(百万美元)	公共部门投资(百万美元)	私人部门投资(百万美元)	公共与私人部门投资比率	公共部门固定资本消费(百万美元)	WPPSC(百万美元)	固定资本消费(DEP)(百万美元)	公共部门投资(百万美元)	私人部门投资(百万美元)	公共与私人部门投资比率	公共部门固定资本消费(百万美元)	WPPSC(百万美元)	WPPSC(百万美元)
	a	b	c	d=b/c	e=a×d	f=e×0.75	g	h	i	j=h/i	k=g×j	l=k×0.75	m=f−l
1999	97 990.0	25 330.0	120 872.0	0.21	20 534.8	15 401.1	24 259.3	5 243.0	31 008.0	0.17	4 101.9	3 076.4	12 324.7
2000	103 794.0	25 111.0	133 238.0	0.19	19 561.7	14 671.3	26 357.6	5 329.0	34 154.0	0.16	4 112.5	3 084.4	11 586.9
2001	107 713.0	25 103.0	122 144.0	0.21	22 137.2	16 602.9	27 731.0	4 815.0	33 350.0	0.14	4 003.7	3 002.8	13 600.1
2002	114 217.0	27 280.0	135 273.0	0.20	23 033.7	17 275.3	29 626.4	5 477.0	26 676.0	0.21	4 424.3	3 318.2	13 957.1
2003	119 407.0	28 131.0	156 671.0	0.18	21 440.1	16 080.1	31 119.6	6 329.0	41 527.0	0.15	4 742.8	3 557.1	12 522.9

注：未做特殊说明，所有数值均用2002—2003年不变价计算。

表 9.10　1986—2003 年项目 o：无偿家务劳动的价值－澳大利亚、维多利亚州与澳大利亚其他地区

年份	澳大利亚							维多利亚州					澳大利亚其他地区
	每年每户家务劳动小时数（时）	家庭数量（千户）	每年家务劳动总时长（百万小时）	每小时机会成本（美元，1996—1997价格）	每小时机会成本（美元，2002—2003价格）	家务劳动总价值（百万美元）	每年每户家务劳动小时数（时）	家庭数量（千户）	每年家务劳动总时长（百万小时）	家务劳动总价值（百万美元）	家务劳动总价值（百万美元）
	a	c	d=a×c	e	f	g=d×f	h	j	k=h×j	l=j×k	m=g−l
1986	2 816.8	5 178.4	14 611.7	—	15.41	225 124.2	2 816.8	1 345.6	3 790.3	58 397.9	166 726.3
1987	2 788.9	5 315.0	14 822.9	—	15.41	228 378.9	2 788.9	1 372.8	3 828.6	58 985.4	169 393.5
1988	2 761.3	5 442.6	15 028.5	—	15.41	231 547.0	2 761.3	1 399.9	3 865.5	59 555.6	171 991.4
1989	2 733.9	5 570.3	15 228.6	—	15.41	234 630.1	2 733.9	1 427.0	3 901.3	60 108.8	174 521.3
1990	2 706.9	5 697.9	15 423.3	—	15.41	237 629.4	2 706.9	1 454.1	3 936.1	60 645.1	176 984.3
1991	2 680.1	5 825.5	15 612.6	—	15.41	240 546.3	2 680.1	1 481.3	3 970.0	61 164.9	179 381.4
1992	2 653.5	6 040.0	16 072.2	—	15.41	246 934.1	2 653.5	1 528.6	4 056.1	62 491.9	184 442.2
1993	2 627.2	6 524.5	16 432.1	—	15.41	253 171.8	2 627.2	1 575.8	4 139.9	63 786.7	189 385.1
1994	2 601.2	6 469.0	16 827.4	—	15.41	259 261.8	2 601.2	1 623.1	4 222.0	65 049.6	194 212.2

续表

	澳大利亚						维多利亚州				澳大利亚其他地区
年份	每年每户家务劳动小时数(时)	家庭数量(千户)	每年家务劳动总时长(百万小时)	每小时机会成本(美元,1996—1997价格)	每小时机会成本(美元,2002—2003价格)	家务劳动总价值(百万美元)	每年每户家务劳动小时数(时)	家庭数量(千户)	每年家务劳动总时长(百万小时)	家务劳动总价值(百万美元)	家务劳动总价值(百万美元)
	a	c	d=a×c	e	f	g=d×f	h	j	k=h×j	l=j×k	m=g−l
1995	2 575.5	6 683.5	17 231.2	—	15.41	265 206.4	2 575.5	1 670.4	4 302.1	66 281.3	198 925.1
1996	2 550.0	6 898.0	17 589.7	—	15.41	271 007.8	2 550.0	1 717.6	4 379.9	67 482.3	203 525.5
1997	2 524.7	6 998.3	17 668.9	13.47	15.41	272 227.4	2 524.7	1 746.7	4 409.9	67 945.4	204 282.0
1998	2 499.7	7 098.7	17 744.8	—	15.41	273 396.3	2 499.7	1 775.8	4 439.0	68 392.7	205 003.6
1999	2 475.0	7 199.0	17 817.4	—	15.41	274 515.4	2 475.0	1 804.9	4 467.1	68 824.4	205 691.0
2000	2 450.5	7 299.3	17 886.8	—	15.41	275 585.5	2 450.5	1 834.0	4 494.2	69 241.0	206 344.5
2001	2 462.2	7 399.7	17 953.2	—	15.41	276 607.5	2 462.2	1 863.0	4 587.1	69 642.5	206 965.0
2002	2 402.2	7 500.0	18 016.4	—	15.41	277 582.2	2 402.2	1 892.1	4 545.2	70 029.3	207 552.9
2003	2 378.4	7 600.3	18 076.7	—	15.41	278 510.5	2 378.4	1 921.2	4 569.4	70 401.6	208 108.9

注：未做特殊说明，所有数值均用 2002—2003 年不变价计算。

表 9.11 1986—2003 年项目 p：志愿劳动的价值－澳大利亚、维多利亚州与澳大利亚其他地区

年份	澳大利亚 每年志愿者劳动总时长（百万小时） a	每小时机会成本（美元，2002—2003年价格） b	志愿劳动总价值（百万美元） c＝a×b	维多利亚州 澳大利亚志愿劳动中维多利亚份额（%） d	每年志愿者劳动总时长（百万小时） e＝a×d	志愿劳动总价值（百万美元） f＝b×e	澳大利亚其他地区 志愿劳动总价值（百万美元） g＝c－f
1986	1 100.2	15.41	16 950.8	—	144.2	2 222.0	14 728.8
1987	1 162.1	15.41	17 905.3	—	173.2	2 668.7	15 236.6
1988	1 224.1	15.41	18 859.9	—	202.2	3 115.4	15 744.5
1989	1 286.1	15.41	19 814.6	—	231.2	3 562.2	16 252.4
1990	1 348.1	15.41	20 769.2	—	260.2	4 008.9	16 760.3
1991	1 410.0	15.41	21 723.8	—	289.2	4 455.6	17 268.2
1992	1 471.9	15.41	22 678.4	—	318.2	4 902.3	17 776.1
1993	1 533.9	15.41	23 561.6	—	347.2	5 349.1	18 212.5
1994	1 595.9	15.41	24 479.0	—	376.2	5 795.8	18 683.2
1995	1 657.8	15.41	25 432.2	0.244	405.2	6 242.5	19 189.7

续表

年份	澳大利亚 每年志愿者劳动总时长（百万小时） a	澳大利亚 每小时机会成本（美元，2002—2003年价格） b	澳大利亚 志愿劳动总价值（百万美元） c=a×b	澳大利亚志愿劳动中维多利亚份额（%） d	维多利亚州 每年志愿者劳动总时长（百万小时） e=a×d	维多利亚州 志愿劳动总价值（百万美元） f=b×e	澳大利亚其他地区 志愿劳动总价值（百万美元） g=c−f
1996	1 719.8	15.41	26 422.6	—	434.2	6 689.3	19 733.3
1997	1 781.7	15.41	27 451.5	—	463.2	7 136.0	20 315.5
1998	1 843.7	15.41	28 406.1	—	492.2	7 582.7	20 823.4
1999	1 905.7	15.41	29 360.7	—	521.2	8 029.4	21 331.3
2000	1 967.6	15.41	30 315.4	0.280	550.1	8 476.2	21 839.2
2001	2 029.6	15.41	31 270.0	—	579.1	8 922.9	22 347.1
2002	2 091.5	15.41	32 224.6	—	608.1	9 369.6	22 855.0
2003	2 153.5	15.41	33 179.2	—	637.1	9 816.4	23 362.8

注：未做特殊说明，所有数值均用2002—2003年不变价计算。

表 9.12　1986—2003 年项目 q：失业、就业不足和劳动力未被充分利用的成本—澳大利亚

年份	失业人口（千人）a	官方失业率（%）b	CofFEE CU8率（%）c	CU8与官方失业率的比值 d=c/b	CU8人口（千人）e=a×d	奖励薪酬率指数（1986=100.0）f	最低周薪名义值（美元）g	缩减指数（2003=100.0）h	最低周薪实际值（美元）i	每周失业的直接成本（百万美元）j=e×i	CU8总成本（百万美元）k=−j×52
1986	589.6	7.8	12.3	1.58	933.6	104.9	242.5	58.1	417.4	389.7	−20 262.8
1987	616.9	8.0	13.1	1.65	1 016.3	109.5	255.2	62.2	410.3	417.0	−21 685.6
1988	562.9	7.1	12.1	1.71	962.5	116.8	266.4	67.3	395.8	381.3	−19 828.6
1989	484.5	5.9	10.1	1.71	829.9	123.5	285.1	73.3	388.9	322.8	−16 786.6
1990	546.1	6.5	10.7	1.66	904.9	129.9	301.6	77.3	390.2	353.2	−18 365.4
1991	793.2	9.4	16.1	1.72	1 364.5	134.4	318.2	79.9	398.2	543.3	−28 249.5
1992	904.7	10.6	18.7	1.77	1 602.9	136.1	329.8	81.5	404.7	648.7	−33 733.4
1993	912.2	10.6	18.7	1.76	1 606.3	137.6	333.8	82.4	405.1	651.0	−33 852.5
1994	835.3	9.5	17.2	1.80	1 506.2	139.3	337.8	83.1	406.5	612.0	−31 824.0
1995	728.2	8.1	14.8	1.83	1 331.8	141.6	343.0	84.1	407.8	543.1	−28 242.8

续表

年份	失业人口（千人）	官方失业率（%）	CofFEE CU8率（%）	CU8与官方失业率的比值	CU8人口（千人）	奖励薪酬率指数（1986=100.0）	最低周薪名义值（美元）	缩减指数（2003=100.0）	最低周薪实际值（美元）	每周失业的直接成本（百万美元）	CU8总成本（百万美元）
	a	b	c	d=c/b	e=a×d	f	g	h	i	j=e×i	k=−j×52
1996	745.5	8.2	14.9	1.82	1 357.7	—	349.4	86.2	405.3	550.6	−28 630.2
1997	761.7	8.3	15.2	1.83	1 395.3	—	363.1	87.4	415.4	579.4	−30 130.9
1998	728.1	7.8	14.3	1.84	1 336.3	—	376.7	88.7	424.7	567.6	−29 515.7
1999	647.5	6.9	12.9	1.87	1 211.2	—	390.4	88.8	439.6	532.6	−27 692.6
2000	598.0	6.2	11.8	1.90	1 133.7	—	404.1	90.5	446.5	505.9	−26 308.4
2001	675.7	6.9	12.5	1.81	1 221.4	—	417.7	95.1	439.2	536.4	−27 891.8
2002	627.1	6.3	12.0	1.89	1 185.7	—	431.4	97.5	442.5	524.8	−27 289.1
2003	620.7	6.2	11.9	1.93	1 197.6	—	448.4	100.0	448.4	537.0	−27 924.0

注：未做特殊说明，所有数值均用2002—2003年不变价计算。

表 9.13 1986—2003 年项目 q：失业、就业不足和劳动力未被充分利用的成本—维多利亚和澳大利亚其他地区

年份	失业人口（千人）	官方失业率（%）	CofFEE CU8率（%）	CU8与官方失业率的比值	CU8人口（千人）	最低周薪实际值（美元）	每周失业的直接成本（百万美元）	CU8总成本（百万美元）	CU8总成本（百万美元）	CU8总成本（百万美元）
	a	b	c	d＝c/b	e＝c×d	i	j＝e×i	k＝−j×52	l(表9.12)	m＝−j×52
1986	125.4	6.3	9.8	1.56	195.1	417.4	81.42	−4 233.9	−20 263.1	−16 029.1
1987	123.0	6.0	10.3	1.72	211.2	410.3	86.64	−4 505.3	−21 685.3	−17 180.0
1988	121.6	5.9	9.3	1.58	191.7	395.8	75.93	−3 948.6	−19 828.6	−15 880.0
1989	99.0	4.6	8.3	1.80	178.6	388.9	69.48	−3 613.1	−16 786.6	−13 173.5
1990	119.8	5.4	7.6	1.41	168.6	390.2	65.80	−3 421.8	−18 365.2	−14 943.4
1991	214.5	9.8	13.8	1.41	302.1	398.2	120.26	−6 253.3	−28 249.4	−21 996.1
1992	250.0	11.4	18.5	1.62	405.7	404.7	164.20	−8 538.4	−33 733.6	−25 195.2
1993	262.4	12.0	20.1	1.68	439.5	405.1	178.14	−9 263.1	−33 852.5	−24 589.4
1994	230.2	10.4	20.0	1.92	442.7	406.5	179.88	−9 353.7	−31 823.9	−22 470.2
1995	190.5	8.4	16.8	2.00	381.0	407.8	155.37	−8 079.4	−28 242.9	−20 163.5

续表

年份	失业人口（千人） a	官方失业率（%） b	CofFEE CU8率（%） c	CU8与官方失业率的比值 d=c/b	CU8人口（千人） e=c×d	最低周薪实际值（美元） i	每周失业的直接成本（百万美元） j=e×i	CU8总成本（百万美元） k=-j×52	澳大利亚 CU8总成本（百万美元） l(表9.12)	澳大利亚其他地区 CU8总成本（百万美元） m=l-j×52
1996	187.1	8.2	15.3	1.87	349.1	405.3	141.57	-7 361.6	-28 630.2	-21 268.6
1997	202.8	8.8	15.8	1.80	364.1	415.4	151.21	-7 863.0	-30 131.1	-22 268.1
1998	187.0	7.9	14.4	1.82	340.9	424.7	144.78	-7 528.7	-29 515.8	-21 987.1
1999	168.8	7.2	13.3	1.85	311.8	439.6	137.10	-7 129.1	-27 692.8	-20 563.7
2000	147.3	6.2	11.5	1.85	273.2	446.5	121.93	-6 340.1	-26 308.4	-19 968.3
2001	156.5	6.4	10.8	1.69	264.1	439.2	115.97	-6 030.6	-27 891.7	-21 861.1
2002	143.5	5.8	11.4	1.97	282.1	442.5	124.84	-6 491.7	-27 289.3	-20 797.6
2003	146.7	5.9	10.7	1.81	266.0	448.4	119.30	-6 203.4	-27 923.9	-21 720.5

注：未做特殊说明，所有数值均用2002—2003年不变价计算。

数据来源如下：

ABS，Catalogue No. 6105.0

ABS，Catalogue No. 6202.2

ABS，Catalogue No. 6203.0

ABS，Catalogue No. 6265.0

ABS，Catalogue No. 6302.0

CLMI (CofFEE) (2004), *An Alternative View of the Labour Marktet*, May 2004(http：// e1.Newcastle.edu.au/coffee).

National Coalition Against Poverty (NCAP) (2003), *Poverty Scorecard for Australia*；2003.

Salvation Army (2003), *Poverty in Australia：Fact Sheet*, The Salvation Army of Australia.

9.2.12 项目 r：犯罪成本

第 3 章提到过，犯罪总成本是对 6 类犯罪成本的加总，即杀人、袭击、抢劫、非法入侵、车辆被盗和其他偷盗。我们基于考察期内每年报告的相关案例数量，为每类犯罪建立了单独的犯罪指数，既有整个澳大利亚的，也有维多利亚州的。

然后，用单个犯罪指数乘 1988 年 (Walker, 1992)、1996 年 (Walker, 1997) 和 2001 年 (Mayhew, 2003) 每类犯罪的成本估计值 (表 9.14)。维多利亚州犯罪成本估计方法与此相同，并且我们假定，维多利亚州每类犯罪真实成本与澳大利亚相等 (表 9.15)。澳大利亚其他地区的犯罪成本是澳大利亚和维多利亚州犯罪成本的差额 (表 9.15 和图 9.1)。

数据来源如下：

ABS, Catalogue No. 1301.0(历年).

ABS, Catalogue No. 1301.2(历年).

ABS(2003), Catalogue No. 4102.0.

ABS(2002), Catalogue No. 4509.0.

ABS(2004), Catalogue No. 4510.0.

Australian Institute of Criminology (2003), Australian Crime: Facts and Figures, 2003, AIC, Canberra.

Mayhew, P. (2003), "Counting the costs of crime in Australia", *Australian Institute of Criminology: Trends and Issues*, No. 247, AIC, Canberra.

Walker, J. (1992) "estimates of the cost of crime in Australia in 1988", *Australian Institute of Criminology: Trends and Issues*, No. 39, AIC, Canberra.

Walker, J. (1997) "estimates of the cost of crime in Australia in 1996", *Australian Institute of Criminology: Trends and Issues*, No. 72, AIC, Canberra.

9.2.13 项目 s：家庭破裂的成本

我们把离婚数量作为对家庭不团结与功能失调的近似测度，并用以计算家庭破裂的成本。基于法律与宪法事务常务委员会代表办公室(House of Representatives standing committee on Legal and constitutional affairs)提供的一份报告，我们假定，1990 年，每例离婚的成本约为 2 万美元(诉讼费、咨询费、对孩子的心理伤害)，这相当于 2002—2003 年不变价计算的 27 287 美元，进一步假定，在考察期内这项成本保持不变。

再次基于上述报告提供的证据，平均每个离婚家庭的婚姻持续 10 年时间，我们假定每一年，功能失调家庭的数量等于当年离婚数的 4 倍，并且每个功能失调家庭的成本是离婚成本的一半，即以 2002—2003 年不变价计算的 13 644 美元。

加总离婚成本与家庭功能失调成本，即可得出家庭破裂的成本(澳大利亚数据见表 9.16，维多利亚州和澳大利亚其他地区数据见表 9.17)。

表 9.14 1986—2003 年项目 r：犯罪成本—澳大利亚

年份	杀人罪数量（例） a	杀人罪名义成本（百万美元） b	杀人罪实际成本（百万美元） c	每起杀人罪实际成本（百万美元） d=c/a	杀人罪总成本（百万美元） e=a×d	一般伤害罪数量（例） f	性侵犯罪数（例） g	伤害罪总数（例） h=f+g	伤害罪名义成本（百万美元） i	伤害罪实际成本（百万美元） j	每起伤害罪实际成本（百万美元） k=j/h	伤害罪总成本（百万美元） l=h×k
1986	310	—	—	1.29	−400.7	77 847	7 050	84 897	—	—	0.004 7	−402.3
1987	300	—	—	1.28	−382.6	78 157	7 450	85 607	—	—	0.005 2	−444.2
1988	325	275	408.9	1.26	−408.9	78 337	8 950	87 287	331.0	492.2	0.005 6	−492.2
1989	325	—	—	1.24	−403.3	81 037	8 900	89 937	—	—	0.006 1	−547.6
1990	327	—	—	1.22	−400.2	82 860	8 722	91 582	—	—	0.006 5	−605.3
1991	329	—	—	1.21	−397.0	84 682	10 543	95 225	—	—	0.007 0	−665.4
1992	331	—	—	1.19	−393.7	86 505	11 365	97 870	—	—	0.007 4	−727.9
1993	333	—	—	1.17	−390.3	88 327	12 186	100 513	—	—	0.007 9	−792.8
1994	320	—	—	1.15	−369.6	90 150	12 722	102 872	—	—	0.008 3	−857.6
1995	356	—	—	1.14	−405.0	101 710	13 099	114 809	—	—	0.008 8	−1 008.8
1996	350	323	392.2	1.12	−392.2	114 156	14 542	128 698	979.0	1 188.7	0.009 2	−1 188.7
1997	360	—	—	1.27	−456.5	124 500	14 353	138 853	—	—	0.009 6	−1 336.5
1998	332	—	—	1.42	−470.0	130 903	14 336	145 239	—	‥	0.010 0	−1 454.5
1999	386	—	—	1.56	−603.4	134 271	14 104	148 375	—	—	0.010 4	−1 543.7

续表

杀人罪 / 伤害罪

年份	杀人罪数量(例) a	杀人罪名义成本(百万美元) b	杀人罪实际成本(百万美元) c	每起杀人罪实际成本(百万美元) d=c/a	杀人罪总成本(百万美元) e=a×d	一般伤害罪数量(例) f	性侵犯罪数(例) g	伤害罪总数(例) h=f+g	伤害罪名义成本(百万美元) i	伤害罪实际成本(百万美元) j	每起伤害罪实际成本(百万美元) k=j/h	伤害罪总成本(百万美元) l=h×k
2000	363	—	—	1.71	−621.0	138 708	15 759	154 467	1 630.0	—	0.010 8	−1 667.2
2001	346	554	643.0	1.86	−643.3	152 283	16 897	169 180	—	1 891.8	0.011 2	−1 891.8
2002	363	—	—	1.97	−716.2	159 548	17 850	177 398	—	—	0.011 6	−2 054.9
2003	358	—	—	2.12	−759.1	166 813	18 803	185 616	—	—	0.012 0	−2 222.4

抢劫罪 / 非法人侵罪

年份	抢劫罪数量(例) m	抢劫罪名义成本(百万美元) n	抢劫罪实际成本(百万美元) o	每起抢劫罪实际成本(百万美元) p=o/m	抢劫罪总成本(百万美元) q=m×p	非法人侵罪数量(例) r	非法人侵罪名义成本(百万美元) s	非法人侵罪实际成本(百万美元) t	每起非法人侵罪实际成本(百万美元) u=t/r	非法人侵罪总成本(百万美元) v=r×u
1986	8 350	—	—	0.047	−391.6	124 000	—	—	0.009	−1 106.2
1987	8 100	—	—	0.046	−368.8	159 000	—	—	0.008	−1 333.8
1988	8 500	253	376.2	0.044	−376.2	169 000	893	1 327.9	0.008	−1 327.9
1989	9 353	—	—	0.043	−401.0	181 000	—	—	0.007	−1 325.9

续表

年份	抢劫罪数量（例） m	抢劫罪名义成本（百万美元） n	抢劫罪实际成本（百万美元） o	每起抢劫罪实际成本（百万美元） p=o/m	抢劫罪总成本（百万美元） q=m×p	非法入侵罪数量（例） r	非法入侵罪名义成本（百万美元） s	非法入侵罪实际成本（百万美元） t	每起非法入侵罪实际成本（百万美元） u=t/r	非法入侵罪总成本（百万美元） v=r×u
1990	10 206	—	—	0.041	−423.3	231 196	—	—	0.007	−1 570.6
1991	11 059	—	—	0.040	−443.3	281 392	—	—	0.006	−1 762.0
1992	11 912	—	—	0.039	−461.0	331 587	—	—	0.006	−1 900.0
1993	12 765	—	—	0.037	−476.2	381 783	—	—	0.005	−1 984.5
1994	13 967	—	—	0.036	−501.7	379 505	—	—	0.005	−1 770.9
1995	14 564	—	—	0.035	−502.9	385 162	—	—	0.004	−1 592.4
1996	16 372	—	—	0.034	−558.8	402 079	1 193	1 448.5	0.004	−1 448.5
1997	21 305	—	—	0.033	−697.6	421 569	—	—	0.004	−1 760.7
1998	23 801	—	—	0.031	−746.2	434 376	—	—	0.005	−2 063.5
1999	22 606	—	—	0.030	−677.3	415 735	—	—	0.005	−2 213.6
2000	23 336	—	—	0.029	−666.7	436 968	—	—	0.006	−2 577.4
2001	16 591	600	696.4	0.026	−696.4	435 754	2 430	2 820.3	0.006	−2 820.3
2002	20 961	—	—	0.025	−519.8	394 374	—	—	0.007	−2 691.6
2003	23 459	—	—	0.023	−544.5	423 441	—	—	0.007	−3 133.1

续表

年份	车辆盗窃罪						其他盗窃罪						
	车辆盗窃罪(例) w	车辆盗窃罪名义成本(百万美元) x	车辆盗窃罪实际成本(百万美元) y	每起车辆盗窃罪实际成本(百万美元) z=y/w	车辆盗窃罪总成本(百万美元) aa=w×z		其他盗窃罪数量(例) bb	其他盗窃罪名义成本(百万美元) cc	其他盗窃罪实际成本(百万美元) dd	每起其他盗窃罪实际成本(百万美元) ee=dd/bb	其他盗窃罪总成本(百万美元) ff=bb×ee	犯罪总成本(百万美元) gg=e+l+q+v+aa+ff	犯罪相关事故总成本(百万美元) hh=2×gg
1986	124 500	—	—	0.009	−1 074.5		382 000	—	—	0.005	−2 016.0	−5 391.4	−10 782.7
1987	132 000	—	—	0.008	−1 110.6		439 000	—	—	0.005	−2 312.3	−5 952.4	−11 904.8
1988	121 000	667	991.8	0.008	−991.8		437 000	1 545	2 297.3	0.005	−2 297.3	−5 894.3	−11 788.6
1989	127 000	—	—	0.008	−1 013.4		438 000	—	—	0.005	−2 298.1	−5 989.3	−11 978.5
1990	123 368	—	—	0.008	−957.7		446 753	—	—	0.005	−2 339.5	−6 296.6	−12 593.2
1991	119 736	—	—	0.008	−903.5		455 506	—	—	0.005	−2 380.7	−6 551.9	−13 103.8
1992	116 104	—	—	0.007	−850.9		464 259	—	—	0.005	−2 421.7	−6 755.1	−13 510.2
1993	112 472	—	—	0.007	−799.9		473 012	—	—	0.005	−2 462.5	−6 906.3	−13 812.5
1994	119 469	—	—	0.007	−823.7		481 765	—	—	0.005	−2 503.2	−6 826.7	−13 653.3

续表

年份	车辆盗窃罪						其他盗窃罪						犯罪相关事故总成本(百万美元)
	车辆盗窃罪(例) w	车辆盗窃罪名义成本(百万美元) x	车辆盗窃罪实际成本(百万美元) y	每起车辆盗窃罪实际成本(百万美元) z=y/w	车辆盗窃罪总成本(百万美元) aa=w×z		其他盗窃罪数量(例) bb	其他盗窃罪名义成本(百万美元) cc	其他盗窃罪实际成本(百万美元) dd	每起其他盗窃罪实际成本(百万美元) ee=dd/bb	其他盗窃罪总成本(百万美元) ff=bb×ee	犯罪总成本(百万美元) gg=e+l+q+v+aa+ff	hh=2×gg
1995	127 094	—	—	—	—848.7		490 518	—	—	0.005	—2 543.7	—6 901.5	—13 803.0
1996	122 914	654	794.1	0.006	—794.1		521 762	2 224	2 700.4	0.005	—2 700.4	—7 082.7	—14 165.4
1997	130 138	—	—	0.007	—862.6		530 881	—	—	0.005	—2 546.6	—7 660.6	—15 321.1
1998	131 587	—	—	0.007	—894.4		463 482	—	—	0.004	—2 489.6	—8 118.2	—16 236.4
1999	129 552	—	—	0.007	—902.3		612 559	—	—	0.004	—2 474.5	—8 414.8	—16 829.5
2000	138 912	—	—	0.007	—990.8		681 268	—	—	0.004	—2 494.1	—9 017.3	—18 034.5
2001	139 894	880	1 021.4	0.007	—1 021.4		700 137	1 980	2 298.1	0.003	—2 298.1	—9 371.0	—18 741.9
2002	113 389	—	—	0.007	—838.2		679 460	—	—	0.003	—2 023.0	—8 843.7	—17 687.4
2003	130 667	—	—	0.008	—987.9		658 783	—	—	0.003	—1 712.0	—9 358.9	—18 717.7

注：未做特殊说明，所有数值均用 2002—2003 年不变价计算。

表 9.15 1986—2003 年项目 r：犯罪成本——维多利亚和澳大利亚其他地区

维多利亚州

年份	杀人罪数量(例) a	每起杀人罪实际成本(百万美元) b	杀人罪总成本(百万美元) c=a×b	一般伤害罪数量(例) e	性侵犯罪数量(例) f	伤害罪总数(例) g=e+f	每起伤害罪实际成本(百万美元) h	伤害罪总成本(百万美元) i=g×h	抢劫罪数量(例) j	每起抢劫罪实际成本(百万美元) k	抢劫罪总成本(百万美元) l
1986	109	1.29	−140.9	10 375	2 292	12 667	0.004 7	−60.0	1 666	0.047	−78.1
1987	132	1.28	−168.4	10 920	2 348	13 268	0.005 2	−68.8	2 090	0.046	−95.1
1988	145	1.26	−182.4	13 014	2 405	15 419	0.005 6	−86.9	1 811	0.044	−80.2
1989	168	1.24	−208.5	15 671	2 461	18 132	0.006 1	−110.4	1 818	0.043	−77.9
1990	143	1.22	−175.0	13 738	2 517	16 255	0.006 5	−106.3	1 776	0.041	−73.7
1991	155	1.21	−187.0	14 702	2 574	17 276	0.007 0	−120.7	1 995	0.040	−80.0
1992	124	1.19	−147.5	14 979	2 630	17 609	0.007 4	−131.0	1 933	0.039	−74.8
1993	113	1.17	−132.7	15 255	2 686	17 941	0.007 9	−141.5	1 904	0.037	−71.0
1994	122	1.15	−140.8	15 531	2 743	18 274	0.008 3	−152.3	1 637	0.036	−58.8
1995	135	1.14	−153.6	15 807	2 799	18 606	0.008 8	−163.5	1 705	0.035	−58.9

续表

维多利亚州

年份	杀人罪数量（例） a	每起杀人罪实际成本（百万美元） b	杀人罪总成本（百万美元） c=a×b	一般伤害罪数量（例） e	性侵犯罪数量（例） f	伤害罪总数（例） g=e+f	每起伤害罪实际成本（百万美元） h	伤害罪总成本（百万美元） i=g×h	抢劫罪数量（例） j	每起抢劫罪实际成本（百万美元） k	抢劫罪总成本（百万美元） l
1996	109	1.12	−122.1	16 220	2 767	18 987	0.009 2	−175.4	1 911	0.034	−65.2
1997	132	1.27	−167.4	16 632	2 832	19 464	0.009 6	−187.4	2 463	0.033	−80.6
1998	145	1.42	−205.3	17 571	2 967	20 538	0.010 0	−205.7	2 996	0.031	−93.9
1999	158	1.56	−247.0	18 510	3 135	21 645	0.010 4	−225.2	3 404	0.030	−102.0
2000	171	1.71	−292.5	19 449	3 302	22 751	0.010 8	−245.6	3 326	0.029	−95.0
2001	184	1.86	−341.9	20 388	3 470	23 858	0.011 2	−266.8	3 248	0.026	−85.1
2002	197	1.97	−383.7	21 327	3 638	24 965	0.011 6	−289.2	3 170	0.025	−78.6
2003	210	2.12	−445.3	22 266	3 805	26 071	0.012 0	−312.1	3 092	0.023	−71.8

续表

	维多利亚州											维多利亚州	维多利亚州	澳大利亚	澳大利亚其他地区
	非法入侵			车辆盗窃				其他盗窃							
年份	非法入侵罪数量（例）	每起非法入侵罪实际成本（百万美元）	非法入侵罪总成本（百万美元）	车辆盗窃罪数量（例）	每起车辆盗窃罪实际成本（百万美元）	车辆盗窃罪总成本（百万美元）	其他盗窃罪数量（例）	每起其他盗窃罪实际成本（百万美元）	其他盗窃罪总成本（百万美元）	犯罪总成本（百万美元）	与犯罪相关事故总成本（百万美元）	与犯罪相关事故总成本（百万美元）	与犯罪相关事故总成本（百万美元）
	m	n	o = m×n	p	q	r = p×q	s	t	u	v = c+i+l+o+r+u	w = 2×v	x(表9.14)	y = x−w
1986	76 372	0.009	−681.3	26 334	0.009	−227.3	105 460	0.005	−556.6	−1 744.2	−3 488.4	−10 782.7	−7 294.3
1987	87 045	0.008	−730.2	32 598	0.008	−274.3	115 809	0.005	−610.0	−1 946.9	−3 893.7	−11 904.8	−8 011.1
1988	90 569	0.008	−711.6	32 777	0.008	−268.7	118 416	0.005	−622.5	−1 952.4	−3 904.7	−11 788.6	−7 883.9
1989	88 527	0.007	−648.5	35 574	0.008	−283.9	118 954	0.005	−624.1	−1 953.3	−3 906.6	−11 978.5	−8 071.9
1990	87 128	0.007	−591.9	34 951	0.008	−271.3	117 060	0.005	−613.0	−1 831.2	−3 662.3	−12 593.2	−8 930.9
1991	94 201	0.006	−589.9	35 721	0.008	−269.5	133 049	0.005	−695.4	−1 942.5	−3 885.0	−13 103.8	−9 218.8
1992	87 834	0.006	−503.3	31 368	0.007	−229.9	132 237	0.005	−689.8	−1 776.2	−3 552.4	−13 510.2	−9 957.8

续表

年份	非法入侵 非法入侵罪数量（例） m	非法入侵 每起非法入侵罪实际成本（百万美元） n	非法入侵 非法入侵罪总成本（百万美元） o=m×n	车辆盗窃 车辆盗窃罪数量（例） p	车辆盗窃 每起车辆盗窃罪实际成本（百万美元） q	车辆盗窃 车辆盗窃罪总成本（百万美元） r=p×q	其他盗窃 其他盗窃罪数量（例） s	其他盗窃 每起其他盗窃罪实际成本（百万美元） t	其他盗窃 其他盗窃罪总成本（百万美元） u	维多利亚州 犯罪总成本（百万美元） v=c+i+l+o+r+u	维多利亚州 与犯罪事故相关成本总（百万美元） w=2×v	澳大利亚 与犯罪事故相关成本总（百万美元） x（表9.14）	澳大利亚其他地区 与犯罪相关事故成本总（百万美元） y=x−w
1993	80 463	0.005	−418.3	27 578	0.007	−196.1	125 388	0.005	−652.8	−1 612.4	−3 224.8	−13 812.5	−10 587.7
1994	72 260	0.005	−337.2	27 701	0.007	−191.0	118 538	0.005	−615.9	−1 496.1	−2 992.1	−13 653.3	−10 661.2
1995	70 923	0.004	−293.2	29 529	0.007	−195.4	111 689	0.005	−579.2	−1 443.8	−2 887.5	−13 803.0	−10 915.5
1996	70 667	0.004	−254.6	28 737	0.006	−185.7	119 278	0.005	−617.3	−1 420.3	−2 840.6	−14 165.4	−11 324.8
1997	74 081	0.004	−309.4	30 442	0.007	−201.8	119 570	0.005	−573.6	−1 520.2	−3 040.3	−15 321.1	−12 280.8
1998	70 589	0.005	−335.3	29 563	0.007	−200.9	125 569	0.004	−554.8	−1 596.0	−3 191.9	−16 236.4	−13 044.5
1999	76 275	0.005	−406.1	32 075	0.007	−223.4	133 609	0.004	−539.7	−1 743.4	−3 486.8	−16 829.5	−13 342.7

第 9 章　GPI 的计算与数据来源　207

续表

年份	维多利亚州 非法入侵 非法入侵罪数量（例） m	维多利亚州 非法入侵 每起非法入侵罪实际成本（百万美元） n	维多利亚州 非法入侵 非法入侵罪总成本（百万美元） o = m×n	维多利亚州 车辆盗窃 车辆盗窃罪数量（例） p	维多利亚州 车辆盗窃 每起车辆盗窃罪实际成本（百万美元） q	维多利亚州 车辆盗窃 车辆盗窃罪总成本（百万美元） r = p×q	维多利亚州 其他盗窃 其他盗窃罪数量（例） s	维多利亚州 其他盗窃 每起其他盗窃罪实际成本（百万美元） t	维多利亚州 其他盗窃 其他盗窃罪总成本（百万美元） u	维多利亚州 犯罪总成本（百万美元） v=c+i+l+o+r+u	维多利亚州 与犯罪事故相关成本总成本（百万美元） w=2×v	澳大利亚 与犯罪事故相关成本总成本（百万美元） x(表9.14)	澳大利亚其他地区 与犯罪事故相关成本总成本（百万美元） y=x−w
2000	78 774	0.006	−464.6	36 591	0.007	−261.0	141 219	0.004	−517.0	−1 875.8	−3 751.5	−18 034.5	−14 283.0
2001	81 273	0.006	−526.0	41 107	0.007	−300.1	148 829	0.003	−488.5	−2 008.5	−4 016.9	−18 741.9	−14 725.0
2002	83 772	0.007	−571.8	45 623	0.007	−337.2	156 439	0.003	−465.8	−2 131.3	−4 262.5	−17 687.4	−13 424.9
2003	86 271	0.007	−638.3	50 139	0.008	−379.1	164 049	0.003	−426.3	−2 272.9	−4 545.8	−18 717.7	−14 171.9

注：未做特殊说明，所有数值均用 2002—2003 年不变价计算。

表 9.16 1986—2003 年项目 s：家庭破裂的成本—澳大利亚

年份	离婚数量（例） a	每例离婚的成本，1989—1990年美元，2002—2003年价格 b	每例离婚的成本（美元，2002—2003年价格） c	离婚总成本（百万美元） d=a×c	功能失调家庭数量（个） e=a×4	每个功能失调家庭的成本（美元） f=c/2	家庭功能失调总成本（百万美元） g=e×f	家庭破裂总成本（百万美元） h=d+g
1986	39 417	—	27 287	1 075.6	157 668	13 644	2 151.2	−3 226.8
1987	40 469	—	27 287	1 104.3	161 876	13 644	2 208.6	−3 312.9
1988	41 521	—	27 287	1 133.0	166 084	13 644	2 266.1	−3 399.1
1989	42 573	—	27 287	1 161.7	170 292	13 644	2 323.5	−3 485.2
1990	43 625	20 000	27 287	1 190.4	174 500	13 644	2 380.9	−3 571.3
1991	44 677	—	27 287	1 219.1	178 708	13 644	2 438.3	−3 657.4
1992	45 729	—	27 287	1 247.8	182 916	13 644	2 495.7	−3 743.5
1993	48 363	—	27 287	1 319.7	193 452	13 644	2 639.5	−3 959.2
1994	48 312	—	27 287	1 318.3	193 248	13 644	2 636.7	−3 955.0
1995	49 712	—	27 287	1 356.5	198 848	13 644	2 713.1	−4 069.6
1996	52 466	—	27 287	1 431.6	209 864	13 644	2 863.4	−4 295.0

续表

年份	离婚数量（例） a	每例离婚的成本（美元，1989—1990年价格） b	每例离婚的成本（美元，2002—2003年价格） c	离婚总成本（百万美元） d=a×c	功能失调家庭数量（个） e=a×4	每个功能失调家庭的成本（美元） f=c/2	家庭功能失调总成本（百万美元） g=e×f	家庭破裂总成本（百万美元） h=d+g
1997	51 288	—	27 287	1 399.5	205 152	13 644	2 799.1	−4 198.6
1998	51 370	—	27 287	1 401.7	205 480	13 644	2 803.6	−4 205.3
1999	52 566	—	27 287	1 434.4	210 264	13 644	2 868.8	−4 303.2
2000	49 906	—	27 287	1 361.8	199 624	13 644	2 723.7	−4 085.5
2001	55 330	—	27 287	1 509.8	221 320	13 644	3 019.7	−4 529.5
2002	54 004	—	27 287	1 473.6	216 016	13 644	2 947.3	−4 420.9
2003	55 045	—	27 287	1 502.0	220 180	13 644	3 004.1	−4 506.1

注：未做特殊说明，所有数值均用2002—2003年不变价计算。

表 9.17 1986—2003 年项目 s：家庭破裂的成本—维多利亚和澳大利亚其他地区

年份	离婚数量（例） a	每例离婚的成本（美元，1989—1990 年价格） b	每例离婚的成本（美元，2002—2003 年价格） c	离婚总成本（百万美元） d=a×c	功能失调家庭数量（个） e=a×4	每个功能失调家庭的成本（美元） f=c/2	家庭功能失调总成本（百万美元） g=e×f	家庭破裂总成本（百万美元） h=d+g	澳大利亚家庭破裂总成本（百万美元）	澳大利亚其他地区家庭破裂总成本（百万美元）
1986	10 452	—	27 287	285.2	41 808	13 644	570.4	−855.6	−3 226.7	−2 371.1
1987	10 588	—	27 287	288.9	42 352	13 644	577.9	−866.8	−3 312.9	−2 446.1
1988	10 725	—	27 287	292.7	42 900	13 644	585.3	−878	−3 399.0	−2 521.0
1989	10 861	—	27 287	296.4	43 444	13 644	592.7	−889.1	−3 485.1	−2 596.0
1990	10 998	20 000	27 287	300.1	43 992	13 644	600.2	−900.3	−3 571.2	−2 670.9
1991	11 134	—	27 287	303.8	44 536	13 644	607.6	−911.4	−3 657.3	−2 745.9
1992	10 523	—	27 287	287.1	42 092	13 644	574.3	−861.4	−3 743.4	−2 882.0
1993	10 935	—	27 287	298.4	43 740	13 644	596.8	−895.2	−3 959.1	−3 063.9
1994	11 228	—	27 287	306.4	44 912	13 644	612.8	−919.1	−3 954.9	−3 035.8

续表

年份	离婚数量（例） a	每例离婚的成本（美元，1989—1990年价格） b	每例离婚成本，2002—2003年价格 c	离婚总成本（百万美元） d=a×c	功能失调家庭数量（个） e=a×4	每个功能失调家庭成本（美元） f=c/2	家庭功能失调总成本（百万美元） g=e×f	家庭破裂总成本（百万美元） h=d+g	家庭破裂总成本（百万美元）	家庭破裂总成本（百万美元）
									澳大利亚	澳大利亚其他地区
1995	11 838	—	27 287	323.0	47 352	13 644	646.1	−969.1	−4 069.5	−3 100.4
1996	12 491	—	27 287	340.8	49 964	13 644	681.7	−1 022.5	−4 294.9	−3 272.4
1997	12 463	—	27 287	340.1	49 852	13 644	680.2	−1 020.2	−4 198.5	−3 178.3
1998	12 307	—	27 287	335.8	49 228	13 644	671.7	−1 007.5	−4 205.3	−3 197.8
1999	12 742	—	27 287	347.7	50 968	13 644	695.4	−1 043.1	−4 303.2	−3 260.1
2000	12 002	—	27 287	327.5	48 008	13 644	655.0	−982.5	−4 085.4	−3 102.9
2001	13 306	—	27 287	363.1	53 224	13 644	726.2	−1 089.3	−4 529.5	−3 440.2
2002	12 987	—	27 287	354.4	51 948	13 644	708.8	−1 063.1	−4 420.8	−3 357.7
2003	13 237	—	27 287	361.2	52 948	13 644	722.4	−1 083.6	−4 506.1	−3 422.5

注：未做特殊说明，所有数值均用2002—2003年不变价计算。

数据来源如下:

ABS,Catalogue No. 1301.0 and 1301.2(历年).

ABS,Catalogue No. 1301.0.3310.0 and 3307.0.55.001.

ABS,Catalogue No. 3311.2.55.001.

Report of the House of Representatives Standing Committee on Legal and Constitutional Affairs (1998), *To Have and to Hold: Strategies to Strengthen Marriage and Relationships*, Commonwealth of Australia, Canberra.

9.2.14 项目 t：外债余额的变化

澳大利亚外债余额的变化(净债务)数据，直接来源于 ABS 国家核算账户。由于它是用当前价计算，所以我们使用 GDP 缩减指标进一步将外债年度变化情况调整为 2002—2003 年不变价(表 9.18)。

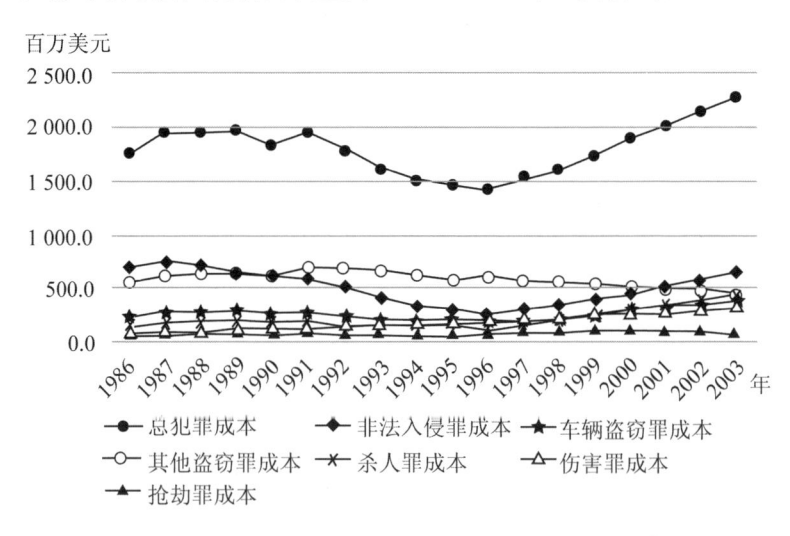

图 9.1 1986—2003 年维多利亚州犯罪成本(2002—2003 年价格)

为计算澳大利亚外债变化量中维多利亚州的份额，我们假定，其取决于两个因素：(1)维多利亚州的消费支出(CON)份额；(2)维多利亚州 GSP 在澳大利亚 GDP 中所占的百分比。据我们推断，第一个因素近似测度进口支出与出口收入的比重，第二个因素反映维

表 9.18　1986—2003 年项目 t：外债余额的变化－澳大利亚、维多利亚州和澳大利亚其他地区

	澳大利亚						维多利亚州						澳大利亚其他地区	
年份	外债余额名义值（百万美元）	名义外债变化量（百万美元）	缩减指数（%）	外债余额实际值（百万美元）	维多利亚州CON（百万美元）	澳大利亚CON（百万美元）	维多利亚与澳大利亚CON比率	维多利亚州GSP（百万美元）	澳大利亚GDP（百万美元）	GSP占GDP比率	总外债中维多利亚州占比	维多利亚州的外债余额（百万美元）	澳大利亚其他地区的外债余额（百万美元）
	a	b	c	d= 100×b/c	e	f	g= e/f	h	i	j= h/i	k=g× e/h×i/f	l= d×k	m= d−l
1985	53 005												
1986	78 396	−25 341	58.09	−43 624.0	91 681.6	347 090.0	0.264	111 277.3	427 989.7	0.260	0.268	−11 706.5	−31 917.5
1987	87 971	−9 575	62.18	−15 398.1	93 310.0	352 549.0	0.265	113 913.9	438 130.5	0.260	0.269	−4 148.7	−11 249.4
1988	96 502	−8 531	67.25	−12 685.2	95 912.0	364 010.0	0.263	120 027.6	461 644.7	0.260	0.267	−3 387.2	−9 298.0
1989	113 989	−17 487	73.29	−23 858.6	99 913.0	378 490.0	0.264	124 854.1	480 208.1	0.260	0.268	−6 394.5	−17 464.1
1990	130 809	−16 820	77.29	−21 762.1	102 677.0	395 052.0	0.260	131 737.0	498 126.1	0.264	0.255	−5 558.7	−16 203.4
1991	143 153	−12 344	79.92	−15 445.1	101 989.0	400 592.0	0.255	128 882.9	497 644.8	0.259	0.250	−3 865.6	−11 579.5
1992	162 466	−19 313	81.48	−23 702.4	103 549.0	408 219.0	0.254	125 822.0	498 980.8	0.252	0.255	−6 048.2	−17 654.2
1993	177 453	−14 987	82.36	−18 197.2	104 551.0	415 385.0	0.252	131 224.1	517 252.8	0.254	0.250	−4 544.1	−13 653.1

续表

年份	澳大利亚					维多利亚州							澳大利亚其他地区	
	外债余额名义值(百万美元)	名义外债变化量(百万美元)	缩减指数(%)	外债余额实际值(百万美元)	维多利亚州CON(百万美元)	澳大利亚CON(百万美元)	维多利亚与澳大利亚CON比率	维多利亚州GSP(百万美元)	澳大利亚GDP(百万美元)	GSP占GDP比率	总外债中维多利亚州占比	维多利亚州的外债余额(百万美元)	澳大利亚其他地区的外债余额(百万美元)
	a	b	c	d=100×b/c	e	f	g=e/f	h	i	j=h/i	k=g× e/h×i/f	l=d×k	m=d−l
1994	171 313	6 140	83.14	−7 385.3	105 056.0	424 401.0	0.248	135 835.7	537 379.8	0.253	0.242	1 787.2	−5 595.0
1995	190 790	−19 477	84.11	−23 155.7	109 851.6	442 345.0	0.248	140 606.5	560 111.8	0.251	0.246	−5 688.7	−17 467.0
1996	193 872	−3 082	86.16	−3 577.1	113 335.0	460 225.0	0.246	146 860.5	583 922.2	0.252	0.241	−862.5	−2 714.6
1997	208 628	−14 756	87.43	−15 878.1	116 417.0	472 111.0	0.247	151 056.9	605 823.3	0.249	0.244	−4 116	−12 762.1
1998	227 782	−19 154	88.69	−21 595.6	121 603.0	493 282.0	0.247	158 516.3	632 841.9	0.250	0.243	−5 239.4	−16 356.2
1999	230 689	−2 907	88.79	−3 274.0	127 435.0	515 843.0	0.247	169 699.3	666 438.3	0.255	0.240	−784.7	−2 489.3
2000	272 639	−41 950	90.55	−45 330.1	132 668.0	535 894.0	0.248	175 225.5	691 466.5	0.253	0.242	−11 205	−35 125.1
2001	302 573	−29 934	95.13	−31 467.5	136 277.0	549 805.0	0.248	180 391.3	705 600.7	0.256	0.240	−7 561.9	−23 905.6
2002	323 199	−20 626	97.47	−21 162.3	141 293.0	566 553.0	0.249	187 064.4	732 943.6	0.255	0.244	−5 157.1	−16 005.2
2003	357 190	−33 991	100.00	−33 991.0	146 482.0	589 067.0	0.249	191 875.1	753 298.4	0.255	0.243	−8 251.9	−25 739.1

注：未做特殊说明，所有数值均用 2002—2003 年不变价计算。

多利亚州的债务清偿能力。因此，澳大利亚外债变化量中维多利亚州的份额可用式(9.2)进行估计：

未偿债务变化中维多利亚州的份额＝澳大利亚未偿债务变化量×

$$\frac{维多利亚州\ CON}{澳大利亚\ CON} \times \frac{维多利亚州\ CON/维多利亚州\ GSP}{澳大利亚\ CON/澳大利亚\ GDP} \quad (9.2)$$

同样，假定，澳大利亚其他地区的数值，为澳大利亚与维多利亚州相应数值的差额(详见表9.18)。

数据来源如下：

ABS，Catalogue No. 5204.0.

ABS，Catalogue No. 5220.0.

ABS，Catalogue No. 5302.0.

9.2.15 项目u：不可再生资源损耗的成本

如第6章和第7章所述，我们用于计算不可再生资源损耗成本的方法，是在伊·赛拉斐使用者成本方法基础上演化而来，如式(6.1)(EI Serafy, 1989; Lawn, 1998)。为分别找出不可再生资源损耗的收入(X)部分和资本(R－X)部分，后者即为真实使用者成本，我们使用2%的贴现率，假设其约等于大部分可再生资源的再生率。我们也假定，不可再生资源一般开采时间为40年，这意味着，资源开采者需要留存的利润比例为44.4%，换句话说，每收入1美元，大约56美分构成真实收入，44美分为资源的使用者成本。

计算不可再生资源的使用者成本还需再做两方面调整：一方面，因为不可再生资源损耗净收益的44.4%，需留存下来，其隐含假定是不可再生资源价格会长期保持不变，这是不可能的。事实上，我们假定资源稀缺性逐渐增加，会导致40年内该不可再生资源价格翻倍。因此，不可再生资源损耗净收益需要留存88.8%。另一方面，我们选择沿用戴利与科布(Daly and Cobb, 1989)提出的方法去处理资源收益。戴利与科布认为，计算使用者成本过程中用到的资源损耗净收益，实际上被低估了。不可再生资源的可得性，不仅仅取决于资源的相对和绝对稀缺性，还取决于勘探与开采活动的成本。所以，依据戴利与科布的观点，资源的勘探与开采成本也应被加入使用者成本的计算过程，因为，它们要比与不可再生资源损耗有关的"令人遗憾的必需品"(regrettable necessities)多得多。

为在不可再生资源使用者成本计算过程中考虑勘探与开采活动成本，假定使用者成本等于所有矿藏生产总收益的 88.8%（见表 9.19）。同样，假定澳大利亚其他地区的使用者成本是用澳大利亚使用者成本减去维多利亚州使用者成本。（见表 9.19）。

数据来源如下：

ABS，Catalogue No. 1301.0(历年).

ABS，Catalogue No. 1301.2(历年).

ABS，Catalogue No. 4608.0.

ABS，Catalogue No. 8415.0(历年).

9.2.16 项目 v：农地流失的成本

ABS 曾估计过 1991 年至 2001 年，澳大利亚每年土地退化的成本(ABS, Catalogue No. 4617.0)，我们在 ABS 估计值的基础上，又用 2002—2003 年不变价做了调整。我们假定 1986 年至 1990 年，每年的成本与 1991 年持平，也假定，2002 年和 2003 年的成本与 2001 年持平(表 9.20)。

由于农地流失成本的计算要反映出因长期土地退化累积影响对公民的补偿金额，所以我们只好估计从 1986 年至今的累积成本。我们假定，其等于以 2002—2003 年不变价计算的 300 亿美元，之所以这样假定，是因为澳大利亚大部分土地退化发生了 1986 年以前。

维多利亚的土地退化成本是用澳大利亚的累积总成本乘维多利亚州农地占澳大利亚农地总面积的份额计算得出(表 9.20)。

数据来源如下：

ABS，Catalogue No. 1301.0(历年).

ABS，Catalogue No. 1301.2(历年).

ABS(2003)，Catalogue No. 4617.0, pp. 170—171 (图 25.10).

ABS (2002)，Catalogue No. 5206.0.

ABS，Catalogue No. 7113.0.

表 9.19 1986—2003 年项目 u: 不可再生资源损耗的成本—澳大利亚、维多利亚州和澳大利亚其他地区

年份	澳大利亚 不可再生资源损耗实际值（百万美元）a	澳大利亚 使用者成本或预留份额 b	澳大利亚 不可再生资源损耗使用者成本（百万美元）c=a×b	维多利亚州 不可再生资源损耗实际值（百万美元）d	维多利亚州 使用者成本或预留份额 e	维多利亚州 不可再生资源损耗使用者成本（百万美元）f=d×e	澳大利亚其他地区 不可再生资源损耗使用者成本（百万美元）g=c−f
1986	17 274	0.89	−15 339.5	3 399	0.89	−3 018.7	−12 320.8
1987	16 313	0.89	−14 486.7	3 210	0.89	−2 850.9	−11 635.8
1988	19 177	0.89	−17 029.6	3 774	0.89	−3 351.3	−13 678.3
1989	20 137	0.89	−17 882.3	3 963	0.89	−3 519.1	−14 363.2
1990	22 306	0.89	−19 808.4	4 243	0.89	−3 767.6	−16 040.8
1991	23 723	0.89	−21 066.7	4 898	0.89	−4 349.6	−16 717.1
1992	24 884	0.89	−22 097.1	4 912	0.89	−4 362.3	−17 734.8
1993	25 032	0.89	−22 229.2	5 001	0.89	−4 441.2	−17 788.0
1994	25 476	0.89	−22 622.8	4 842	0.89	−4 300.2	−18 322.6
1995	27 229	0.89	−24 179.9	4 408	0.89	−3 914.6	−20 265.3

续表

年份	澳大利亚 不可再生资源损耗实际值（百万美元） a	澳大利亚 使用者成本或预留份额 b	澳大利亚 不可再生资源损耗使用者成本（百万美元） c=a×b	维多利亚州 不可再生资源损耗实际值（百万美元） d	维多利亚州 使用者成本或预留份额 e	维多利亚州 不可再生资源损耗使用者成本（百万美元） f=d×e	澳大利亚其他地区 不可再生资源损耗使用者成本（百万美元） g=c−f
1996	29 325	0.89	−26 041.3	4 157	0.89	−3 691.2	−22 350.1
1997	29 806	0.89	−26 468.6	3 813	0.89	−3 385.8	−23 082.8
1998	30 790	0.89	−27 342.4	3 668	0.89	−3 257.5	−24 084.9
1999	30 661	0.89	−27 227.6	2 638	0.89	−2 342.5	−24 885.1
2000	32 393	0.89	−28 765.5	3 618	0.89	−3 212.7	−25 552.8
2001	34 805	0.89	−30 907.6	3 348	0.89	−2 973.4	−27 934.2
2002	34 701	0.89	−30 815.5	2 839	0.89	−2 521.0	−28 294.5
2003	34 827	0.89	−30 926.7	2 878	0.89	−2 556.1	−28 370.6

注：未做特殊说明，所有数值均用 2002—2003 年不变价计算。

表 9.20 1986—2003 年项目 v：农地流失成本—澳大利亚、维多利亚州和澳大利亚其他地区

年份	澳大利亚 农地使用面积（百万公顷） a	澳大利亚 每年农地流失成本（1996—1997 年价格）（百万美元） b	澳大利亚 累积农地流失成本（1996—1997 年价格）（百万美元） c=b+c	澳大利亚 累积农地流失成本（2002—2003 年价格）（百万美元） d	维多利亚州 农地使用面积（百万公顷） e	维多利亚州 占澳大利亚农业土地面积的比率 f=e/a	维多利亚州 每年农地流失成本（2002—2003 年价格）（百万美元） g=f×(d1−d0)	维多利亚州 累积农地流失成本（2002—2003 年价格）（百万美元） h	澳大利亚其他地区 累积农地流失成本（2002—2003 年价格）（百万美元） l=d−h
1986 年以前	488.0	—	−30 000.0	−34 314.4	14.2	0.029 1	—	−998.5	—
1986	468.3	−269.0	−30 269.0	−34 622.1	13.2	0.028 2	−8.7	−1 007.2	−33 614.9
1987	471.0	−274.0	−30 543.0	−34 935.5	13.1	0.027 8	−8.7	−1 015.9	−33 919.6
1988	472.0	−279.0	−30 822.0	−35 254.6	13.1	0.027 8	−8.9	−1 024.7	−34 229.9
1989	466.9	−284.0	−31 106.0	−35 579.5	13.1	0.028 1	−9.1	−1 033.9	−34 545.6
1990	464.3	−289.0	−31 395.0	−35 910.0	13.1	0.028 2	−9.3	−1 043.2	−34 866.8
1991	462.8	−294.0	−31 689.0	−36 246.3	12.7	0.027 4	−9.2	−1 052.4	−35 193.9
1992	466.0	−299.0	−31 988.0	−36 588.3	12.4	0.026 6	−9.1	−1 061.5	−35 526.8
1993	460.1	−303.0	−32 291.0	−36 934.9	12.3	0.026 7	−9.3	−1 070.8	−35 864.1

续表

年份	澳大利亚 农地使用面积（百万公顷） a	澳大利亚 每年农地流失成本（1996—1997年价格）（百万美元） b	澳大利亚 累积农地流失成本（1996—1997年价格）（百万美元） c=b+c	澳大利亚 累积农地流失成本（2002—2003年价格）（百万美元） d	维多利亚州 农地使用面积（百万公顷） e	维多利亚州 占澳大利亚农业土地面积的比率 f=e/a	维多利亚州 每年农地流失成本（2002—2003年价格）（百万美元） g=f×(d1−d0)	维多利亚州 累积农地流失成本（2002—2003年价格）（百万美元） h	澳大利亚其他地区 累积农地流失成本（2002—2003年价格）（百万美元） l=d−h
1994	469.1	−305.0	−32 596.0	−37 283.7	13.0	0.027 7	−9.7	−1 080.4	−36 203.3
1995	463.3	−309.0	−32 905.0	−37 637.1	12.7	0.027 4	−9.7	−1 090.1	−36 547.0
1996	465.2	−314.0	−33 219.0	−37 996.3	12.8	0.027 5	−9.9	−1 100.0	−36 896.3
1997	462.2	−319.0	−33 538.0	−38 361.2	12.7	0.027 5	−10.0	−1 110.0	−37 251.2
1998	463.8	−322.0	−33 860.0	−38 729.5	12.7	0.027 4	−10.1	−1 120.1	−37 609.4
1999	453.7	−321.0	−34 181.0	−39 096.7	12.8	0.028 2	−10.4	−1 130.5	−37 966.2
2000	455.5	−326.0	−34 507.0	−39 469.6	13.3	0.029 2	−10.9	−1 141.4	−38 328.2
2001	455.7	−339.0	−34 846.0	−39 857.3	13.2	0.029 0	−11.2	−1 152.6	−38 704.7
2002	447.0	−352.0	−35 198.0	−40 259.9	12.8	0.028 6	−11.5	−1 164.1	−39 095.8
2003	455.1	−365.0	−35 563.0	−40 677.4	13.0	0.028 5	−11.9	−1 176.0	−39 501.4

注：未做特殊说明，所有数值均用2002—2003年不变价计算。

9.2.17 项目 w：灌溉用水成本

有人已经计算过，墨累-达令流域内如果每年改道水和采用水的总量超过 7.5 万亿升(7 500 gigalitres)，就会出现过度灌溉用水的现象(Hamilton et al.，1997)，也有人估算过，1988 年流入墨累-达令流域灌溉者那里每兆升(megalitre，每兆升等于 100 万升)用水的价值为 56.4 美元(M－DBC，1989)，即相当于以 2002—2003 年不变价计算的 83.86 美元，我们假定，在考察期内该价值保持不变。

我们用每年从墨累-达令流域流出水的总量减 7.5 万亿升，就可计算得出过度灌溉造成的环境损害，用此超出部分的数量乘水的价值，就得到了每年过度灌溉用水成本。

由于水的不可替代性，计算过度灌溉用水成本时，必须确保它能够反映因长期过度灌溉用水累积影响对公民补偿的金额。我们假定，自 1986 年以来的累积成本为 100 亿美元，以 2002—2003 年不变价计算。

每年从墨累-达令流域采用水量，约为澳大利亚所有灌溉用水的 75%(Hamilton and Denniss，2000)，所以，我们将墨累-达令流域的相应成本提高 33%，就可得到澳大利亚过度灌溉用水的总成本(表 9.21)。

我们对维多利亚州采用同样的方法，我们假定：(1)自 1986 年至 2003 年，澳大利亚累积灌溉用水总成本中维多利亚州所占的份额与 1986 年当年澳大利亚灌溉用水成本中维多利亚州所占的份额(34.26%)相等；(2)维多利亚州使用 10% 的墨累-达令流域水资源。后面的这个假定是基于如下事实：维多利亚州大部分灌溉用水来自墨累-达令流域，而且澳大利亚境内其他所有的主要灌溉区域都位于维多利亚州以外(表 9.21)。

假定，澳大利亚其他地区灌溉用水成本，是用澳大利亚成本与维多利亚州成本之间的差额(表 9.21)。

表 9.21 1986—2003 年项目 w：灌溉用水成本—维多利亚州、澳大利亚和澳大利亚其他地区

澳大利亚

年份	墨累-达令流域转移水总量 (GL) a	1988年每ML水价格（美元，1988年价）b	每ML水价格（美元，2003年价）c	墨累-达令流域转移水量中破坏环境类用水（千公顷）$d=a-7\ 500 \text{GL}$	每年过度用水成本（百万美元）$e=c×d/1\ 000$	过度用水累积成本（百万美元）$f=e-f$	灌溉用水总成本（百万美元）$g=f×1.33$
1986 年以前						−10000	
1986	10 800	—	83.86	3 300	276.8	−10 276.8	−13 702.3
1987	10 200	—	83.86	2 700	226.4	−10 503.2	−14 004.2
1988	12 000	56.43	83.86	4 500	377.4	−10 880.6	−14 507.5
1989	10 000	—	83.86	2 500	209.7	−11 090.2	−14 786.9
1990	10 800	—	83.86	3 300	276.8	−11 367.0	−15 156.0
1991	12 000	—	83.86	4 500	377.4	−11 744.4	−16 659.2
1992	12 200	—	83.86	4 700	394.2	−12 138.5	−16 184.7
1993	9 200	—	83.86	1 700	142.6	−12 281.1	−16 374.8

续表

澳大利亚

年份	墨累-达令流域转移水总量(GL) a	1988年每ML水价格(美元, 1988年价) b	每ML水价格(美元, 2003年价) c	墨累-达令流域转移水量中破坏环境类用水(千公顷) d=a−7 500GL	每年过度用水成本(百万美元) e=c×d/1 000	过度用水累积成本(百万美元) f=e−f	灌溉用水总成本(百万美元) g=f×1.33
1994	10 500	—	83.86	3 000	251.6	−12 532.7	−16 710.3
1995	12 131	—	83.86	4 631	388.4	−12 921.1	−17 228.1
1996	11 785	—	83.86	4 285	359.4	−13 280.4	−17 707.2
1997	12 298	—	83.86	4 798	402.4	−13 682.8	−18 243.8
1998	11 924	—	83.86	4 424	371.0	−14 053.8	−18 738.4
1999	11 381	—	83.86	3 881	325.5	−14 379.3	−19 172.5
2000	9 542	—	83.86	2 042	171.3	−14 550.6	−19 400.7
2001	12 023	—	83.86	4 523	379.3	−14 929.9	−19 906.5
2002	11 567	—	83.86	4 067	341.1	−15 271.0	−20 361.3
2003	11 266	—	83.86	3 766	315.8	−15 586.8	−20 782.4

续表

年份	墨累-达令流域转移水总量(GL) h	维多利亚州 每年过度用水成本(百万美元) $i=e\times h/a$	维多利亚州 过度用水累积成本(百万美元) $j=i-j$	维多利亚州 灌溉用水总成本(百万美元) $k=j+0.1\times(g-f)$	澳大利亚其他地区 灌溉用水总成本(百万美元) $l=g-k$
1986年以前			−3 425.9		
1986	3 700	94.8	−3 520.7	−3 863.3	−9 839.0
1987	3 500	77.7	−3 598.4	−3 948.5	−10 055.7
1988	4 100	128.9	−3 727.4	−4 090.1	−10 417.4
1989	3 200	67.1	−3 794.5	−4 164.1	−10 622.8
1990	3 900	99.9	−3 894.4	−4 273.3	−10 882.7
1991	4 200	132.1	−4 026.5	−4 418.0	−12 241.2
1992	4 100	132.5	−4 159.0	−4 563.6	−11 621.1
1993	2 800	43.4	−4 202.3	−4 611.7	−11 763.1
1994	3 700	88.7	−4 291.0	−4 708.8	−12 001.5
1995	4 823	154.4	−4 445.4	−4 876.1	−12 352.0
1996	4 130	125.9	−4 571.4	−5 014.0	−12 693.2
1997	4 106	134.3	−4 705.7	−5 161.8	−13 082.0

续表

年份	维多利亚州				澳大利亚其他地区
	墨累-达令流域转移水总量(GL) h	每年过度用水成本(百万美元) i=e×h/a	过度用水累积成本(百万美元) j=i-j	灌溉用水总成本(百万美元) k=j+0.1×(g-f)	灌溉用水总成本(百万美元) l=g-k
1986年以前			-3 425.9		
1998	3 930	122.3	-4 828.0	-5 296.4	-13 442.0
1999	3 370	96.4	-4 924.4	-5 403.7	-13 768.8
2000	3 317	59.5	-4 983.9	-5 468.9	-13 931.8
2001	3 491	110.1	-5 094.0	-5 591.7	-14 314.8
2002	3 834	113.1	-5 207.1	-5 716.1	-14 645.2
2003	3 567	100.0	-5 307.1	-5 826.6	-14 955.8

注：未做特殊说明，所有数值均用2002—2003年不变价计算，单位为：百万美元。GL是英制液量单位，1GL=118.29ML。

数据来源如下：

Hamilton, C. and Dennis, R. (2000), Tracking Well-being in Australia: The Genuine Progress Indicator 2000, Australia Institute Discussion Paper, Number 35, December 2000.

Murray-Darling Basin Commision (M-DBC)(1989), Basis for Economic Analysis Using the Murray-Darling Basin Commission's Computer Models, M-DBS technical Report, 89/6.

Murray-Darling Basin Commision (M-DBC)(历年), Water Audit Monitoring Report, M-DBC.

9.2.18 项目 x：木材损耗成本

与不可再生资源不同，只有当采伐木材的资源存量下降时才会引致"使用者成本"，也就是说，木材存量的采伐速率(h)超过其自然再生速率(y)。一旦发生这种情况，采伐木材总量中超出其可持续采伐水平部分的收益，就应该与不可再生资源收益同样处理。由于这要求应用伊·赛拉斐(EI Serafy, 1989)使用者成本公式[式(7.1)]，所以，既要选择合适的贴现率，又要选择该森林或林场的预期使用年限。

首先，如同不可再生资源损耗的例子一样，我们选择 2% 的贴现率以反映木材存量的再生速度，也可确保木材存量的完整性。其次，我们假定，若用不可持续的平均速率持续采伐，森林或林场资源将会在 50 年内用光。最后，假定木材资源若被不可持续采伐，则其市场价格会翻倍。基于这些假设，木材资源损耗的留存比率或者说使用者成本一旦产生，应该等于净收益的 72.9%。与不可再生资源类似，在计算木材资源使用者成本时，木材采伐活动的成本也不应该排斥在外。因此，用木材存量下降年份中的木材总产值乘 0.729，就得到了使用者成本。

当然，可再生资源与不可再生资源的主要区别之一就是前者存量可以增加。在木材存量增加的年份中，增加部分的价值必须要赋予一个正值(即视为收益)，原因如下：再生性自然资本资源功能增加的年度收益，等于存量增加部分中能被可持续采伐最大木材量的价值。因此，年度收益（B）等于木材资源的存量增加值（ΔS），乘年度再生速率（y），公式如下：

$$B = \Delta S \times y \tag{9.3}$$

如果木材资源是被可持续采伐（即 $h \leqslant y$），则木材存量增加带来的收益就会被无限享用，进而，无限期收益的净现值（NPV）就等于每年享有的净收益除以贴现率（r），即：

$$收益净现值（NPV） = \frac{B}{r} \tag{9.4}$$

$$= \frac{\Delta S \times y}{r} \tag{9.5}$$

如果，为了满足强可持续性，假定贴现率与木材存量的再生速率相等（即 y=r），则收益的净现值就等于木材存量增加部分的价值，换句话说，

$$收益净现值（NPV） = \Delta S \tag{9.6}$$

为了下一步计算木材资源的使用者成本或者相反，我们将所有木材资源分为以下类型：(1)天然木材；(2)硬木木材；(3)软木木材（阔叶与松柏科）。每类木材以 2002—2003 年不变价计算的货币价值，可从 ABS 国家资产负债表中提供的数据计算得出。我们假定，同类木材在澳大利亚境内各地的价值相等：

- 天然木材，81.19 美元/公顷；
- 硬木木材，2 656.89 美元/公顷；
- 软木木材，4 157.66 美元/公顷。

木材损耗的成本或者木材增加的收益，详见表 9.22（澳大利亚）和表 9.23（维多利亚州和澳大利亚其他地区）。

资料来源：

Australian Bureau of Agricultural and Resource Economics (ABARE)（历年），Australian Forest and Wood Product Statistics, AGPS, Canberra.

ABS, Catalogue No. 1301.0（历年）and 1301.2（历年）.

ABS, Catalogue No. 5241.0.

ABS，Catalogue No. 5241.0.40.001.

Bureau of Resource Sciences（1998），Australia's State of the Forest Report：1998，AGPS，Canberra.

Bureau of Resource Sciences（2003），Australia's State of the Forest Report：2003，AGPS，Canberra.

9.2.19 项目 y：空气污染的成本

不幸的是，澳大利亚几乎没有开展过空气污染成本的估算工作，以至于空气污染物排放量、排放种类与范围的数据都非常有限。因此，为了估算澳大利亚空气污染总成本，我们构建了一个空气污染指数并假设：(1)空气污染主要是生产的函数，进而与 GDP 增速密切相关；(2)空气污染减排技术会持续降低单位产品生产对空气质量的影响。

为构建澳大利亚和维多利亚州的空气污染指数，我们将 1992 年实际 GDP(澳大利亚)和实际 GSP(维多利亚州)都设定为 100.0，之所以这样设定，是因为 1992 年是我们对空气污染成本进行点估计的年份。然后，我们假定，空气污染减排技术以每年 1% 的速度进步（相当于每隔 70 年实际 GDP 对空气质量的影响就会减半），接着将 1992 年以前的实际 GDP 和实际 GSP 值每年上调 1%，1992 年以后的每年下调 1%，用于计算空气污染指数，即用实际 GDP/实际 GSP 指数值乘空气污染技术指数。

1992 年，ABS 估计了空气污染控制成本，为 2002—2003 年不变价计算的 652.6 百万美元，换句话说，是澳大利亚花费于保护自己免受空气污染危害的金额。基于佐洛塔斯(Zolotas，1981)估计的空气污染控制成本占其损害成本的比率，空气污染损害成本假定为 10 倍于控制成本。因此，我们保守估计，1992 年，以 2002—2003 年不变价计算，澳大利亚空气污染总成本约为 65.3 亿美元。为计算澳大利亚其他年份空气污染成本，对 1992 年 65.3 亿美元的数值再用澳大利亚空气污染指数加权即可(表 9.24)。

第9章 GPI的计算与数据来源　229

表 9.22　1986—2003 年项目 x：木材损耗成本—澳大利亚

年份	天然木材									硬木材			
	新、旧木材总量(千公顷) a	旧木材至新木材调整量(千公顷) b	天然木材总面积(千公顷) c	天然木材变化量(千公顷) d	每公顷价值(百万美元) e	存量变化量的价值(百万美元) f=d×e	天然木材损耗使用者成本(百万美元) g		硬木材面积(千公顷) h	硬木材变化量(千公顷) i	每公顷价值(百万美元) j	存量变化量的价值(百万美元) k=i×j
1986	41 282	153 680	153 680	−845	17.10	−14.45	−10.53		40	6	2 926.89	17.56
1987	41 055	152 835	152 835	−845	17.10	−14.45	−10.53		46	6	2 926.89	17.56
1988	40 828	151 990	151 990	−845	17.10	−14.45	−10.53		52	6	2 926.89	17.56
1989	40 971	152 522	152 522	532	17.10	9.10	9.10		60	8	2 926.89	23.42
1990	40 819	151 956	151 956	−566	17.10	−9.68	−7.05		96	36	2 926.89	105.37
1991	40 818	151 953	151 953	−4	17.10	−0.07	−0.05		106	10	2 926.89	29.27
1992	41 057	152 842	152 842	890	17.10	15.22	15.21		116	10	2 926.89	29.27
1993	40 719	151 584	151 584	−1 258	17.10	−21.51	−15.67		154	38	2 926.89	111.22
1994	40 719	151 547	151 547	0	17.10	0.00	0.00		155	1	2 926.89	2.93
1995	40 709	153 691	153 691	−37	17.10	−0.63	−0.46		156	1	2 926.89	2.93
1996	127 056	—	157 979	2 144	17.10	36.66	36.66		157	1	2 926.89	2.93
1997	155 835	—	155 835	2 144	17.10	36.66	36.66		158	1	2 926.89	2.93

续表

<table>
<tr><th rowspan="2">年份</th><th colspan="7">天然木材</th><th colspan="4">硬木材</th></tr>
<tr><th>新、旧木材总量（千公顷）</th><th>旧木材至新木材调整量（千公顷）</th><th>天然木材总面积（千公顷）</th><th>天然木材变化量（千公顷）</th><th>每公顷价值（百万美元）</th><th>存量变化量的价值（百万美元）</th><th>天然木材损耗使用者成本（百万美元）</th><th>硬木材面积（千公顷）</th><th>硬木材变化量（千公顷）</th><th>每公顷价值（百万美元）</th><th>存量变化量的价值（百万美元）</th></tr>
<tr><td></td><td>a</td><td>b</td><td>c</td><td>d</td><td>e</td><td>f=d×e</td><td>g</td><td>h</td><td>i</td><td>j</td><td>k=i×j</td></tr>
<tr><td>1998</td><td>157 979</td><td>—</td><td>157 979</td><td>2 144</td><td>17.10</td><td>36.66</td><td>36.66</td><td>266</td><td>108</td><td>2 926.89</td><td>314.64</td></tr>
<tr><td>1999</td><td>160 123</td><td>—</td><td>160 123</td><td>2 144</td><td>17.10</td><td>36.66</td><td>36.66</td><td>373</td><td>108</td><td>2 926.89</td><td>314.64</td></tr>
<tr><td>2000</td><td>162 267</td><td>—</td><td>162 237</td><td>2 144</td><td>17.10</td><td>36.66</td><td>36.66</td><td>481</td><td>108</td><td>2 926.89</td><td>314.64</td></tr>
<tr><td>2001</td><td>164 411</td><td>—</td><td>164 411</td><td>2 144</td><td>17.10</td><td>36.66</td><td>36.66</td><td>588</td><td>108</td><td>2 926.89</td><td>314.64</td></tr>
<tr><td>2002</td><td>162 680</td><td>—</td><td>162 630</td><td>−1 731</td><td>17.10</td><td>−29.60</td><td>−21.56</td><td>638</td><td>50</td><td>2 926.89</td><td>146.34</td></tr>
<tr><td>2003</td><td>164 824</td><td>—</td><td>164 824</td><td>2 144</td><td>17.10</td><td>36.66</td><td>36.66</td><td>746</td><td>108</td><td>2 926.89</td><td>314.64</td></tr>
</table>

<table>
<tr><th rowspan="2">年份</th><th colspan="4">软木材</th><th colspan="2">所有木材</th></tr>
<tr><th>软木材面积（千公顷）</th><th>软木材变化量（千公顷）</th><th>每公顷价值（百万美元）</th><th>存量变化量的价值（百万美元）</th><th>软木材损耗使用者成本（百万美元）</th><th>所有木材损耗使用者成本（百万美元）</th></tr>
<tr><td></td><td>l</td><td>m</td><td>n</td><td>o=m×n</td><td>p</td><td>q</td></tr>
<tr><td>1986</td><td>832</td><td>29</td><td>4 640.16</td><td>134.56</td><td>134.56</td><td>141.6</td></tr>
<tr><td>1987</td><td>861</td><td>29</td><td>4 640.16</td><td>132.24</td><td>132.24</td><td>139.3</td></tr>
</table>

续表

年份	软木材面积（千公顷） l	软木材变化量（千公顷） m	每公顷价值（百万美元） n	存量变化量的价值（百万美元） o=m×n	软木材损耗的使用者成本（百万美元） p	所有木材损耗的使用者成本（百万美元） q
1988	889	29	4 640.16	132.24	132.24	139.3
1989	913	24	4 640.16	111.36	111.36	143.8
1990	943	30	4 640.16	139.20	139.20	237.5
1991	939	−4	4 640.16	−18.56	−13.52	15.7
1992	956	17	4 640.16	78.88	78.88	123.3
1993	963	7	4 640.16	32.48	32.48	128.0
1994	943	−20	4 640.16	−92.80	−67.61	−64.7
1995	923	−20	4 640.16	−92.80	−67.61	−65.1
1996	903	−20	4 640.16	−92.80	−67.61	−28.0
1997	883	−20	4 640.16	−92.80	−67.61	−28.0
1998	907	24	4 640.16	112.52	112.52	463.8
1999	932	24	4 640.16	112.52	112.52	463.8
2000	956	24	4 640.16	112.52	112.52	463.8
2001	980	24	4 640.16	112.52	112.52	463.8
2002	988	8	4 640.16	37.12	37.12	161.9
2003	1 012	24	4 640.16	112.52	112.52	463.8

注：未做特殊说明，所有数值均用 2002—2003 年不变价计算。

表 9.23　1986—2003 年项目 x：木材损耗成本—维多利亚州和澳大利亚其他地区

年份	维多利亚州 天然木材 天然木材总面积（千公顷） a	天然木材变化量（千公顷） b	每公顷价值（百万美元） c	存量变化值的价值（百万美元） d=b×c	天然木材损耗的使用者成本（百万美元） e	硬木材面积（千公顷） f	硬木材变化量（千公顷） g	硬木材 每公顷价值（百万美元） h	存量变化量的价值（百万美元） i=g×h	澳大利亚其他地区 硬木材损耗的使用者成本（百万美元） j
1986	6 180	−13	81.19	−1.06	−0.77	14	0	2 656.89	0.00	0.00
1987	6 167	−13	81.19	−1.06	−0.77	14	0	2 656.89	0.00	0.00
1988	6 155	−12	81.19	−0.97	−0.71	15	0	2 656.89	0.00	0.00
1989	6 322	167	81.19	13.56	13.56	17	1	2 656.89	2.66	2.66
1990	6 285	−37	81.19	−3.00	−2.19	18	2	2 656.89	5.31	5.31
1991	2 685	0	81.19	0.00	0.00	20	1	2 656.89	2.66	2.66
1992	6 355	70	81.19	5.68	5.68	18	2	2 656.89	5.31	5.31
1993	6 361	6	81.19	0.49	0.49	18	−2	2 656.89	−5.31	−3.87
1994	6 361	0	81.19	0.00	0.00	18	0	2 656.89	0.66	0.66

续表

维多利亚州

	天然木材					硬木材			
年份	天然木材总面积（千公顷）	天然木材变化量（千公顷）	每公顷价值（百万美元）	存量变化量的价值（百万美元）	天然木材损耗的使用者成本（百万美元）	硬木材面积（千公顷）	硬木材变化量（千公顷）	每公顷价值（百万美元）	存量变化量的价值（百万美元）	硬木材损耗的使用者成本（百万美元）
	a	b	c	d=b×c	e	f	g	h	i=g×h	j
1995	6 359	−2	81.19	−0.16	−0.12	19	0	2 656.89	0.66	0.66
1996	6 822	463	81.19	37.59	37.59	19	0	2 656.89	0.66	0.66
1997	7 285	463	81.19	37.59	37.59	19	0	2 656.89	0.66	0.66
1998	7 393	108	81.19	8.77	8.77	47	28	2 656.89	73.06	73.06
1999	7 501	108	81.19	8.77	8.77	74	28	2 656.89	73.06	73.06
2000	7 608	107	81.19	8.69	8.69	102	28	2 656.89	73.06	73.06
2001	7 716	108	81.19	8.77	8.77	129	28	2 656.89	73.06	73.06
2002	7 935	219	81.19	17.78	17.78	143	14	2 656.89	37.20	37.20
2003	8 043	108	81.19	8.77	8.77	171	28	2 656.89	73.06	73.06

续表

年份	维多利亚州 软木材 软木材面积（千公顷） k	维多利亚州 软木材 软木材变化量（千公顷） l	维多利亚州 软木材 每公顷价值（百万美元） m	维多利亚州 软木材 存量变化量的价值（百万美元） n=l×m	维多利亚州 软木材 软木材损耗的使用者成本（百万美元） o	维多利亚州 所有木材 所有木材损耗的使用者成本（百万美元） p=e+j+o	澳大利亚 所有木材 所有木材损耗的使用者成本（百万美元） q(表9.22)	澳大利亚其他地区 所有木材 所有木材损耗的使用者成本（百万美元） r=q-p
1986	190	7	4 157.66	29.10	29.10	28.3	141.6	113.3
1987	197	7	4 157.66	29.10	29.10	26.3	139.3	113
1988	203	7	4 157.66	29.10	29.10	26.3	139.3	113
1989	207	4	4 157.66	16.63	16.63	32.8	143.8	111
1990	209	2	4 157.66	8.32	8.32	11.4	237.5	226.1
1991	210	1	4 157.66	4.16	4.16	6.8	15.7	8.9
1992	216	6	4 157.66	24.95	24.95	35.9	123.3	87.4
1993	216	0	4 157.66	0.00	0.00	-3.4	128.0	131.4
1994	211	-5	4 157.66	-20.79	-15.14	-14.5	-64.7	-50.2
1995	206	-5	4 157.66	-20.79	-15.14	-14.6	-65.1	-50.5

续表

年份	维多利亚州 软木材 软木材面积 (千公顷) k	维多利亚州 软木材 软木材变化量 (千公顷) l	维多利亚州 软木材 每公顷价值 (百万美元) m	维多利亚州 软木材 存量变化量的价值 (百万美元) n=l×m	维多利亚州 软木材损耗的使用者成本 (百万美元) o	维多利亚州 所有木材 所有木材损耗的使用者成本 (百万美元) p=e+j+o	澳大利亚 所有木材 所有木材损耗的使用者成本 (百万美元) q(表9.22)	澳大利亚其他地区 所有木材 所有木材损耗的使用者成本 (百万美元) r=q−p
1996	201	−5	4 157.66	−20.79	−15.14	23.1	−28.0	−51.1
1997	196	−5	4 157.66	−20.79	−15.14	23.1	−28.0	−51.1
1998	201	5	4 157.66	20.79	20.79	102.6	463.8	361.2
1999	206	5	4 157.66	20.79	20.79	102.6	463.8	361.2
2000	211	5	4 157.66	20.79	20.79	102.5	463.8	361.3
2001	216	5	4 157.66	20.79	20.79	102.6	463.8	361.2
2002	217	1	4 157.66	4.16	4.16	59.1	161.9	102.8
2003	222	5	4 157.66	20.79	20.79	102.6	463.8	361.2

注：未做特殊说明，所有数值均用2002—2003年不变价计算。

表 9.24　1986—2003 年项目 y：空气污染的成本—澳大利亚、维多利亚州和澳大利亚其他地区

年份	澳大利亚实际 GDP（百万美元） a	实际 GDP 指数值（1992=100.0） b	空气污染领域技术（1992=1.00） c	空气污染指数值（1992=100.0） d=b×c	空气污染成本（百万美元） e	维多利亚实际 GSP（百万美元） f	实际 GSP 指数值（1992=100.0） g	空气污染指数值（1992=100.0） h	空气污染成本（百万美元） i	澳大利亚其他地区空气污染成本（百万美元） j=e−i
1986	427 989.7	85.8	1.062	91.0	−5 941.9	111 277	88.4	93.9	−1 544.9	−4 397.0
1987	438 130.5	87.8	1.051	92.3	−6 022.4	113 914	90.5	95.2	−1 565.8	−4 456.6
1988	461 644.7	92.5	1.041	96.3	−6 282.8	120 028	95.4	99.3	−1 633.5	−4 649.3
1989	480 208.1	96.2	1.030	99.1	−6 470.8	124 854	99.2	102.2	−1 682.4	−4 788.4
1990	498 126.1	99.8	1.020	101.8	−6 645.8	131 737	104.7	106.8	−1 757.6	−4 888.2
1991	497 644.8	99.7	1.010	100.7	−6 573.6	128 883	102.4	103.5	−1 702.5	−4 871.1
1992	498 980.8	100.0	1.000	100.0	−6 526.0	125 822	100.0	100.0	−1 645.6	−4 880.4
1993	517 252.8	103.7	0.990	102.7	−6 698.0	131 224	104.3	103.3	−1 699.2	−4 998.8
1994	537 379.8	107.7	0.098	10.6	−6 889.7	135 836	108.0	105.8	−1 741.5	−5 148.2

续表

年份	澳大利亚 实际 GDP（百万美元） a	实际 GDP 指数值 (1992=100.0) b	空气污染领域技术 (1992=1.00) c	空气污染指数值 (1992=100.0) d=b×c	空气污染成本（百万美元） e	维多利亚实际 GSP（百万美元） f	实际 GSP 指数值 (1992=100.0) g	空气污染指数值 (1992=100.0) h	空气污染成本（百万美元） i=h	澳大利亚其他地区空气污染成本（百万美元） j=e−i
1995	560 111.8	112.3	0.971	109.0	−7 110.1	140 607	111.8	108.5	−1 784.9	−5 325.2
1996	583 922.2	117.0	0.961	112.4	−7 338.9	146 861	116.7	112.2	−1 845.8	−5 493.1
1997	605 823.3	121.4	0.951	115.5	−7 538.8	151 057	120.1	114.2	−1 879.7	−5 659.1
1998	632 841.9	126.8	0.942	119.4	−7 797.0	158 516	126.0	118.7	−1 953.0	−5 844.0
1999	666 438.3	133.6	0.033	4.4	−8 129.7	169 699	134.9	125.8	−2 070.1	−6 059.6
2000	691 466.5	138.6	0.923	127.9	−8 351.5	175 226	139.3	128.6	−2 116.4	−6 235.1
2001	705 600.7	141.4	0.914	129.2	−8 437.8	180 391	143.4	131.1	−2 157.2	−6 280.6
2002	732 943.6	146.9	0.905	133.0	−8 678.0	187 064	148.7	134.6	−2 214.8	−6 463.2
2003	753 298.4	151.0	0.896	135.3	−8 830.7	191 875	152.5	136.7	−2 249.3	−6 581.4

注：未做特殊说明，所有数值均用 2002—2003 年不变价计算。

至于维多利亚州的空气污染成本，我们假定，1992年澳大利亚65.3亿美元的成本中维多利亚州所占的份额等于维多利亚州的GSP占澳大利亚GDP的份额。然后，我们用维多利亚州的空气污染指数加权维多利亚州的点估计值(表9.24)。澳大利亚其他地区的空气污染成本假定为澳大利亚空气污染成本减去维多利亚州空气污染成本(表9.24)。

资料来源：

ABS，Catalogue No. 4603.0.

ABS，Catalogue No. 5204.0.

ABS，Catalogue No. 5220.0.

9.2.20 项目z：城市废水污染的成本

为计算澳大利亚城市废水污染的成本，我们利用了一个由环境、体育和旅游部(Department of Environment, Sport, and Tourism, DEST)做的成本估计值，即1994年成本为1989—1990年不变价计算的35.8亿美元，相当于2002—2003年不变价计算的43.1亿美元。

接下来，我们用1994年总成本除以当年澳大利亚总人口，就得到了人均废水污染成本，1994年澳大利亚人均废水污染成本为241.17美元。进一步，我们假定，在考察期内，污染减排技术持续进步，并且使澳大利亚人均废水污染成本以每年1%的速度递减，因此，我们将1994年以前的人均废水污染成本每年上调1%，1994年以后的人均成本每年下调1%。

为计算考察期内城市废水污染总成本，我们用每年的澳大利亚人均成本乘澳大利亚人口变化(表9.25)。同样，对于维多利亚州，我们也是假定维多利亚州的人均废水污染成本等于澳大利亚的人均废水污染成本(表9.25)。澳大利亚其他地区的城市废水污染成本等于澳大利亚城市废水污染成本减维多利亚州城市废水污染成本(表9.25)。

表 9.25 1986—2003 年项目 z: 城市废水污染的成本—维多利亚州、澳大利亚和澳大利亚其他地区

年份	澳大利亚 1994年城市废水污染成本(1989—1990年价格) a	1994年城市废水污染成本(2002—2003年价格) b	澳大利亚主要城市中心区人口(千人) c	澳大利亚城市废水污染人均成本(美元) d	城市废水污染总成本(百万美元) e=c×d	维多利亚州 维多利亚主要城市中心区人口(千人) f	城市废水污染总成本(百万美元) g	澳大利亚其他地区 城市废水污染总成本(百万美元) h=e−g
1986	—	—	13 031.1	321.27	−4 186.5	3 433.5	−1 103.1	−3 083.4
1987	—	—	13 160.5	318.09	−4 186.2	3 446.4	−1 096.3	−3 089.9
1988	—	—	13 391.2	314.94	−4 217.4	3 488.7	−1 098.7	−3 118.7
1989	—	—	13 625.5	311.82	−4 248.7	3 534.4	−1 102.1	−3 146.6
1990	—	—	13 825.1	308.74	−4 268.4	3 580.2	−1 105.3	−3 163.0
1991	—	—	14 021.5	305.68	−4 286.1	3 617.4	−1 105.8	−3 180.3
1992	—	—	14 201.2	302.65	−4 298.0	3 645.2	−1 103.2	−3 194.8
1993	—	—	14 352.5	299.66	−4 300.9	3 660.2	−1 096.8	−3 204.0
1994	3 580.0	4 306.1	14 513.8	296.69	−4 306.1	3 675.1	−1 090.4	−3 215.7

续表

	澳大利亚				维多利亚州			澳大利亚其他地区
年份	1994年城市废水污染成本(1989—1990年价格)	1994年城市废水污染成本(2002—2003年价格)	澳大利亚主要城市中心区人口(千人)	澳大利亚城市废水污染人均成本(美元)	城市废水污染总成本(百万美元)	维多利亚主要城市中心区人口(千人)	城市废水污染总成本(百万美元)	城市废水污染总成本(百万美元)
	a	b	c	d	e=c×d	f	g	h=e-g
1995	—	—	14 716.0	293.75	−4 322.8	3 705.6	−1 088.5	−3 243.3
1996	—	—	14 929.8	290.84	−4 342.2	3 746.6	−1 089.7	−3 252.6
1997	—	—	15 101.5	287.96	−4 348.6	3 776.6	−1 087.5	−3 261.2
1998	—	—	15 268.9	285.11	−4 353.3	3 813.0	−1 087.1	−3 266.2
1999	—	—	15 457.6	282.29	−4 363.5	3 855.6	−1 088.4	−3 275.1
2000	—	—	15 657.8	279.49	−4 376.2	3 904.4	−1 091.3	−3 285.0
2001	—	—	15 777.3	276.73	−4 366.1	3 959.5	−1 095.7	−3 270.3
2002	—	—	16 088.7	273.99	−4 408.1	4 005.8	−1 097.5	−3 310.6
2003	—	—	16 299.5	271.27	−4 421.6	4 057.7	−1 100.7	−3 320.9

注：未做特殊说明，所有数值均用2002—2003年不变价计算。

资料来源：

Department of Environment, Sport, and Tourism, (DEST), (1996), Subsidies to the Use of Natural Resources, Environmental Economics Research Paper No. 2, AGPS, Canberra.

ABS, Catalogue No. 3101.0.

ABS, Catalogue No. 3105.0.65.001.

9.2.21 项目 aa：长期环境损害的成本

长期以来，人类开采利用资源，破坏生态系统，并产生高耐用和有毒废弃物。然而，以往这些活动的大部分成本没有得以具体呈现，因此，长期环境损害的成本必然会由未来数代人承担。为近似估算长期环境损害的成本，我们沿用了戴利和科布(Daly and Cobb, 1989)此前使用的方法，他们假定，生态破坏的长期损害和能源资源消费量直接成正比。

为确定长期环境损害的成本，澳大利亚和维多利亚州每年的能源消费(能源消费总量)换算成标准原油桶当量，然后再乘 2.5 美元/桶(2002—2003 年不变价)。如同农地流失的成本，最终成本表示因受长期环境损害而需对未来数代人的累积补偿金额。

由于人类活动造成的长期环境损害是累积的过程，因此，还需要两个步骤：一是要把每年环境影响成本加到此前已发生的成本中去，以汇总得到累积成本；二是上溯到 1986 年的能源消费量，需要做个假定，我们保守估计其约为 160 亿桶原油，相当于自 1985 年以来的累积成本高达 400 亿美元（表 9.26），这与戴利和科布(Daly and Cobb, 1989)所估计的美国人均能源消费量相吻合。

为计算维多利亚州长期环境损害的成本，我们对 1993 年至 2003 年这一期间的数据使用同样方法，但 1993 年以前年份的维多利亚州能源消费量数据缺失。为估计 1986 年至 1992 年维多利亚州能源消费量占澳大利亚能源消费总量的份额，我们先计算 1993 年至 2003 年，维多利亚州能源消费量占澳大利亚能源消费总量的平均比率，然后再计算同一时期维多利亚州 GSP 占澳大利亚 GDP 的平均比率，接下来，我们用第一个比率除以第二个比率，就得到了一个表示维多利亚州能源效率优势或劣势的数值，计算结果表明，我们得到的值为1.054，这表明，1993年至2003年，维多利亚州的能源使用效率低于澳大利亚其他地区(1表示中间水平)，我们再假定1986年至1992年，1.054这一平均比率保持不变。

最后，我们使用下式估计1986年至1992年维多利亚州各年的能源消费量：

$$\text{维多利亚州能源消费量} = 1.054 \times \frac{\text{澳大利亚能源消费量} \times \text{维多利亚州 GSP}}{\text{澳大利亚 GDP}} \quad (9.7)$$

澳大利亚其他地区的长期环境损害成本是用澳大利亚成本减去维多利亚州的成本计算得出(表9.26)。

资料来源：

ABS, Catalogue No. 4604.0, 5204.0, and 5220.0.

Daly, H. and Cobb, J. (1989), For the Common Good: Redirecting the Economy Toward Community, the Environment, and a Sustainable Future, Beacon Press, Boston.

9.2.22 项目 bb：自然资本服务损失的成本(LNCS)

加总所有环境成本类项目，即项目 u、项目 v、项目 w、项目 x、项目 y、项目 z 和项目 aa，可计算得出，每年自然资本服务损失的成本(LNCS)。

9.2.23 项目 cc：生态健康指数(EHI)

自然资本的生命支持功能以及它的总体健康状况，很大程度上取决于自然资本内部的生物多样性。尽管迄今为止所计算的环境类项目包括了自然环境的资源与渗透服务，但仍未考虑生物多样性损失对环境生命支持功能的影响。在我们尝试计算澳大利亚、维多利亚州以及澳大利亚其他地区的生态健康指数(EHI)时发现，根本找不到1986年至2003年的生物多样性数据。

表 9.26 1986—2003 年项目 aa: 长期环境损害的成本—澳大利亚、维多利亚州和澳大利亚其他地区

年份	澳大利亚 能源消费量(拍焦) a	原油桶当量(百万桶) b=a/6.12	每年造成的长期环境成本(百万美元) c=b×$2.50	累积长期环境成本(百万美元) d=d−c	维多利亚 能源消费量(拍焦) e	维多利亚 GSP 实际(百万美元) g	澳大利亚 GDP 实际(百万美元) h	GSP与GDP比率 i=g/h	原油桶当量(百万桶) j=a/6.12	每年造成的长期环境成本(百万美元) k=j×$2.50	累积长期环境成本(百万美元) l=l+k	澳大利亚其他地区 累积长期环境成本(百万美元) m=d−l
1985	—	—	—	−40 000.0	—	—	—	—	—	—	—	—
1986	3 403	556.0	1 390.1	−41 390.1	932	111 277.3	427 989.7	0.260	152.3	380.7	−10 400.0	—
1987	3 514	574.2	1 435.5	−42 825.6	963	113 913.9	438 130.5	0.260	157.4	393.4	−10 780.9	—
1988	3 622	591.8	1 479.6	−44 305.2	992	120 027.6	461 644.7	0.260	162.1	405.2	−11 174.2	−31 651.4
1989	3 832	626.1	1 565.4	−45 870.5	1 050	124 854.1	480 208.1	0.260	171.6	428.9	−11 579.6	−32 725.6
1990	3 945	644.6	1 611.5	−47 482.1	1 099	131 737.0	498 126.1	0.264	179.6	448.9	−12 008.4	−33 862.1
1991	3 946	644.8	1 611.9	−49 094.0	1 077	128 882.9	497 644.8	0.259	176.0	440.0	−12 457.6	−35 024.5
1992	4 003	654.1	1 635.2	−50 729.2	1 064	125 822.0	498 980.8	0.252	173.9	434.6	−12 897.5	−36 196.5
1993	4 082	667.0	1 667.5	−52 396.7	1 105	—	—	—	180.6	451.4	−13 332.0	−37 397.2
1994	4 182	683.3	1 708.3	−54 105.0	1 103	—	—	—	180.2	450.6	−13 783.4	−38 613.3
											−14 234.0	−39 871

续表

	澳大利亚					维多利亚州					澳大利亚其他地区
年份	能源消费量(拍焦)	原油桶当量(百万桶) b=a/6.12	每年造成的长期环境成本(百万美元) c=b×$2.50	累积长期环境成本(百万美元) d=d−c	能源消费量(拍焦) e	维多利亚实际GSP(百万美元) g	澳大利亚实际GDP(百万美元) h	GSP与GDP比率 i=g/h	原油桶当量(百万桶) j=a/6.12	每年造成的长期环境成本(百万美元) k=j×$2.50	累积长期环境成本(百万美元) l=l+k	累积长期环境成本(百万美元) m=d−l
	a	b	c	d=d−c	e	g	h	i	j	k	l	m
1995	4 366	713.4	1 783.5	−55 888.5	1 152	—	—	—	188.2	470.6	−14 704.6	−41 183.9
1996	4 506	736.3	1 840.7	−57 729.1	1 185	—	—	—	193.6	484.1	−15 188.6	−42 540.5
1997	4 611	753.4	1 883.6	−59 612.7	1 203	—	—	—	196.6	491.4	−15 680.0	−43 932.7
1998	4 778	780.7	1 951.8	−61 564.5	1 280	—	—	—	209.2	522.9	−16 202.9	−45 361.6
1999	4 970	812.1	2 030.2	−63 595.0	1 324	—	—	—	216.3	540.8	−16 743.9	−46 851.1
2000	5 099	833.2	2 082.9	−65 677.9	1 364	—	—	—	222.9	557.2	−17 300.9	−48 377
2001	5 144	840.5	2 101.3	−67 779.2	1 381	—	—	—	225.7	564.1	−17 864.9	−49 914.3
2002	5 282	863.0	2 157.6	−69 936.7	1 423	—	—	—	232.5	581.3	−18 446.2	−51 490.5
2003	5 365	876.6	2 191.6	−72 128.4	1 451	—	—	—	237.1	592.7	−19 038.9	−53 089.5

注：未做特殊说明，所有数值均用2002—2003年不变价计算。

为克服这一缺陷，我们假设残存植被损失会构成对生物多样性的最大威胁(Biodiversity Unit，1995)，并基于此构建 EHI。既然植被稀疏也会对生物多样性造成影响，所以假定植被稀疏率和植被大范围清除率相等。我们也假定 1985 年澳大利亚境内存在 5 亿公顷残存植被(Graetz et al.，1995)。1986 年澳大利亚的 EHI 基期值被设定为 100，并将此基期值依据每年保护完好土地的面积变化情况做相应调整(表 9.27)。

至于维多利亚州，我们假定，1985 年维多利亚州残存植被占澳大利亚残存植被总量的份额，等于维多利亚州土地面积占澳大利亚国土面积的比重。澳大利亚其他地区的 EHI 是用澳大利亚各类参数(比如最初残存植被量、年度清除率、年度稀疏率)减维多利亚州对应数值计算得出(表 9.28)。资料来源：

ABS (2002)，Catalogue No. 1370.0.

ABS (2003)，Catalogue No. 4613.0.

ABS (2003)，Catalogue No. 4617.0.

Biodiversity Unit (1995)，*Native Vegetation Clearance，Habitat Loss，and Biodiversity Decline：An Overview of Recent Native Vegetation Clearance in Australia and its Implications for Biodiversity*，Department of Environment，Sports，and Territories，Biodiversity Series Paper No.6，AGPS，Canberra.

Graetz，R.，Wilson，M. and Campell，S. (1995)，*Landcover Disturbance Over the Australian Continent：A Contemporary Assessment*，Department of Environment，Sports，and Territories，Biodiversity Series Paper No.7.

9.2.24 项目 dd：加权后的自然资本服务损失(LNCS)

依据式(3.3)，用生态健康指数(EHI)对项目 bb 进行加权计算，即可得出每年加权后的自然资本服务损失(LNCS)。

表 9.27 1986—2003 年项目 cc：生态健康指数(EHI)——澳大利亚和维多利亚州

年份	澳大利亚 植被清除(公顷) a	显著稀疏植被(公顷) b	显著破坏植被(公顷) c=a+b	残余植被(公顷) d=d-c	生态健康指数(EHI, 1986=100.0) e	维多利亚州 植被清除(公顷) f	显著稀疏植被(公顷) g	显著破坏植被(公顷) h=f+g	残余植被(公顷) i=i-h	生态健康指数(EHI, 1986=100.0) j
1985	—	—	—	50 000 000	—	—	—	—	14 609 189	—
1986	500 000	500 000	1 000 000	499 000 000	100.0	7 776	7 776	15 552	14 593 637	100
1987	500 000	500 000	1 000 000	498 000 000	99.8	7 776	7 776	15 552	14 578 085	99.9
1988	700 000	700 000	1 400 000	496 600 000	99.5	10 438	10 438	20 876	14 557 209	99.8
1989	500 000	500 000	1 000 000	495 600 000	99.3	8 298	8 298	16 596	14 540 614	99.6
1990	650 000	650 000	1 330 000	494 300 000	99.1	6 157	6 157	12 314	14 528 300	99.6
1991	337 350	337 350	674 700	493 625 300	98.9	2 450	2 450	4 900	14 523 400	99.5
1992	337 350	337 350	674 700	492 950 600	98.8	2 450	2 450	4 900	14 518 500	99.5
1993	337 350	337 350	674 700	492 275 900	98.7	2 450	2 450	4 900	14 513 600	99.5
1994	337 350	337 350	674 700	491 601 200	98.5	2 450	2 450	4 900	14 508 700	99.4

续表

年份	澳大利亚 植被清除（公顷） a	显著稀疏植被（公顷） b	显著破坏植被（公顷） c=a+b	残余植被（公顷）面积 d=d-c	生态健康指数（EHI，1986=100.0） e	维多利亚州 植被清除（公顷） f	显著稀疏植被（公顷） g	显著破坏植被（公顷） h=f+g	残余植被（公顷）面积 i=i-h	生态健康指数（EHI，1986=100.0） j
1995	337 350	337 350	674 700	490 926 500	98.4	2 450	2 450	4 900	14 503 800	99.4
1996	424 444	424 444	848 888	490 077 612	98.2	2 450	2 450	4 900	14 498 900	99.4
1997	424 444	424 444	848 888	489 228 724	98.0	2 450	2 450	4 900	14 494 000	99.3
1998	424 444	424 444	848 888	488 379 836	97.9	2 450	2 450	4 900	14 489 100	99.3
1999	424 444	424 444	848 888	487 530 948	97.7	2 450	2 450	4 900	14 484 200	99.3
2000	400 000	400 000	800 000	486 730 948	97.5	2 450	2 450	4 900	14 479 300	99.2
2001	400 000	400 000	800 000	485 930 948	97.4	2 450	2 450	4 900	14 474 400	99.2
2002	400 000	400 000	800 000	485 130 948	97.2	2 450	2 450	4 900	14 469 500	99.1
2003	400 000	400 000	800 000	484 330 948	97.1	2 450	2 450	4 900	14 464 600	99.1

注：未做特殊说明，所有数值均用2002—2003年不变价计算。

表 9.28 1986—2003 年项目 cc：生态健康指数(EHI)－澳大利亚其他地区

年份	植被清除（公顷）	显著稀疏植被（公顷）	显著破坏植被（公顷）	残余植被面积（公顷）	生态健康指数（EHI,1986＝100.0）
	a	b	c＝a＋b	d＝d－c	e
1985	—	—	—	485 390 811	—
1986	492 224	492 224	984 448	484 406 363	100.0
1987	492 224	492 224	984 448	483 421 915	99.8
1988	689 562	689 562	1 379 124	482 042 791	99.5
1989	491 702	491 702	983 404	481 059 386	99.3
1990	643 843	643 843	1 287 686	479 771 700	99.0
1991	334 900	334 900	669 800	479 101 900	98.9
1992	334 900	334 900	669 800	478 432 100	98.8
1993	334 900	334 900	669 800	477 762 300	98.6
1994	334 900	334 900	669 800	477 092 500	98.5
1995	334 900	334 900	669 800	476 422 700	98.4
1996	421 994	421 994	843 988	475 578 712	98.2
1997	421 994	421 994	843 988	474 734 724	98.0
1998	421 994	421 994	843 988	473 890 736	97.8
1999	421 994	421 994	843 988	473 046 748	97.7
2000	397 550	397 550	795 100	472 251 648	97.5
2001	397 550	397 550	795 100	471 456 548	97.3
2002	397 550	397 550	795 100	470 661 448	97.2
2003	397 550	397 550	795 100	469 866 348	97.0

注：未做特殊说明，所有数值均用 2002—2003 年不变价计算。

9.2.25 项目 ee、项目 ff 和项目 gg：GPI(1)、GPI(2)和 GPI(3)

通过加总以下项目可得到澳大利亚、维多利亚州及澳大利亚其他地区的各类 GPI 值：

• GPI(1)，加权后的 CON(1) 和项目 n、项目 o、项目 p、项目 q、项目 r、项目 s、项目 t 以及项目 dd；

• GPI(2)，加权后的 CON(2) 和项目 n、项目 o、项目 p、项目 q、项目 r、项目 s、项目 t 以及项目 dd；

• GPI(3)，加权后的 CON(3) 和项目 n、项目 o、项目 p、项目 q、项目 r、项目 s、项目 t 以及项目 dd。

9.2.26 项目 hh：实际 GDP 和 GSP

澳大利亚实际 GDP 和维多利亚州实际 GSP 数据直接来源于国民账户。澳大利亚其他地区的生产总值数据是用澳大利亚 GDP 减维多利亚州的 GSP 计算得出。

数据来源：

ABS, Catalogue No. 5204.0 and 5520.0.

9.2.27 项目 ii：澳大利亚人口与维多利亚州人口

澳大利亚和维多利亚州人口用于计算人均 GDP 或 GSP，以及人均 GPI。澳大利亚其他地区的人口是用澳大利亚总人口减维多利亚州人口计算得出。

数据来源：

ABS, Catalogue No. 3101.0, 3105.0.65.001, and 3311.2.55.001.

9.2.28 项目 jj、项目 kk 和项目 ll：人均 GPI(1)、人均 GPI(2) 和人均 GPI(3)

澳大利亚的人均 GPI(1)、人均 GPI(2) 和人均 GPI(3) 分别是用澳大利亚这三类 GPI 估计值除以澳大利亚总人口计算得出。维多利亚州的人均 GPI(1)、人均 GPI(2) 和人均 GPI(3) 使用的是维多利亚州人口，不再使用澳大利亚总人口。澳大利亚其他地区的人均 GPI 估计值，同样如此。

9.2.29 项目 mm：人均 GDP 和人均 GSP

澳大利亚、澳大利亚其他地区的人均 GDP 是用各自 GDP 值除以澳大利亚总人口、澳大利亚其他地区人口计算得出。维多利亚州的人均 GSP 等于维多利亚州的 GSP 除以维多利亚州人口。

9.2.30 项目 nn、项目 oo、项目 pp、项目 qq：人均 GPI(1)指数值、人均 GPI(2)指数值、人均 GPI(3)指数值和人均实际 GDP 或 GSP 的指数值

澳大利亚、维多利亚州及澳大利亚其他地区的人均 GPI(1)指数值、人均 GPI(2)指数值、人均 GPI(3)指数值和人均实际 GDP 或 GSP 的指数值，都是以 1986 年为基期，并将其设定为 100.0，指数值随后每年做相应调整。

9.2.31 项目 rr：生产资料投资(私人与公共)(INV)

每年生产资料投资额直接来自 ABS 国民和州账户，既包括私人部门，也包括公共部门，详见表 9.2(澳大利亚)、表 9.3(维多利亚州)和表 9.4(澳大利亚其他地区)。澳大利亚其他地区的数值是用澳大利亚投资支出额减去维多利亚州对应数值计算得出。

数据来源：
ABS, Catalogue No. 5204.0.
ABS, Catalogue No. 5220.0.

9.2.32 项目 ss：所有人造资本领域的投资(INV*)

所有人造资本领域的投资(INV*)是依据式(3.4)计算得出。

9.2.33 项目 tt：固定资本消费(DEP)

固定资本消费(DEP)数据，可从 ABS 提供的国民和州账户中直接获得。表 9.2、表 9.3 和表 9.4 分别给出了澳大利亚、维多利亚州、澳大利亚其他地区的 DEP 值。

数据来源：

ABS，Catalogue No. 5204.0.

ABS，Catalogue No. 5220.0.

9.2.34 项目 uu：所有人造资本折旧（DEP*）

所有人造资本折旧（DEP*）依据式（3.5）计算得出。

9.2.35 项目 vv：净资本投资（NCI）

净资本投资（NCI）依据式（3.6）计算得出。

9.2.36 项目 ww：NCI 与人造资本折旧的比率（NCI/DEP*）

澳大利亚、维多利亚州以及澳大利亚其他地区的 NCI/DEP* 是用净资本投资（NCI）除以所有人造资本折旧（DEP*）计算得出。

9.2.37 项目 xx：经济增长率

澳大利亚、维多利亚州以及澳大利亚其他地区的经济增长率数据是通过观察 NCI/DEP* 比率的变化并基于本书第 3.5.7 部分列出的增长项目进行评估得出。

第 10 章 结 语

国内生产总值(GDP)和州生产总值(GSP),被广泛用于表示一国或一州居民的福利水平。不幸的是,GDP 和 GSP 未能囊括一国或一州经济增长带来的大量经济、社会以及环境收益和成本。相反,GDP 和 GSP 却坚持把许多社会和环境类成本视为对人类福利的贡献。

为了克服 GDP 和 GSP 的缺陷,我们计算了维多利亚州、澳大利亚及澳大利亚其他地区的真实进步指标(GPI)。GPI 是个新的指标体系,旨在全面剖析经济增长对可持续福利的影响。由 19 个单独的收益和成本项目构成,GPI 很好地弥补了 GDP 和 GSP 的缺陷,因为它统筹考虑了经济增长所带来的广泛影响,并将其合成为单一、货币化的指标。

维多利亚州、澳大利亚及澳大利亚其他地区的 GPI 计算结果表明:1986 年至 2003 年,平均来看,维多利亚州居民福利水平要好于居住在澳大利亚其他地区的人(图 10-1)。然而,像澳大利亚其他地区一样,整个考察期内,维多利亚州的可持续福利增长有限(从 1986 年的 18 839 美元到 2003 年的 22 951 美元)①。此外,澳大利亚其他地区的人均 GDP 和维多利亚州的人均 GSP,都大大高估了维多利亚州和澳大利亚其他地区的真实进步水平(例如,在 2003 年,维多利亚州人均 GPI 为 22 951 美元,而人均 GSP 则高达 39 067 美元)

---

① 这个评估是基于我们所偏好的可持续福利指标,即 GPI(3)。关于三类 GPI 的更多内容请参阅第 3 章。

(如图 10-2)。

较之于澳大利亚其他地区,维多利亚州的真实进步绩效相对更好,主要原因在于:本地植被清除率和土地退化下降,失业率较低,特别是近期就业不足和劳动力未被充分利用的比率下降,以及州收入对不可再生资源的依赖程度显著降低。

从政策角度来看,若维多利亚州政府能够执行更严格的环境规制,控制土地开荒,鼓励高附加值生产,保持优质的高等教育水平,则维多利亚州的福利水平有望继续保持领先。与此同时,由于考察期内,维多利亚州人均 GPI 上升幅度,远小于其人均 GSP 的增加幅度(21.8% vs 46.1%),故其福利改善仍大有潜力。

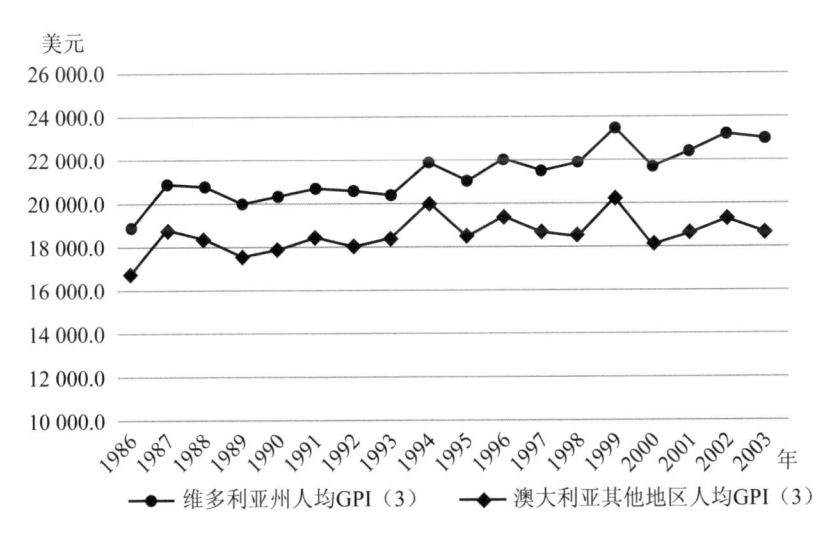

图 10.1　1986—2003 年维多利亚州人均 GPI(3)和
澳大利亚其他地区人均 GPI(3)(2002—2003 年价格)

维多利亚州如何才能提升总体绩效?抑制维多利亚州人均 GPI 上升的主要因素包括:20 世纪 90 年代贫富收入差距持续扩大;就业不足和长期失业水平过高;州公共服务资本的福利贡献减弱;州外债在澳大利亚大量海外债务中的份额较大;灌溉用水成本太高以及人均能源消费加速增长导致长期环境成本开始迅速增长等。犯罪和家庭破裂的成本也是另一因素,大概也反映出贫富差距和工人长期

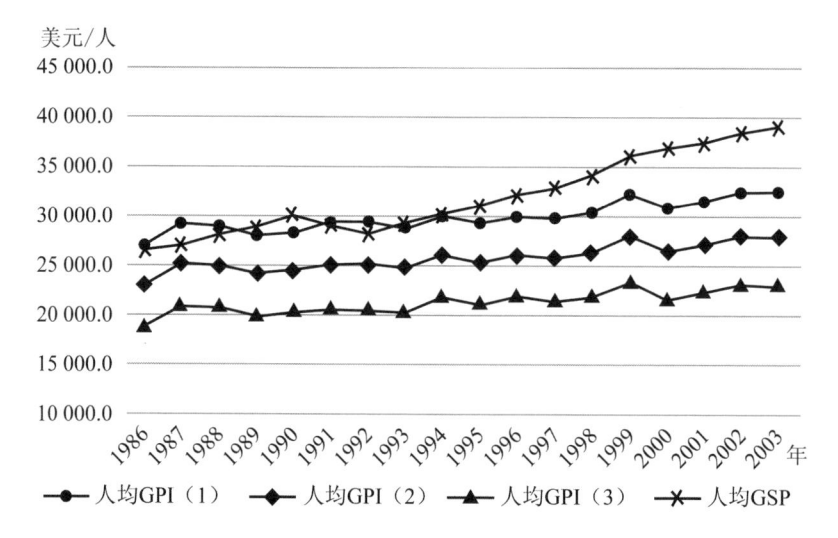

图 10.2　1986—2003 年人均真实进步指标(GPI)(1)(2)(3)和人均州产值(GSP)：维多利亚州(2002—2003 年价格)

失业依然存在。因此，还需要做的工作有：

- 鼓励提高资源使用效率，尤其是能源效率；
- 减少空气和城市废水污染；
- 将维多利亚州生态足迹限制在其自然资本的再生与废弃物吸收能力允许的范围内；
- 保护和修复自然生态系统，将经济活动仅限于那些自然环境已显著修复的区域；
- 生产更好而不是更多的产品(例如鼓励精益生产)；
- 通过实施进口替代战略，减少商品进口，不仅仅是增加出口；
- 增加政府对那些有助于提高所有维多利亚州人民福利收益的重要基础设施领域的投资，刺激私人部门对高附加值和节能类技术的投资；
- 减少私人部门用于非生产性寻租行为的投资比例；
- 增加公共与私人部门有助于形成人力资本的投资，尽可能降低劳动力供给与需求间的错配，这也是造成当前一些产业部门缺乏熟练工人的主要原因；

- 明确承诺实现就业目标，坚决治理当前的显性和隐性失业。

以上措施可以通过改变税收、收费和补贴结构实现：(1)奖励"福利增加"类企业行为(比如生产中创造了更高附加值)；(2)鼓励研发与应用节能技术；(3)惩罚环境破坏和"福利损害"类行为(比如高能耗和高污染类活动)。尽管州政府权力有限，但我们认为，通过创造性地改革税收体系，仍会大大有助于改善企业行为和产业模式，进而增加维多利亚州的 GPI，如同当前这样还不必过分依赖于 GSP 增长。此外，企业还不必增加整体税收负担。假使某地环境系统被过度利用了(比如墨累-达令流域)，政府就有必要引入可交易的许可证体系以减少资源开采和使用，当然，这又会要求政府从当前资源使用者手中购买资源权利。

提升维多利亚州的福利绩效还需要政府承诺保持维多利亚州的高等教育水准，同时推进规制改革，在不至于降低目标福利水平的条件下，减少维多利亚州企业的守约成本。

劳资关系改革也很关键，它需要建立真正有弹性的劳动力市场，而不是创造出更大范围的偶然性就业，还需要为工人提供更多权衡工作—休闲—家庭之间关系的选择，同时保障全职工作岗位。劳资关系改革会大幅提升工作场所内的信任关系，通过雇主—雇员双方承诺的在职培训和技能发展，也会有助于确立良好的内部职业发展路径。

致　谢

非常感谢维多利亚州州长和内阁事务厅各位成员为本项研究提供的支持，特别是马里奥·弗雷博士（Dr. Marion Frere），马克·柏福德（Mark Burfod）和马克·李斯特（Mark Lister），还有从澳大利亚统计局借调到州长和内阁事务厅的凯瑟琳·安德森（Catherine Andersson）和尼尔·麦克里恩（Neil Mclean）。我们也感谢维多利亚大学战略经济研究中心的彼得·希翰（Peter SHeehan）教授、萨达·伊兹兰姆（Sardar Islam）教授，以及弗林德斯大学企业经济学院的拉法·希尔莫威茨（Ralph Shlomowitz）教授。

参考文献

Abramowitz, M. (1979), "Economic growth and its discontents", in M. Boskin, (ed.), *Economics and Human Welfare*, New York, Academic Press.

Anielski, M. (2001), *"the Alberta GPI Blueprint: the Genuine Progress Indicator (GPI) Sustainable Well-Being Accounting System"*. Pembina Institute for Appropriate Development.

Arthur, W. (1989), "Competing technologies, increasing returns, and lock-in by historical events", *The Economic Journal*, 99, pp. 116-131.

Asheim, G. (1994), "Net national product as an indicator of sustainability", *Scandinavian Journal of Economics*, 96, pp. 257-265.

Asheim, G, (1996), "Capital gains and net national product in open economies", *Journal of Public Economics*, 59, pp. 419-434.

Atkinson, G, (1970), "on the Measurement of inequality", *Journal of Economic Theory*, 2, pp. 244-263.

Atkinson, G, (1995), *measuring sustainable economic welfare: A critique of the UK ISEW*. Working Paper GEC 95-08. Centre for Social and Economic Research on the Global Environment, Norwich and London.

Australian Bureau of Agricultural and Resource Economics (ABARE) (Various), *Australian Forest and Wood Product Statistics*, AGPS, Canberra.

Australian Bureau of Statistics (ABS), *Census of Population and Housing* (Various), AGPS, Canberra.

Australian Bureau of Statistics (ABS), Catalogue No. 1301. 0 (Various), *Yearbook Australia*, AGPS, Canberra.

Australian Bureau of Statistics (ABS), Catalogue No. 1301. 2 (Various), *Yearbook Australia*, AGPS, Canberra.

Australian Bureau of Statistics (ABS) (2002), Catalogue No. 1370. 0, *Measuring Australia's Progress: The Headline Indicators*, AGPS, Canberra.

Australian Bureau of Statistics (ABS), Catalogue No. 3101. 0, *Australia Demographic statistics*, AGPS, Canberra.

Australian Bureau of Statistics (ABS), Catalogue No. 3105. 0. 65. 001, *Australia Historical Population statistics*, AGPS, Canberra.

Australian Bureau of Statistics (ABS), Catalogue No. 3307. 0. 55. 001, *Divorces, Australia*, AGPS, Canberra.

Australian Bureau of Statistics (ABS) (2002), Catalogue No. 3310. 0, *Marriages and Divorces, Australia*, AGPS, Canberra.

Australian Bureau of Statistics (ABS), Catalogue No. 3311. 2. 55. 001, *Demography, Victoria*, AGPS, Canberra.

Australian Bureau of Statistics (ABS) (2003), Catalogue No. 4102. 0, *Australia Social Trends*, 2003, AGPS, Canberra.

Australian Bureau of Statistics (ABS) (1997), Catalogue No. 4326. 0, *Mental Health and Well-being: Profile of Adults, Australia*, AGPS, Canberra.

Australian Bureau of Statistics (ABS) (1996), Catalogue No. 4441. 0, *Voluntary Work, Australia*, 1995, AGPS, Canberra.

Australian Bureau of Statistics (ABS) (2001), Catalogue No. 4441. 0, *Voluntary Work, Australia*, 2000, AGPS, Canberra.

Australian Bureau of Statistics (ABS) (2002), Catalogue No. 4509. 0, *Crime and Safety*, AGPS, Canberra.

参考文献 259

Australian Bureau of Statistics (ABS) (2004), Catalogue No. 4510.0, *Record Crime-Victims, Australia*, AGPS, Canberra.

Australian Bureau of Statistics (ABS), Catalogue No4603.0, *Cost of Environmental Protection, Australia: Selected Industries*, 1991-92, AGPS, Canberra.

Australian Bureau of Statistics (ABS), Catalogue No4604.0, *Energy and Greenhouse Gas Emissions Account, Australia*, AGPS, Canberra.

Australian Bureau of Statistics (ABS), Catalogue No. 4608.0 (Various), *Mineral Account, Australia*, AGPS, Canberra.

Australian Bureau of Statistics (ABS) (2003), Catalogue No. 4613.0, *Australia's Environment: Issues and Trends*, AGPS, Canberra.

Australian Bureau of Statistics (ABS) (2003), Catalogue No. 4617.0, *Environment by Numbers*, AGPS, Canberra.

Australian Bureau of Statistics (ABS), Catalogue No. 5204.0 (Various), *Australian System of National Accounts*, AGPS, Canberra.

Australian Bureau of Statistics (ABS) (2002), Catalogue No. 5206.0, *Australian National Accounts: National Income, Expenditure and Product*, AGPS, Canberra.

Australian Bureau of Statistics (ABS), Catalogue No. 5220.0 (Various), *Australian National Accounts: State Accounts*, AGPS, Canberra.

Australian Bureau of Statistics (ABS) (1994), Catalogue No. 5240.0, *Unpaid Work and Australian Economy*, 1997: *Occasional Paper*, AGPS, Canberra.

Australian Bureau of Statistics (ABS), Catalogue No. 5241.0, *National Balance Sheets for Australia: Issues and Experimental Estimates*, 1989-1992, AGPS, Canberra.

Australian Bureau of Statistics (ABS), Catalogue No. 5241. 0. 40. 001, *Australian National Accounts: National Balance Sheet*, 1999—2000, AGPS, Canberra.

Australian Bureau of Statistics (ABS), Catalogue No. 5302. 0, *Balance of Payments and International Investment Position*, *Australia*, AGPS, Canberra.

Australian Bureau of Statistics (ABS), Catalogue No. 6105. 0, *Australian Labor Market Statistics*, AGPS, Canberra.

Australian Bureau of Statistics (ABS), Catalogue No. 6202. 0, *Labor Force*, *Australia*, AGPS, Canberra.

Australian Bureau of Statistics (ABS), Catalogue No. 6202. 2, *Labor Force*, *Victoria*, AGPS, Canberra.

Australian Bureau of Statistics (ABS), Catalogue No. 6203. 0, *Labor Force*, *Australia*, AGPS, Canberra.

Australian Bureau of Statistics (ABS), Catalogue No. 6265. 0, *Underemployed Workers*, *Australia*, AGPS, Canberra.

Australian Bureau of Statistics (ABS), Catalogue No. 6302. 0, *Average Weekly Earnings*, *Australia*, AGPS, Canberra.

Australian Bureau of Statistics (ABS), Catalogue No. 6401. 0, *Consumer Price Index*, *Australia*, AGPS, Canberra.

Australian Bureau of Statistics (ABS), Catalogue No. 7113. 0, *Agriculture*, *Australia*, 1999—2000, AGPS, Canberra.

Australian Bureau of Statistics (ABS), Catalogue No. 8415. 0, *Mining Operations*, *Australia*, AGPS, Canberra.

Australian Conservation Foundation-National Farmers' Federation (ACF-NFF) (2000), *Repairing the Country: A Five Point Plan*, An ACF and NFF Joint Vision.

Australian Institute of Criminology (2003), *Australian Crime: Facts and Figures*, 2003, AIC, Canberra.

ASSO (2004), Obesity in Australian Adults: Prevalence Data

(www. asso. org. au).

Biodiversity Unit (1995), *Native vegetation clearance, habitat loss, and biodiversity decline: an overview of recent native vegetation clearance in Australia and its implications for biodiversity*, Department of Environment, Sports, and Territories, Biodiversity Series Paper No. 6. AGPS, Canberra.

Bishop, R. (1993), "Economic efficiency, sustainability, and biodiversity", *Ambio*, May 1993, pp. 69-73.

Blandy, R. and Brummitt, W. (1990), *Labor Productivity and Living Standards*, Allen & Unwin, Sydney.

Blinder, A. (1987), *Hard heads, Soft Hearts*, Addison-Wesley, New York.

Blum, H. (1962), *Times Arrow and Evolution*, Third Edition, Harper Torchbook, Princeton.

Breakspear C. and Hamilton, C. (2004), *Getting a life: Understanding the Downshifting Phenomenon in Australia*, Australia Institute Discussion Paper, Number 62.

Brown, R. (2005), "Reserve Bank buys into infrastructure debate", *Local Government Focus* (http://loc-gov-foucus.aus.net/editions/2005/march/resbank.html)

Bureau of Resource Science (1998), *Australia's State of the Forest Report: 1998*, AGPS, Canberra.

Bureau of Resource Science (2003), *Australia's State of the Forest Report: 2003*, AGPS, Canberra.

Cameron, A., Welborn, T., Zimmit, P., Dunstan, D., Owen, N. and Salmon, J. (2003), Overweight and Obesity in Australia: The 1999—200 Australian Diabetes, Obesity, and Lifestyle Study (AusDiab), *Medeical Journal of Australia*, 178(9), pp. 427-432.

Capra, F. (1982), *the Turning Point*, Fontana, London.

Castaneda, B. (1999), "An index of sustainable economic welfare

(ISEW) for Chile", *Ecological Economics*, 28 (2), pp. 231-244.

Clarke, M. and Islam, S. (2004), *Economic Growth and Social Welfare: Operationalizing Normative Social Choice Theory*. North Holland, Amsterdam.

CLMI (CofFEE) (2004), An Alternative View of the labor Market, May 2004 (http: // el. Newcastle. edu. au/coffee).

Commonwealth Bank of Australia (CBA) (2004), *HIA-Commonwealth Bank Affordability Report*, September Quarter 2004.

Connolly, S. and Munro, A. (1999), *Economics of the Public Sector*, Prentice Hall, Essex.

Constanza, R., Daly, H., and Bartholomew, J. (1991), "Goals agenda, and policy recommendations for ecological economics", in R. Costanza (ed.), *Ecological Economics: The Science and Management of Sustainability*, Columbia University Press, New York, pp. 1-20.

Costanza, R., Erickson, J., Fligger, K., Adams, A., Adams, C., Altschuler, B., balter, S., Fisher, B., Hike, J., Kelly, J., Kerr, T., McCauley, M., Montone, K., Rauch, M., Schmiedeskamp, K., Saxton, D., Sparacino, L., Tusinski, W., Williams, L. (2004), "Estimates of the genuine progress indicator (GPI) for Vermont, Chittendon County, and Burlington from 1950 to 2000", *Ecological Economics*, 51, pp. 139-155.

Cowling, S., Mitchell, W. and Watts, M. (2003), "The right to work versus the right to income", *Centre of Full Employment and Equity Working Paper* 03-08, July 2003.

Daly, H. (1979), "Entropy, growth, and the political economy of scarcity", In V. K. Smith, (ed.), *Scarcity and Growth Reconsidered*. John Hopkins University Press, Baltimore, pp. 67-94.

Daly, H. (1991), *Steady-State Economics*, Second Edition, Washington DC, Island Press.

Daly, H. (1996), *Beyond Growth: The Economics of Sustainable Development*. Beacon Press, Boston.

Daly, H. and Cobb, J. (1989), *For the Common Good: Redirecting the Economy toward Community, the Environment, and a Sustainable Future*. Beacon Press, Boston.

David, P. (1985), "Clio and the economics of QWERTY", *American Economic Review*, 75 (2), pp. 332-337.

Department of Budget and Management (1984), *Victoria: The Next Step*, DBM, Melbourne.

Department of Environment, Sport, and Tourism (DEST) (1996), *Subsidies to the Use of Natural Resources*, Environmental Economics Research Paper No. 2, AGPS, Canberra.

Department of Sustainability and Environment (DSE) (2004), *Melbourne 2030 Implementation Reference Group Reports: Priority Implementation Issues Report*, Department of Sustainability and Environment, Victorian State Government, Melbourne.

Diefenbacher, H. (1994), "The index of sustainable economic welfare", In C. Cobb and J. Cobb (eds.), *The Green National Product*, University Press of America, New York.

Dornbusch, R. and Fischer, S. (1990), *Macroeconomics*, 5th Edition, McGraw-Hill, New York.

Dosi, G. and Metcalfe, J. (1991), "On some notions of irreversibility in economics", in P. Saviotti and J. Metcalfe (eds.), Evolutionary Theories of Economic and Technological Change, Harwood Academic Publishers, Reading.

Easterlin, R. (1974), "Does economic growth improve the human lot? Some empirical evidence", In P. David and R. Weber (eds.), *Nations and Households in Economic Growth*. Academic Press, New York.

El Serafy, S. (1989), "The proper calculation of income from depletable natural resources", In: Y. Ahmad, S. El Serafy, and E. Lutz, E. (eds.), *Environmental Accounting for Sustainable Development*, World Bank, Washington DC, pp. 10-18.

El Serafy, S. (1996), "Weak and Strong Sustainability: natural resources and national accounting-part 1", *Environmental Taxation and Accounting*, 1 (1), pp. 27-48.

Fisher, I. (1906), *Nature of Capital and Income*, A. M. Kelly, New York.

Folke, C., Hammer, M., Costanza, R. and Jansson, A. (1994), "Investing in natural capital-why, what, and how", in A. Jansson, M. Hammer, C. Folke, and R. Costanza (eds.), *Investing in Natural Capital*, Island Press, Washington DC, pp. 1-20.

Foster, R. (1996), *Australian Economic Statistics: 1949-50 to 1994-95*, Reserve Bank of Australia Occasional Paper No. 8.

George, S. (1988), *A Fate Worse than Debt*, New York, Grove.

Graetz, R., Wilson, M., Campbell, S. (1995), *Landcover disturbance over the Australian continent: a contemporary assessment*, department of environment. Sports, and Territories, Biodiversity Series Paper, 7.

Guenno, G. and Tiezzi, S. (1998), *An Index of Sustainable Economic Welfare for Italy*, Working Paper 5/98. Fondazione Eni Enrico Mattei, Milan.

Hamilton, C. (1999), "the genuine progress indicator: methodological developments and results from Australia", *Ecological Economics*, 30, pp. 13-28.

Hamilton, C. (2003), *Growth Fetish*, Allen and Unwin, Australia.

Hamilton, C., Hundloe, T. and Qiuggin, J. (1997), *Ecological Tax Reform in Australia*, Australia Institute Discussion Paper,

Number 10.

Hamilton, C. and Saddler, H. (1997), *The genuine progress indicator: a new index of changes in well-being in Australia*. Discussion Paper, Number 14.

Hamilton, C. and Denniss, R. (2000), *Tracking Well-being in Australia: the Genuine Progress Indicator* 2000, Australia Institute Discussion Paper, Number 35.

Hamilton, K. (1994), "Green adjustments to GDP", *Resources Policy*, 20(3), pp. 155-168.

Hamilton, K. (1996), "Pollution and pollution abatement in the national accounts", *Review of Income and Wealth*, 42, pp. 291-304.

Hicks, J. (1946), *Value and Capital*, Second edition, Clarendon, London.

Howarth, R. and Norgaard, R. (1990), Intergenerational resource rights, efficiency, and social optimality. *Land Economics*, 66(1), pp. 1-11.

Infochoice Banking, (Ratewatch), (www.infochoice.com.au/banking/ratewatch/historical.asp), (accessed January 13, 2005)

Intergovernmental Panel on Climate Change (IPCC) (2001a), *Climate Change* 2001: *The Scientific Basis*, UNEP, Washington DC.

Intergovernmental Panel on Climate Change (IPCC) (2001b), *Climate Change* 2001: *Impacts, Adaptation, and Vulnerability*, UNEP, Washington DC.

Jackson, T. and Stymne, S. (1996), *Sustainable Economic Welfare in Sweden: A Pilot Index* 1950—1992. Stockholm Environment Institute, The New Economics Foundation.

Jackson, T., Laing, F., Mac Gillivray, A., Marks, N., Ralls, J. and Styme, S. (1997), *an Index of Sustainable Economic Welfare for the UK*, 1950—1996. University of Surrey Centre for Environmental Strategy, Guildford.

Lawn, P. (1998), "In defence of the strong sustainability approach to national income accounting", *Environmental Taxation and Accounting*, 3 (1), pp. 29-47.

Lawn, P. (1999), "On Georgescu-Roegen's contribution to ecological economics", *Ecological Economics*, 29(1), pp. 5-8.

Lawn, P. (2000a), *Toward Sustainable Development: An Ecological Economics Approach*. CRC Press, Boca Raton.

Lawn, P. (2000b), "Ecological tax reform: many know why but few know how", *Environment, Development, and Sustainability*, 2, pp. 143-164.

Lawn, P. (2003), "A theoretical foundation to support the Index of Sustainable Economic Welfare (ISEW), Genuine Progress Indicator (GPI), and other related indexes", *Ecological Economics*, 44, pp. 105-118.

Lawn, P. (2004a), "Reconciling the policy goals of full employment and ecological sustainability", *International Journal of Environment, Workplace, and Employment*, 1 (1), pp. 62-81.

Lawn, P. (2004b), "How well are resource prices likely to serve as indicators of natural resource scarcity?" *International Journal of Sustainable Development*, 7 (4), pp. 369-397.

Lawn, P. (2004c), "How important is natural capital in sustaining real output? Revisiting the natural capital/ human-made capital sustainability debate", *International Journal of Sustainable Development*, 3 (4), pp. 418-435.

Lawn, P. (2005), "An Assessment of the valuation methods used to calculate the Index of Sustainable Economic Welfare (ISEW), Genuine Progress Indicator (GPI), and Sustainable Net Benefit Index (SNBI)", *Environment, Development, and Sustainability*, 7, pp. 185-208.

Lawn, P. and Sanders, R. (1999), "Has Australia surpassed its optimal macroeconomic scale?: finding out with the aid of 'benefit' and 'cost' accounts and a sustainable net benefit index", *Ecological Economics*, 28, pp. 213-229.

Lebergott, S. (1993), *Pursuing Happiness: American Consumers in the Twentieth Century*, Princeton University Press, Princeton.

Maler, K. (1991), "National accounts and environmental resources", *Environmental and Resource Economics*, 1, pp. 1-15.

Max-Neef, M. (1995), "Economic growth and quality of life", *Ecological Economics*, 15, pp. 115-118.

Mayhew, P. (2003), "Counting the costs of crime in Australia", *Australian Institute of Criminology: Trends and Issues*, No. 247. AIC, Canberra.

Meadows, D. H., Meadows, D. L., Randers, J., and Behrens, W. III. (eds.) (1972), *The Limits to Growth*, Universe Books, New York.

Mitchell, W. and Carlson, E. (2002), "Labor underutilization in Australia and inflation", *Centre of Full Employment and Equity Working Paper* 02-10, September 2002.

Mitchell, W., Cowling, S. and Watts, M. (2003), *A Community Development Job Guarantee: a New Paradigm in Economic Policy*. Report by the Centre of Full Employment and Equity. University of Newcastle.

Mitchell, W. and Molser, W. (2001), "Fiscal policy and the job Guarantee", *Centre of Full Employment and Equity Working Paper* 01-09, August 2001.

Mitchell, W. and Muysken, J. (2002), "The Philips Curve, the NAIRU, and unemployment asymmetrics", *Centre of Full Employment and Equity Working Paper* 02-05, June 2002.

Mitchell, W. and Watts, M. (1997), "The path to full employment", *Australian Economic Review*, 30, pp. 436-444.

Mitchell, W. and Watts, M. (2001), "Addressing demand deficient unemployment: the Job Guarantee", *Centre of Full Employment and Equity Working Paper* 01-05, June 2001.

Modigliani, F. (2000), "Europe's economic problems", *Carpe Oeconomiam Papers in Economics*, Third Monetary and Finance Leture, Freburg, April 6.

Moffat, I. and Wilson, M. (1994), "An index of sustainable economic welfare for Scotland 1980—1991", *International Journal of Sustainable Development and World Ecology*, 1, pp. 264-291.

Moulton, B. (2001), *The Expanding Role of Hedonic Methods in the official Statistics of the United States*, Bureau of Economic Analysis Working Paper, June 2001.

Murray-Darling Basin Commission (M-DBC) (1989), *Basis for Economic Analysis Using the Murray-Darling Basin Commission's Computer Models*, M-DBC Technical Report, 89/6.

Murray-Darling Basin Commission (M-DBC) (various), *Water Audit Monitoring Report*, M-DBC.

National Coalition Against Poverty (NCAP) (2003), *Poverty Scoreboard for Australia*: 2003.

Neumayer, E. (1999), "the ISEW: not an index of sustainable economic welfare", *Social Indicator Research*, 48, pp. 77 101.

Neumayer, E. (2000), "On the methodology of ISEW, GPI and related measures: some constructive suggestions and some doubt on the 'threshold thesis'", Ecological Economics, 34, pp. 347-361.

Norgaard, R. (1988), "Sustainable development: a co-evolutionary view", *Futures*, December 1988, pp. 602-620.

Norgaard, R. (1990), "Economic indicators of resource scarcity: a critical essay", *Journal of Environmental Economics and Management*, 19, pp. 19-25.

Norris, K. (1989), *The Economics of Australian Labor Markets*, Longman Cheshire, Melbourne.

O'Riordan, T. (Ed.) (1997), *Ecotaxation*, Earthscan, London.

Pearce, D., Markandya, A. and Barbier, E. (1989), *Blueprint for a Green Economy*, Earthscan, London.

Pearce, D., and Turner, R. (1990), *Economics of Natural Resources and the Environment*, Harvester Wheatsheaf, London.

Pezzey, J. (1993), *The Optimal Sustainable Depletion of Nonrenewable Resources*, University College, London.

Pezzey, J. and Wiltage, C. (1998), "The rise, fall, and sustainability of capital-resource economies", *Scandinavian Journal of Economics*, 100, pp. 513-527.

Premier's Round Table on Sustainability (2004), *Three, Four, Five: 3 Challenges, 4 Principles, 5 Actions for a Sustainable Future*, Report to the Government of South Australia on implementing the State Strategic Plan, 2004.

Redefining Progress (1995), "Gross production vs genuine progress", Excerpt from the *Genuine Progress Indicator: Summary of Data and Methodology*, San Francisco, Redefining Progress.

Report of the House of Representatives Standing Committee on Legal and Constitutional Affairs (1998), *To have and to Hold: Strategies to Strengthen Marriage and Relationships*, Commonwealth of Australia, Canberra.

Reserve Bank of Australia (RBA) (2004), *Quarterly Statistical Release*, October 2004 update (www.rba.gov.au/statistics/measures_of_cpi.html)

Reserve Bank of Australia (RBA) (2005), *Opening Statement to the House of Representatives Standing Committee on Economics, Finance, and Public Administration*, 18 February, www.rba.gov.au/speeches/2005.

Roodman, D. (1998), *The Natural Wealth of Nations: Harnessing the Market for the Environment*, worldwatch Institute, Washington DC.

Rosenberg, K. and Oegema T. (1995), A *Pilot ISEW for The Netherlands* 1950—1992, Institute Voor Milieu-En Systeemanalyse, Amsterdam.

Salvation Army (2003), *Poverty in Australia: Fact Sheet*, the Salvation Army of Australia.

Sen (1997), "Inequality, unemployment, and contemporary Europe", *International Labour Review*, 136 (2), pp. 155-171.

Senate Community Affairs Reference Committee (2004), A hand Up not a Hand Out: Renewing the Fight Against Poverty, Commonwealth of Australia, Canberra.

Stockhammer, E., Hochreiter, H., Obermayr, B. and Steiner, K. (1997), "the index of sustainable economic welfare (ISEW) as an alternative to GDP in measuring economic welfare: the results of the Australian (revised) ISEW calculation 1955—1992", *Ecological Economics*, 21, pp. 19-34.

Tiffen, R. and Gittins, R. (2004), *How Australia Compares*, Cambridge University Press, Sydney.

United Nations Statistical Division (1993) *Integrated Environmental and Economic Accounting*, Handbook of National Accounting, Series F, No. 61, New York.

Victoria Department of Premier and Cabinet (VDPC) (2004), *Victoria: Leading the Way*, Economic Statement, April 2004.

Wackernagel, M., Onisto, L., Bello, P., Callejas Linares, A., Susana Lopez Falfan, S., Mendez Garcia, J., Suarez Guerrero, A. I., Suarez Guerrero., and Ma. G. (1999), "National natural capital accounting with the ecological footprint concept", *Ecological Economics*, 29, pp. 375-390.

Walker, J. (1992), "Estimates of the cost of crime in Australia in 1988", *Australian Institute of Criminology: Trends and Issues*, No. 39, AIC, Canberra.

Walker, J. (1997), "Estimates of the cost of crime in Australia in 1996", *Australian Institute of Criminology: Trends and Issues*, No. 72, AIC, Canberra.

Williams, R. and Van Dyke, N. (2004), *The International Standing of Australian Universities*, Melbourne Institute of Applied Economic and Social Research, University of Melbourne.

Wilson, E. O. (1992), *The Diversity of Life*, Harvard University Press, Cambridge MA.

Zolotas, X. (1981), *Economic Growth and Declining Social Welfare*, New York University Press, New York.

图书在版编目(CIP)数据

富轹万古：澳大利亚维多利亚州真实进步指标报告/(澳)菲利普·劳，(澳)马修·克拉克著；关成华译.—北京：北京师范大学出版社，2021.3

真实进步指标(GPI)译丛

ISBN 978-7-303-24619-9

Ⅰ.①富… Ⅱ.①菲…②马…③关… Ⅲ.①国内生产总值－国民经济核算－研究－维多利亚 Ⅳ.①F222.33

中国版本图书馆 CIP 数据核字(2019)第 067254 号

营 销 中 心 电 话 010-58807651
北师大出版社高等教育分社微信公众号　新外大街拾玖号

FULI WANGU AODALIYA WEIDUOLIYAZHOU ZHENSHI JINBU ZHIBIAO BAOGAO

出版发行：北京师范大学出版社　www.bnup.com
　　　　　北京市西城区新街口外大街 12－3 号
　　　　　邮政编码：100088

印　　刷：	鸿博昊天科技有限公司
经　　销：	全国新华书店
开　　本：	710 mm×1000 mm　1/16
印　　张：	18.75
字　　数：	260 千字
版　　次：	2021 年 3 月第 1 版
印　　次：	2021 年 3 月第 1 次印刷
定　　价：	120.00 元

策划编辑：王则灵　　　责任编辑：薛　萌
美术编辑：李向昕　　　装帧设计：锋尚制版
责任校对：陈　民　　　责任印制：马　洁

版权所有　侵权必究

反盗版、侵权举报电话：010-58800697
北京读者服务部电话：010-58808104
外埠邮购电话：010-58808083
本书如有印装质量问题，请与印制管理部联系调换。
印制管理部电话：010-58805079